# ESSAI

DE

# BIBLIOGRAPHIE VIROISE

## OUVRAGE POSTHUME

DE

## F.-M. MORIN-LAVALLÉE

ANCIEN MAIRE DE VIRE

CAEN

TYPOGRAPHIE DE F. LE BLANC-HARDEL

2 ET 4, RUE FROIDE, 2 ET 4

---

1879

# ESSAI

## DE

# BIBLIOGRAPHIE VIROISE

290

# AU LECTEUR

---

L'ouvrage posthume de M. Morin-Lavallée, qu'on a bien voulu nous charger de publier, n'est qu'un *Essai*. La mort, qui est venue brusquement frapper l'infatigable travailleur au milieu de ses recherches, ne lui a pas permis de combler les lacunes qu'il regrettait de voir dans son œuvre ou de corriger les erreurs inévitables qui se glissent dans les travaux de ce genre. Le Lecteur, nous l'espérons, voudra bien être indulgent ; et ici l'indulgence est facile, quand on songe, non pas à ce qui reste à faire, mais à ce qui a été fait. Que l'on additionne les articles consacrés aux auteurs virois dans le *Manuel du Bibliographe normand* d'Éd. Frère, et dans les *Virois célèbres* de M. F. Cazin, et que l'on compare : on verra combien d'articles nouveaux M. Morin-Lavallée a su ajouter à la liste déjà longue des illustrations viroises.

Les amis des lettres normandes, qui parcourront ce volume, voudront bien avoir l'obligeance de noter les omissions ou les erreurs, et d'envoyer leurs rectifications soit au D^r Porquet, l'un des meilleurs amis de M. Morin-Lavallée, soit à M. Ch. Fédérique, conservateur de la Bibliothèque de Vire, à qui nous devons déjà (et nous tenons à l'en remercier ici) un très-grand nombre d'utiles indications.

Grâce à ce concours bienveillant sur lequel nous comptons, nous pourrons, — du moins c'est là une de nos chères espérances, — donner de la *Bibliographie Viroise* une seconde édition plus complète que celle-ci, mais qui ne fera pas oublier tout ce que nous devons à M. Morin-Lavallée, dont on peut dire, sans crainte d'être démenti : « Personne n'a plus aimé sa ville natale, personne n'a mieux mérité de la cité viroise. »

Caen, décembre 1878.

Armand GASTÉ.

*N.-B.* — Les lettres BV, M ou ML signifient que l'ouvrage dont il est question se trouve soit à la Bibliothèque de Vire, soit dans la bibliothèque de M. Morin-Lavallée.

# NOTICE BIOGRAPHIQUE

SUR

# MORIN-LAVALLÉE

---

Morin (François-Michel), dit Lavallée, est né à Vire le 17 janvier 1809. Élevé chez ses parents, marchands de sel à Vire, il ne reçut qu'une instruction très-incomplète. On le mit chez un sculpteur, et il ne tarda pas à acquérir une assez grande habileté. C'est à lui qu'on doit le modèle des Apôtres qui ornent l'autel du chœur de Notre-Dame. Très-studieux, il chercha à compléter son instruction par la lecture et apprit seul les mathématiques. Il se passionna surtout pour l'histoire, mais s'occupa principalement de l'histoire de l'arrondissement de Vire. Tous les matériaux qu'il pouvait rencontrer, il les recueillait pieusement : tous les livres, écrits par des Virois ou traitant de Vire et du Bocage, qu'il rencontrait chez les bouquinistes ou qu'il voyait annoncés dans les catalogues, il les achetait, souvent très-cher, et les mettait dans un coin choisi de sa bibliothèque. Il destinait à la ville de Vire (il nous l'a souvent répété à nous et à bien d'autres de ses amis) sa collection de médailles, d'objets d'art et sa chère bibliothèque, — ses *Viroiseries*, — comme il disait. Malheureusement il n'a pas laissé de testament ; mais sa nièce a pris ses dispositions pour que les intentions de Morin-Lavallée soient remplies.

Son caractère conciliant, sa complaisance sans bornes, lui avaient gagné les cœurs de ses concitoyens, qui lui donnèrent la preuve de leur estime à chaque élection municipale. Son nom était le premier sur la liste des conseillers en 1870 : aussi fut-il désigné, le 20 septembre 1870, comme président de la Commission municipale. Grâce à son dévouement et à sa popularité, la ville de Vire put traverser, sans aucun incident fâcheux, la funeste période de la guerre.

Le 12 mai 1871, Morin-Lavallée fut nommé maire de Vire sur la désignation des membres du Conseil municipal. Son administration lui mérita les plus grands éloges, ce qui n'empêcha pas le ministère de Broglie de le révoquer, en 1874, à cause de son attachement à la République.

Morin-Lavallée fut (pourquoi ne le dirions-nous pas?) très-affecté de cette révocation si peu justifiée, et sa santé, déjà mauvaise, s'en ressentit beaucoup. Il consacra désormais la plus grande partie de son temps à ses recherches historiques et bibliographiques, et vécut au milieu de ses vieux amis, « les bouquins virois. » Il n'en continua pas moins, comme conseiller municipal, de s'occuper des affaires de la cité, et ce fut dans l'exercice de ses fonctions que la mort vint le frapper, le 8 janvier 1877, dans la salle même de l'Hôtel-de-Ville.

La population tout entière assista à ses funérailles, et le Conseil municipal lui concéda une place dans le cimetière, avec une plaque commémorative, en reconnaissance de ses services.

Disons, en terminant cette notice trop incomplète, que Morin-Lavallée était membre de la Société des Antiquaires de Normandie, de l'Association normande et de la Société archéologique de France. Il était aussi le trésorier de la Société Viroise d'Émulation.

Dr M. Porquet.

---

On lit dans le *Journal de Caen*, à la date du 13 janvier 1877 :

Hier matin, la ville de Vire tout entière se pressait aux environs de la rue Duhamel, où demeurait M. Morin-Lavallée, que la mort avait enlevé si inopinément au moment où il présidait, comme conseiller municipal, lundi dernier, une adjudication à l'Hôtel-de-Ville.

M. Morin-Lavallée avait administré la ville de Vire depuis le 4 septembre 1870 jusqu'au 24 mai 1874. L'immense affluence qui se pressait derrière son cercueil a montré que ce n'était pas seulement à l'homme politique, mais aussi au fonctionnaire municipal et aux qualités de l'homme privé que la population viroise rendait hommage dans cette circonstance.

L'honorable docteur Porquet, conseiller municipal, a pris la parole au nom du Conseil et de la population viroise. Dans un langage ému, il a fait sentir, mieux que nous ne le ferions nous-même, l'étendue de la perte que la ville de Vire et le monde des savants collectionneurs viennent de faire.

Après lui, M. Henry, directeur du *Journal de Caen*, a pris la parole au nom des républicains du Calvados.

## DISCOURS DU DOCTEUR PORQUET,

CONSEILLER MUNICIPAL.

MESSIEURS,

J'espérais que parmi les nombreux amis de M. Morin-Lavallée une voix plus éloquente que la mienne se serait faite ici l'interprète des regrets unanimes de la ville. Mais je ne puis, malgré mon émotion, laisser fermer cette tombe sans dire un dernier adieu au collègue, à l'ami que nous venons d'y déposer.

Vous connaissez tous aussi bien que moi l'honnête homme et le bon citoyen qui nous a été si brusquement ravi. L'empressement de la foule immense qui entoure son cercueil dit bien mieux que je ne pourrais le faire combien il était aimé. Une plume autorisée nous retracera, je l'espère bien, sa vie et ses travaux; il serait d'ailleurs au-dessus de mes forces de chercher en ce moment à improviser son histoire. Je me bornerai donc à rappeler ici que Morin-Lavallée était complètement le fils de ses œuvres; qu'à force de travail il est devenu, sous une apparence plus que modeste, un savant de premier mérite. Ses connaissances comme antiquaire et bibliophile étaient appréciées dans toute la Normandie.

Il a passé la plus grande partie de sa vie à recueillir des documents de toute nature et à composer une bibliothèque entière de livres concernant notre contrée. Nous espérons bien que sa volonté si souvent exprimée de laisser ces richesses à la ville de Vire sera religieusement respectée.

Je n'ai pas à vous rappeler tout ce qu'il a fait comme maire, et combien nous avons été heureux de l'avoir à notre tête pendant la funeste guerre de 1870.

L'injuste révocation dont il fut victime nous atteignit tous comme une calamité publique.

Je tiens cependant à vous signaler un des principaux actes de son administration et qu'il regardait comme un titre de gloire : c'est l'installation, à Vire, de la colonie alsacienne ; il était heureux d'avoir doté la ville de nouveaux citoyens ; la présence ici de ces chers compatriotes atteste aussi l'estime et l'amitié qu'ils lui avaient vouées.

Comme le soldat sur la brèche, Morin-Lavallée est tombé au champ d'honneur : c'est en remplissant ses fonctions municipales qu'il a succombé.

Il est mort dans le fauteuil qu'il avait si dignement occupé pendant quatre années.

. . . . . . . . . . . . . . . . . . . . . . . . . . . .

Ne nous séparons pas, Messieurs, sans adresser un suprême adieu au collègue, à l'ami dont la perte nous est si cruelle !...

Adieu, mon cher Morin, adieu !....

———————

Parmi les lettres envoyées à l'occasion de la mort de M. Morin-Lavallée à sa famille ou au Conseil municipal, il en est une surtout que nous nous empressons de reproduire, c'est celle qui fut écrite par M. E. de Beaurepaire, secrétaire de la Société des Antiquaires de Normandie :

Caen, le 11 janvier 1877.

Monsieur,

J'ai reçu la lettre par laquelle vous m'annoncez la mort de M. Morin-Lavallée, ancien maire de Vire et membre de notre Société. M. Morin-Lavallée, que j'avais l'honneur de connaître personnellement, était l'un des membres les plus zélés et les plus distingués de la Compagnie. Lors de son dernier voyage à Caen, il avait assisté à notre réunion mensuelle et y avait fait d'utiles communications : sa mort, que rien ne pouvait faire prévoir, a causé parmi nous la plus vive émotion. Veuillez, Monsieur, je vous prie, assurer les membres de la famille de la part que nous prenons à leur douleur et leur transmettre en même temps l'expression de tous nos regrets.

Recevez, Monsieur, l'assurance de mes sentiments les plus distingués.

*Le Secrétaire de la Société des Antiquaires,*

E. de Beaurepaire.

# BIBLIOGRAPHIE VIROISE.

**ANGER** (Achille-Alexandre), né à Ingouville (Seine-Inférieure), en 1824 [le *Journal de Vire* du 5 août 1875 le fait naître à Roullours, près Vire]. Ordonné prêtre, il fut un des directeurs du Petit-Séminaire de Vire, puis professeur à l'institution Sainte-Marie, près Caen, précepteur des fils de la vicomtesse de Flers ; au château d'Hémévez, près Valognes, chapelain de N.-D. de La Délivrande (Manche).

— *Souvenir des fêtes des 28 et 29 octobre 1867 au château d'Hémévez.* Caen, Le Blanc-Hardel, 1868; gr. in-8°, 62 p. BV. M. G.

— *Le dix-huitième anniversaire de la fondation de l'Institution Sainte-Marie.* Caen, Le Blanc-Hardel, 1869; petit in-8°, 45 p. G.

**ASSELIN** (Gilles-Thomas), né à Vire le 21 décembre 1684, mort à Issy, près Paris, le 11 octobre 1767. — Il alla de bonne heure à Paris et fut apprécié de Thomas Corneille. Proviseur du collége d'Harcourt, maître de La Harpe, il remporta plusieurs prix aux Jeux Floraux. — Son portrait se trouve à Vire, chez Mlle Vivien (1878).

— *La Religion, poème. Avec un discours pour disposer les Déistes à l'examen de la vérité. Et quelques autres Ouvrages de poësie.* A Paris, chez François-Guillaume L'Hermitte, 1725; in-8°, 156 p. BV. M. G.

L'exemplaire de la Bibliothèque de Vire a été donné par la famille.

Voici le titre des pièces contenues dans ce volume :

— La Religion, poème.

— Réflexions pour disposer les Déistes à l'examen des vérités de la Religion.

— Réflexions pour ceux qui connaissent et ne goûtent pas encore les vérités de la religion.

— L'existence de Dieu, ode.

— La foi, ode.

— Le mépris de la fortune, ode qui a remporté le prix de l'Académie des Jeux floraux, 1713.

— La paix du cœur, ode.

— La vérité, poème qui a remporté le prix de la même Académie en l'année 1710.

— L'état de l'homme, poème qui a remporté le prix de la même Académie en l'année 1711.

— Épître à un ami qui était attendu à la campagne.

— Le Roy Loüis XIV, protecteur des beaux-arts, au milieu du tumulte de la guerre, ode qui a remporté le prix de l'Académie françoise en l'année 1709.

— La mort de Palémon, idylle qui a remporté le prix de l'Académie des Jeux floraux en l'année 1711. M. Th. Corneille y est représenté sous le nom de Palémon.

— Épître au Roy Loüis XIV, qui a remporté le prix de la même Académie en l'année 1713.

— Regrets sur la mort d'un ami, idylle.

— Conseils à une jeune personne qui entroit dans le monde.

Le poème sur *La Grâce* se trouve dans le recueil intitulé : *Nouveau choix de Poésies*. La Haye, H. van Bulderen, 1715; in-12, première partie, p. 91.

En 1701, Asselin, alors étudiant au collège d'Harcourt, remporta le prix de la ballade au Palinod de Caen.                    BV.

En 1702, toujours étudiant au même collège, il obtint (Palinod de Caen) un second prix pour un sonnet sur le sacrifice d'Abraham.

En 1707, il obtint (Palinod de Caen) le premier prix pour un sonnet.

En 1711, il présenta (paraît-il) son sonnet du *Sacrifice d'Abraham* aux Jeux floraux et obtint le prix.

Dans l'*Almanach de la ville de Vire pour 1770*, on trouve, à la suite de l'Éloge de G.-T. Asselin, une petite fable (*Le Rossignol*), faite par lui à l'occasion d'une injustice dont il aurait été victime au Palinod de 1707, ou, selon la fable manuscrite insérée à la fin du ms. autog. de Jean Le Houx (27; Bibl. de Caen), au Palinod de 1705.

On retrouve le même sujet traité dans l'*Almanach littéraire* de 1780 et dans une vieille édition de La Fontaine portant la date de 1704. M. Édouard Fournier attribue cette fable à La Fontaine. Nous ne partageons pas son avis. Voir le journal le *Soleil*, nᵒˢ du 22 décembre 1876 et du 7 janvier 1877 (art. de M. Jules Guillemot). En tout cas, G.-T. Asselin n'aurait pas inventé le sujet. (Note communiquée par M. A. Gasté.)

Quérard, dans la *France littéraire* (art. G.-T. Asselin), attribue au poëte virois les deux ouvrages suivants, qu'il faut restituer à l'abbé Asselin, ancien vicaire général de Glandèves.

— *Discours sur la vie religieuse, etc.*, 1782 et 1788.

— *Discours sur divers sujets de religion et de morale*, 1786.

Voir *France littéraire*, t. II, et l'*Année littéraire*, 1767, t. IV, p. 60.

**ASSELIN** (Jean-Augustin), né à Cherbourg le 1ᵉʳ janvier 1756, mort le 9 novembre 1845, prêtre avant 1789, sous-préfet à Vire de 1800 à 1811, maire de Cherbourg.

— *Comes Juventutis*, ou Recueil de pensées morales en vers et en prose, extraites de divers auteurs, à l'usage des jeunes gens. Vire, Adam, 1807; in-8°, 134 p.                    BV. M.

— *Les Distiques de Muret*, traduits en vers français. Vire, Adam, 1809; in-8°, 16 p.                    BV. M.

— La XIᵉ Élégie du premier livre de Tibulle et la Iʳᵒ du deuxième livre, traduites en vers. Lecture faite à l'Académie de Caen.

J.-A. Asselin fut un des éditeurs des *Vaudevilles* attribués à Basselin.— Vire, 1811 (voir art. *Basselin).* La préface est de lui, sous le titre de *Discours préliminaire* sur la vie et les ouvrages d'O. Basselin. Les notes sont également d'A. A.

Après avoir quitté Vire, il a publié d'autres ouvrages dont nous n'avons pas à nous occuper ici.

M. Ed. de La Chapelle, de Cherbourg, a publié une notice biographique sur J.-A. Asselin dans l'*Annuaire* de la Manche, année 1847.

**ASSELIN** (MICHEL), né à Vire, le , docteur-médecin.

— *Considérations sur les tumeurs des bourses ou Capsules muqueuses du genou et sur le traitement de quelques ulcères fistuleux* (thèse). Strasbourg, 1803 ; in-4°, 29 p. M.

— *Examen analytique de la Topographie et de la Constitution médicale de l'arrondissement de Vire (Calvados).* Caen, F. Poisson, et se trouve à Vire, chez Adam, 1819 ; in-8°, 347 p. et la table. BV. M.

**AUGUSTE** (le père), né à St-Lo, fut capucin au couvent de Vire ; il se livrait entièrement au travail des missions. Ce fut à la suite d'une célèbre mission et des conférences tenues à Vire, en mai et juin 1772, qu'il écrivit et publia, pour réfuter un ouvrage *Sur le prêt de commerce*, plusieurs lettres sous le titre de :

—*Examen et réfutation des réflexions sur le Prêt de commerce.* Vire, chez Chalmé, libraire ; in-12, 206 p., 1775. Ces lettres sont datées d'Alençon, 1774.
BV. M.

2° édition, in-8°, Paris, Moutard, même année.

—Il publia encore d'autres lettres *Sur les cas de conscience, Sur la réforme des ordres religieux;* un vol. in-12 sans lieu ni nom d'auteur.

—Enfin quatre lettres *Sur la pauvreté religieuse;* un vol. in-12 (Mémoires de G. Chalmé).

Le P. Auguste mourut jeune encore, épuisé par le travail pendant une mission prêchée à Alençon (Mémoires de G. Chalmé).

**BARETTE** (JEAN), prêtre, curé de Balleroy. [A l'époque des publications ci-dessous indiquées, l'auteur était vicaire à St-Jean-le-Blanc.]

— *Histoire de la ville de Condé-sur-Noireau*, suivie d'une Notice sur Dumont-d'Urville. Condé-sur-Noireau, Auger, imp., 1844 ; in-18, 142 p. M.

— *Notice historique sur le bourg d'Aunay et son canton.* Condé-sur-Noireau, Auger.
1re édit., 1844 ; in-18, 42 p.
2e édit., 1845 ; in-18, 48 p. M.

— *Notice sur la paroisse du Plessis-Grimoult.* Condé-sur-Noireau, Auger, 1844 ; in-18, 36 p. M.

L'abbé Barette a aussi publié l'*Histoire de Balleroy et de son canton.* Condé ; in-18, 280 p. M.

**BASSELIN** (OLIVIER). On ne connaît ni la date de sa naissance, ni la date de sa mort ; mais ce qu'on peut affirmer d'après de Bourgueville, sieur de Bras ( *Rech.*, édit. de 1588, p. 56 ), La Fresnaye-Vauquelin *(Art Poét.*, liv. II ; satire à Lefèvre de La Boderie, p. 399), un chansonnier anonyme du Ms. de Bayeux ( *Chansons norm. du XV<sup>e</sup> siècle* ), et d'après Jean Le Houx ( *V. de V.*, 85, édit. A. Gasté), Basselin était un foulon du Val ou plus exactement des Vaux de Vire.

C'était un joyeux compagnon.

> Il « soulloit »
> ..... gayement chanter
> Et desmener joyeuse vie,
> Et les bons compagnons hanter
> Par le pays de Normandie.
> ( *Ch. norm.*, XXXVIII ).

Basselin, nous dit J. Le Houx, ou du moins un chansonnier contemporain de l'avocat virois,

> Basselin fut de fort rouge visage
> Illuminé comme est un chérubin.

Entouré de ses amis qui se réunissoient dans son « moulin fouleur », il composait ses chansons

> Qu'on nomma partant Vaudevire,
> Et leur enseignoit à les dire
> En mille gentilles façons.

C'était vers la fin des guerres anglaises que Basselin et ses « compagnons » remplissaient les Vaux de Vire de leurs refrains. Cet heureux temps ne dura guère. Les Anglais « firent grand vergogne » au foulon virois et le « mirent à fin. » Basselin fut tué par les Anglais, voilà ce que disent deux chansonniers à plus d'un siècle d'intervalle. C'est là, en effet, l'écho d'une tradition constante dans le Bocage virois, d'après laquelle Olivier Basselin aurait péri, les armes à la main, vers l'époque de la bataille de Formigny (1450). Sa

mort, véritable deuil public, fut déplorée par ses amis et ses « disciples » survivants :

> Hellas ! Olivier Basselin,
> N'orrons-nous plus de vos nouvelles ?
> Vous ont les Engloys mis à fin.
> . . . . . . . . . . .
>
> Les Engloys ont faict desraison
> Aux compaignons du Vau de Vire :
> Vous n'orrez plus dire chanson
> A ceulx qui les soulloient bien dire.
>
> Nous prirons Dieu de bon cueur fin
> Et la doulce Vierge Marie,
> Qu'il doint aux Engloys male fin,
> Dieu le Père si les mauldye !

Ces plaintes touchantes ( voir les mss. de Bayeux et de Vire, publiés par A. Gasté sous le titre de *Chansons normandes du XV<sup>e</sup> siècle*, et la chanson LVI du ms. de la Bibl. nationale, n° fr. 12744, anc. suppl. fr. n° 169, publié par M. Gaston. Paris, 1875, 1<sup>er</sup> vol. de la collection de la Société des anciens textes français), ces plaintes touchantes, dis-je, et la lecture attentive de ces trois mss., nous donnent le droit d'admettre que Basselin, et le groupe de chansonniers dont il était le chef (les compagnons du Vau de Vire), ont composé nonseulement des airs à boire et des chansons d'amour, mais encore des chants de guerre contre les Anglais, ces oppresseurs de la Normandie ( voir A. Gasté, *Étude sur Olivier Basselin et les compagnons du Vau de Vire.* Caen, Le Gost-Clérisse, 1866).

Jusqu'en 1875, les éditeurs des *Vaux de Vire* ont toujours attribué à Olivier Basselin les chansons de Jean Le Houx ( voir ce nom ). Nous donnerons la liste exacte des mss. qui renferment ( très-probablement ) des chansons d'Olivier Basselin et des compagnons du *Vau de Vire.*

— *Ms. dit de Bayeux*, pet. in-folio sur velin, écrit en gothique, avec la musique. On lit en tête de ce ms. *Recueil de cent-*

*deux chansons notées.* Les encadrements de chaque page sont formés de fleurs de fantaisie, en or et en couleurs, parfaitement conservées. Dans chacun des encadrements, on voit un cerf ailé, sur le collier duquel se lit ESPÉRANCE, devise du connétable de Bourbon. Ce ms. date de la fin du XVe siècle ou du commencement du XVIe

Ce ms. — après bien des aventures — a passé par les mains d'Antoine Moriau, procureur du Roi, à l'Hôtel-de-Ville ; de M. Lambert, bibliothécaire, à Bayeux. Louis Du Bois l'eut entre les mains une seule nuit et copia à la hâte trente-quatre chansons qu'il publia à la suite de son édition des *Vaux de Vire* (1821), avec un grand nombre de fautes.

Au mois de juillet 1855, ce ms. fut vendu par M. Lambert à un amateur de Paris. Plus tard, il était dans la bibl. de M. Félix Solar (cat. nº 3213). A la vente des livres de M. Solar, il a été acheté par la Bibliothèque nationale, où il se trouve sous le nº 5594 ( S. F. ). Une copie de ce ms. ( avec la musique en notation moderne, par J.-B. Wekerlin ), copie faite par A. Gasté, se trouve aujourd'hui (1878) entre les mains de Mᵉ Vᵉ Le Gost-Clérisse, libraire, à Caen.

— *Ms. dit de Vire*, connu à Vire des amateurs sous le nom de Ms. de Jehan Porée. Il appartient aujourd'hui (1878) aux héritiers de M. J.-F. Le Pelletier, ancien avocat à Vire.

Ce ms. contient : 1º trente-sept noëls ; 2º vingt chansons ; 3º un noël. C'est un grand in-8º sur papier. Les lettres initiales sont de grandes lettres fantastiques, dont la plupart sont enluminées. Très-souvent on lit, au commencement ou à la fin des noëls et des chansons, ces deux initiales, I. P., ou en toutes lettres IEHAN POREE, avec la date 1581. Une copie de ce ms., faite par A. Gasté (les chansons seulement), se trouve chez Mᵐᵉ Le Gost-Clérisse.

— *Ms. de Paris*, petit in-folio de 108 p. de parchemin (voir la description exacte de ce ms. par M.-G. Paris, *Chansons du XVᵉ siècle*, introd. p. x et suiv.)

Voici maintenant la liste des éditions des *Vaux de Vire*, dits de Basselin, *Vaux de Vire* qu'il faut aujourd'hui ( après les travaux de MM. de Beaurepaire et A. Gasté ) restituer à Jean Le Houx.

1º *Édition princeps*, publiée par J. Le Houx, vers 1570 (?). Complètement disparue.

2º *Édition de Jean de Cesne : Le livre des Chants nouveaux de Vau de Vire, corrigé et augmenté, oultre la précédente impression. A Vire, chez Jean de Cesne, imprimeur et libraire* (vers 1669). L'édition de J. de Cesne, horriblement imprimée, est un petit in-16 de 106 pages. [*N. B.* Cette édition ne porte pas de nom d'auteur ; c'est là une des causes principales qui ont fait attribuer les *Vaux de Vire nouveaux* à Basselin]. Au commencement de ce siècle, on connaissait deux exemplaires de l'édition de J. de Cesne. Celui qui fut consulté par les auteurs de 1811 ( voir plus bas ) et qui avait été acheté par M. Flaust, maire de St-Sever, à la vente de la bibliothèque de M. By ( cat. nº 1297 ), a disparu. L'autre, qui est aujourd'hui à la Bibliothèque nationale (nº Y, $\frac{6084}{B}$ P. réservé ), avait appartenu à Daniel Huet, évêque d'Avranches et porte ses armes. Il passa, après la mort de Huet, dans la bibliothèque des Jésuites. On lit, en effet, sur deux bandes de papier en tête du livre : *Domus profess. Paris. Societ. Jes.* ; et au bas : *Ne extra bibliothecam efferatur. Ex obe[dientia]*.

3º *Édition de 1811.* Cette édition, comme on peut le lire au verso du titre, fut faite aux frais et par les soins des habitants de Vire, dont les noms suivent :

MM.

*Asselin*, Aug., sous-préfet.

*Corday* (de), membre du collège électoral du département.

*De Cheux de Saint-Clair*, membre du collége électoral du département.

*Des Rotours de Chaulieu*, Gabriel, maire de La Graverie, membre du collége électoral du département.

*Du Bourg d'Isigny*, membre du Conseil de l'arrondissement

*Flaust*, maire de St-Sever, membre du coll. élec. du dép.

*Huillard d'Aignaux*, premier adjoint du maire de Vire, membre du coll. élec. du dép.

*Lanon de La Renaudière*, avocat, maire de Tallevende-le-Petit.

*Normand (Le)*, receveur principal des droits réunis de l'arr. de Vire.

*Robillard*, receveur des droits d'enregistr. et conservateur des hypoth. de l'arr. de Vire.

Cette édition, tirée à 148 exemplaires in-4° et in-8°, parut sous ce titre : *Les Vaudevires, poésies du XVᵉ siècle, par Olivier Basselin, avec un discours préliminaire sur sa vie et des notes pour l'explication de quelques anciens mots*. Vire, 1811. Imp. de F. Le Court, à Avranches, XXXVI, 131 p. *Le Discours prélim. et les notes* sont de Aug. A. (Asselin) (voir ce nom). BV. M. G.

4° *Édition de 1821. Vaux de Vire d'Olivier Basselin, poète normand de la fin du XIVᵉ siècle*, suivis d'un choix d'anciens Vaux de Vire, de bacchanales et de chansons, poésies normandes, soit inédites, soit devenues excessivement rares, publiés avec des dissertations, des notes et des variantes, par M. Louis Du Bois, ancien bibliothécaire, membre de plusieurs Académies de Paris, des départements et de l'étranger. — A Caen, de l'imprimerie de F. Poisson, rue Froide ; à Paris, chez Pluquet, libraire, rue de Tournon, n° 4 ; à Londres, chez Martin Bossange et Cᵒ Great-Malborough street (1821) ; in-8°, 271 p., tiré à 500 exemplaires. BV. M. G.

5° *Édition de 1833*. Les *Vaux de Vire* édités et inédits d'Olivier Basselin et de Jean Le Houx, poète virois, avec discours préliminaire, choix de notes et variantes des précédents édi-

teurs, notes nouvelles et glossaire, publiés par Julien Travers, membre de la Société des Antiquaires de Normandie. — A Paris, chez Lance, libraire, rue du Bouloy, n° 7, 1833 ; Avranches, imp. d'E. Tostain ; petit in-12 de 252 p., tiré à 1,000 exemplaires. BV. M. G.

6° *Édition de 1858. Vaux de Vire* d'Olivier Basselin et de Jean Le Houx, suivis d'un choix d'anciens *Vaux de Vire* et d'anciennes chansons normandes, tirées des manuscrits et des imprimés, avec une notice préliminaire et des notes philologiques, par A. Asselin, Louis Du Bois, Julien Travers et Charles Nodier, nouvelle édition, revue et publiée par P.-L. Jacob, bibliophile. — Paris, Adolphe Delahays, libraire-éditeur, 4, 6, rue Voltaire, 1858. Imprimerie Simon Raçon et Cᵉ, rue d'Erfurth, 1, Paris ; in-16, XXXVI, 288 p, . BV. M. G.

Voir sur la question Basselin-Le Houx les travaux de *Eug. de Beaurepaire* (Ol. Basselin, Jean Le Houx, etc., *Mémoires de la Société des Ant. de Norm.*, t. XXIII). A. Gasté, *Chanson norm. du XVᵉ siècle*, Caen, Le Gost-Clérisse, 1866. — *Olivier Basselin et les compagnons du Vau de Vire*, Caen, Le Gost-Clérisse, 1866. — *Jean Le Houx et le Vau de Vire à la fin du XVIᵉ siècle*, Paris, Thorin, et Caen, Vᵉ Le Gost, 1874. — *Les Vaux de Vire de Jean Le Houx*, publiés par A. Gasté, Paris, A. Lemerre, 1875.

## BEAUDOUIN (Raoul).

— *De l'influence des chemins de fer sur l'élevage du bétail dans le Bocage normand*. Caen, 1862, G. Philippe ; br. gr. in-8°, 29 p. M.

— A M. le Président de la Société des Agriculteurs de France, etc. Caen, Pagny ; 4 p. in-8°, S. D. (1875). M.

[ C'est une demande de primes d'encouragement pour l'élevage des juments poulinières en Normandie ].

**BAZIN** (Eugène), né à Condé-sur-Noireau.

— *Le Billet*, comédie en vers, représentée pour la première fois à Versailles, en 1876.

— *Les Trois couleurs*, couplets insérés dans le *Journal de Condé*, 13 fév. 1876.


**BEAUMONT** (Guillaume), prêtre, né à Vire le 4 janvier 1751. Recteur de l'Université de Caen, mort le 15 janvier 1822.

— *Publica supplicatio, gratiæque solemnes Deo opt. max. a celeberrima Cadomensi Universitate actæ, ob felicem ortum serenissimi Galliarum Delphini.* Cadomi J. C. Pyron, 1782; broch. in-4° donnée par l'auteur à la Bibl. de Vire.

— *Oratio in recentem ortum Sereniss. Galliarum Delphini, habita nomine Cadomensis Universitatis, in æde RR. PP. Carmelitarum, 1781.* 30 pages in-4°, précédées d'un mandement de N. Godefroy.


**BERTAUT** (Jean). D'après Moréri et quelques autres biographes, il serait né à Condé-sur-Noireau; mais, suivant l'opinion la plus accréditée, il naquit à Caen vers 1552.

Ce qui le rattache à l'arrondissement de Vire, c'est qu'il fut abbé d'Aunay. Henri IV lui donna cette abbaye en 1594. Lorsqu'il fut nommé à l'évêché de Séez, son frère obtint cette abbaye. — Mort le 8 juin 1610.

(V. Huet, *Orig. de Caen.* — Hermant, *Hist. de Bayeux*, 443. — *Bibl. franç.*, t. V, p. 87. —

Moréri. — Le Moréri des Normands. — Baratte. — Brunet (*Manuel du lib.*).


**BIDAUT** (Henri), né à Vire le 13 février 1835.

— *Les Cloches*, pièce de vers, imprimée dans le journal l'*Aquarelle-Mode*. Paris, n° du 8 janvier 1876.       M.


**BIGNE** (Marguerin de La), né à Bernières-le-Patry.

La famille de La Bigne était originaire de cette paroisse. Ses membres étaient seigneurs de La Bigne et possédaient de grandes propriétés tant dans cette paroisse qu'à Bernières-le-Patry, au Theil et autres lieux voisins.

Marguerin ou Margarin de La Bigne serait né, suivant Huet, Hermant et Beziers, en 1546; mais selon l'abbé Ladvocat et les continuateurs de Moréri, il serait né en 1520. Cela paraît mieux s'accorder avec l'abbé Beziers, qui dit qu'après s'être démis de deux bénéfices en 1566, il fut pourvu de la cure de Neuville, près Vire. Si l'on accepte la date de 1546 pour sa naissance, il n'aurait eu que vingt ans à l'époque de sa démission de ses deux bénéfices, ce qui ne paraît pas probable. — Selon quelques auteurs, il serait mort en 1588; — mais d'après les recherches récentes de Dom Piolin, il vivait encore en 1597.

Antoine Halley (*Opuscula*, p. 7), mentionne La Bigne comme étant né à Vire ou dans le territoire Virois. En tout cas, la famille de La Bigne est une de celles dont s'honore notre pays.

Le principal ouvrage de Marguerin de La Bigne est :

— *La Bibliothèque des Pères de l'Église*, qu'il fit pour réfuter les centuriateurs de Magdebourg (v. Hermant). Cet ouvrage est écrit en latin et intitulé : *Bibliotheca sanctorum Patrum*, supra ducentos, qua continentur illorum de rebus divinis opera omnia et fragmenta quæ partim nunquam hactenus, partim ita ut raro jam exstarent excusa, vel ab hæreticis corrupta, nunc primum sacræ facultatis Theologicæ Parisiensis censura satis gravi, sine ullo novitatis aut erroris fuco in perfectissimum corpus coaluerunt, etc. Paris, 1575 et années suivantes. Michel Sonnius, 8 vol. in-folio. Un 9e (appendix) fut ajouté en 1579. — Cette collection était dédiée au pape Grégoire XIII et à Henri III, roi de France.

La 2e édition (9 vol. in-folio) fut imprimée (disent quelques biographes) sous les yeux de l'auteur, sous ce titre :

*Sacræ Bibliothecæ sanctorum Patrum ; seu scriptorum ecclesiasticorum, etc.* Paris, 1589.

Dans la 3e édition (1610), on ajouta divers traités d'autres auteurs. — Paris, sans nom d'imprimeur ; 8 vol. in-folio.

En 1618, une contrefaçon fut imprimée à Cologne, en 18 vol.

Dans la 4e édition (1624), le père Fronton Duduc ajouta 2 vol.

La 5e édition donnée par Morel, en 1644, a 17 vol. in-folio.

Enfin la dernière édition, imprimée à Lyon (1677), en 27 vol. in-folio, se trouve à la bibliothèque de Vire. En voici le titre :

*Maxima Bibliotheca veterum et antiquorum scriptorum ecclesiasticorum primo quidem a Margarino de la Bigne in academia Parisienti doctore Sorbonico in lucem edita.*

Marguerin de La Bigne a encore publié :

— *Statuta Synodalia Ecclesiæ Parisiensis,* seu Galonis cardinalis, Odonis et Willelmi Parisiensium episcoporum decreta, etc. Parisiis, apud Mich. Sonnium, 1578 ; in-8°.

— *Sancti Isidori Hispalensis episcopi Opera omnia quæ exstant,* partim ali-quando virorum doctis laboribus edita, partim nunc primum exscripta et castigata, per Margarinum de La Bigne, theológum doctor. Paris. Parisiis, apud Mich. Sonnium, 1580 ; in-folio.

[Voir Niceron, *Mém.*, t. XXXII, p. 279 à 282. L'abbé De La Rue. *Essai sur les Bardes*, p. 260 à 265. — Hermant, *Histoire du diocèse de Bayeux*, p. 441 à 443. — Huet, *Orig. de Caen.* — Ladvocat, Moréri, aux articles Marg. de La Bigne. Ant. Halley, p. 7. — Lacroix-Dumaine, *Bibl. fr.*, t. I. p. 307. — Beziers, *Hist. somm. de la ville de Bayeux*, p. 194. — Le manuscrit Lefranc (à Vire), Dom Piolin. — Le Moréri des Normands. — Athenæ normann. ; etc.]

**GACE** ou **GASTON DE LA BIGNE,** né à La Bigne vers 1328, d'après Dom Piolin (*Notice sur Marguerin de La Bigne*, p.13).

Gace de La Bigne fut chapelain des rois Philippe de Valois et Jean le Bon. Prisonnier en Angleterre avec ce dernier, il composa pour Philippe, duc de Bourgogne, fils du roi Jean, son poème, intitulé : *Le Roman des oyseaulx et des chiens.* Il mourut vers 1380, chapelain de Charles V.

Dans le XVIe siècle, dit l'abbé De La Rue dans son *Essai sur les Bardes,* le nom de La Bigne fut changé en celui de La Vigne et des Vignes, et cela contre la foi des anciens manuscrits, qu'on n'avait pas su lire. Voir un manuscrit, n° 1069 (Bibl. de Vire). Acte de 1494 faisant mention de Marguerin de La Vigne et de Robert de La Bigne ou Vigne, lieutenant de la vicomté de Vire.

La 1re édition du *Roman des oyseaulx* fut publiée à Paris, chez Verard, in-folio, et sans date, à la suite de l'ouvrage de Gaston de Foix (Phébus) et même sous ce nom, par erreur ou mauvaise foi.

La 2e édition, chez Jean Tréperel, Paris, également in-folio, S. D.

La 3e, chez Philippe Le Noir, Paris, 1520, sur les copies d'Antoine Vérard, et incomplet,

Voir sur ce poète : l'abbé De La Rue, *Essai sur les Bardes*, *les Mémoires sur l'ancienne chevalerie*, par Lacurne de Sainte-Palaye, — et Dom Piolin : *Notice sur Marguerin de La Bigne*.

ANDRÉ ou ANDRY de La **VIGNE** ( ou de La **BIGNE** ), poète de la fin du XVe et du commencement du XVIe siècle, — de la famille des La Bigne de Normandie. [ Voir l'abbé De La Rue et la notice de Dom Piolin. ]

Andry de La Vigne fut secrétaire du duc de Savoie, puis de la reine Anne de Bretagne, et accompagna le roi Charles VIII dans son expédition de Naples. Jean Bouchet le fait mourir vers 1527 (*Arch. cur. de la France*, t. I, p. 318).

Voici ses principaux ouvrages :

— *Le Vergier donneur*, nouvellement imprimé à Paris.

— *De l'entreprise et voyage de Naples*, auquel est comprins comment le roy Charles huictiesme de ce nom a banyere desployee passa et repassa de iournee en iournee depuis Lyon jusques a Naples, et de Naples iusques a Lyon. Ensemble plusieurs aultres choses faictes et composees par reuerand pere en Dieu Monsieur Octauien de Sainct Gelais, euesque Dangoulesme, et par maistre Andry de La Vigne secretaire de la Royne et de Monsieur le duc de Sauoye, auec aultres. — On les vend a Paris en la grand rue Sainct Jacques, a l'enseigne de la Roze blanche couronnée. Un vol. in-fol., sans date, gothique, à 2 col., fig. sur bois, fin du XVe siècle.

Cet ouvrage, dit Brunet, est un recueil curieux de pièces presque toutes en vers, dont la première est la plus considérable et aussi la seule à qui le titre de *Vergier d'honneur* convienne particulièrement. Si nous l'avons portée sous le nom de *Saint Gelais*, c'est que cet auteur est le premier nommé sur le titre ; mais il est certain qu'il n'y a de lui, dans tout le recueil, qu'une complainte d'environ 800 vers sur la mort de Charles VIII, laquelle a été imprimée séparément vers 1500 (V. Brunet, Art. Saint Gelais).

Cet ouvrage a été réimprimé un bon nombre de fois vers la fin du XVe et le commencement du XVIe siècle ; il est, malgré cela, devenu fort rare. Des exemplaires ont atteint le chiffre de 4 à 500 fr. dans les ventes publiques.

Une édition in-4o a été imprimée à Paris, chez Ant. Verard.

Une autre chez Tréperel (1495 ou 1498). Jean Petit en a aussi donné une édition in-folio vers 1500.

*La louange des Roys de France*, qui fait partie du *Vergier d'honneur*, a été aussi réimprimée séparément en 1508, petit in-8o, goth. de 72 ff., non chiffrés, avec figures sur bois. Cette pièce est en prose et vers.

Godefroy ( Den ), dans son *Histoire de Charles VIII*, un vol. in-folio, 1684, a publié une variante du *Vergier d'honneur*, dont le ms. se trouve à la Bibl. nationale.

On retrouve aussi une bonne partie du *Vergier d'honneur*, avec titre goth., dans le 1er vol. des *Archives curieuses de l'Histoire de France*, par M. L. Cimber. Paris, Everat, 1834; in-8o, p. 315 à 435. BV.

Il y a eu un tirage à part.

*Le Voyage de Charles VIII à Naples* a été réimprimé sous ce titre :

*La tres curieuse et chevaleresque histoire de la conqueste de Naples*, par Charles VIII. — Comment le tres chretien et tres victorieux roy Charles huictiesme de ce nom, a banniere deployée, passa et repassa de journée en journée de Lyon jusques a Naples et de Naples jusques a Lyon. Un vol. gr. in-8°. Lyon, 1842, titre rouge et noir, et lettres ornées, publié par Gonon.

— *Les ballades de bruyt commun* sur les aliances des Roys, de princes et provinces : avec le tremblement de Venise, faict par maistre A. de La Vigne, secrétaire de la Royne. Pet. in-4° goth. de 4 ff., sans lieu ni date. Une grav. sur bois portant les armes de France et de Bretagne. Écrit en vers de dix syllabes.

— *Le libelle des cinq villes d'Ytallye contre Venise*, est assavoir Romme, Naples, Florence, Genes et Millan faict et composé par maistre André de La Vigne secretaire de la Royne. 8 ff. in-4°, goth., S. L. N. D. Quatre grav. sur bois.

— *L'attolite portas de Genes*, en ballade.

— *Le Pater noster qui es in cœlis des Genevois*, en ballade, avec une chanson fort ioyeuse et deux beaux rondeaux des ditz Genevoys. Pet. in-4°, goth., S. L. N. D.

— *Epitaphes en rondeaux de la Royne* avec celle qui fut posée sur le corps à St Denys en France, apres le cry faict par le herault de Bretagne et la déploration du chasteau de Blois. In-8°. goth., 1513 (Bibl. nat.).

— Deux pièces intitulées : *Moralité de l'aveugle et du boiteux*, et *Farce du meunier de qui le diable emporte l'âme en enfer*. Ces deux pièces ont été publiées pour la première fois, en 1831, par M. Francisque Michel.

Une analyse du *Vergier d'honneur* se trouve dans la biographie Michaud.

Un Marguerin de La Bigne, — celui sans doute dont parle Antoine Halley, — était né à Vire vers 1450 ; il fut recteur de l'Université de Caen, ensuite curé de Ruilly et de Tallevende.

(Voir l'abbé De La Rue, *Essai sur les Bardes*).

Adrien de La Bigne, né en 1602 (d'après Boisard, serait né à Livry et mort à Fécamp, en 1662) ; il a laissé un manuscrit intitulé : *Histoire de l'abbaye de St-Vincent de Laon et Histoire de l'abbage de St-Thierry-les-Reims*.

Voir Dom Piolin (*Marg. de La Bigne*).

**BILLEHEUST** (Bon-Eugène de), baron d'Argenton, né à Vire, le 1er octobre 1784, mort le 28 août 1863.

Descendant d'une ancienne famille irlandaise, son père, Thomas de Billeheust, obtint une lettre patente du roi Louis XVI, en 1779, qui lui concédait un terrain sur les *Vaux de Vire*, en considération des services rendus à l'État par sa famille.

Eugène de Billeheust, son fils, ancien capitaine de cavalerie, a publié à petit nombre, pour sa famille et ses amis :

*Essais poétiques et Remembrances*, par un ancien militaire. 2 vol. in-8°, formant 1,067 p. Caen, A. Hardel, 1863.

M.

Il a aussi écrit et laissé manuscrit un long mémoire-journal de sa vie militaire.

[Notice sur le baron d'Argenton, par M. de Guernon-Ranville. Association norm., 1864, p. 721 et suiv.].

BILLY (René-*Toustain* de ), né en 16..., à Bény-Bocage , où sa famille habitait depuis plus d'un siècle avec le titre de seigneurs de Billy et de La Valette , et non pas à Maisoncelles-la-Jourdan , comme on l'a dit souvent par erreur (voir ms. Le Marchand , à la Bibl. de Vire). Il mourut dans un âge avancé, le 17 avril 1709 , après avoir été curé de Mesnil-Opac ( canton de Percy, Manche) pendant plus de 40 ans.

Il a laissé manuscrits plusieurs ouvrages intéressant l'histoire du diocèse de Coutances. Il y a quelques années, on a essayé une souscription pour publier ses ouvrages, à St-Lo, chez Élie , en 3 vol. in-8°. — Cette souscription n'a pas complètement réussi.

Voici, d'après M. de Gerville, le titre des ouvrages de T. de Billy :

1° *Histoire du Cotentin*, contenant un aperçu sur l'histoire ecclésiastique et civile du diocèse de Coutances ; à la suite se trouve une histoire des villes de Coutances , St-Lo , Cherbourg, Carentan , St-Sauveur-le-Vicomte et Barfleur ;

2° *Histoire ecclésiastique du diocèse de Coutances* , contenant la Vie des évêques jusqu'à Mgr Loménie de Brienne ;

3° Une collection de *Chartes*, transcrite des Cartulaires du diocèse.

(Voir Ms. Le Marchand, Bibl. de Vire).

Le Musée britannique , les Bibliothèques de Caen, de Coutances et Cherbourg, le Musée de St-Lo , possèdent des copies des ouvrages de l'abbé de Billy.

La Bibliothèque nationale possède aussi un Mémoire du même sur l'abbaye de Blanchelande, portant la date du 20 août 1706, puis une histoire de Mortain et de son église collégiale. (n° 1828).

L'*Histoire ecclésiastique* de T. de B. a beaucoup servi à Rouault, curé de St-Pair et à Lecanu , curé de Balleville , pour écrire leur *Histoire des évêques de Coutances.*

M. Quenault , ancien sous-préfet de Vire et de Coutances , a fait aussi de nombreux emprunts aux manuscrits de T. de B. pour son *Histoire de la cathédrale de Coutances.*

On trouve dans le Catalogue de la bibl. de l'abbé Rotholin, un ms. de Toustain de Billy , ayant pour titre :

*Renati Tustini Billii epitome Historiæ ecclesiasticæ Constantiensis* ( A. Pluquet ).

La Bibliothèque nationale possède , sous le n° 1028 , un ms. de l'abbé de Billy , transcrit sur un ms. du XIII° siècle : *Vie du bienheureux Thomas Élie , prêtre de Biville* , qu'il adresse à M. Foucault, intendant de la généralité de Caen.

La Société d'archéologie du département de la Manche a publié la 1re partie des mss. de T. de Billy , sous ce titre : *Mémoires sur l'histoire du Cotentin et de ses villes* , par Messire Toustain de Billy. 1re partie , villes de St-Lo et de Carentan ; 1 vol. in-8°, 193 p. St-Lo , Élie fils, 1864.     M.

— *Histoire ecclésiastique du diocèse de Coutances*, publiée pour la première fois par Dolbet ; in-8°, Rouen, 1874. Un volume seul a été publié.

BINARD ........., professeur de rhétorique au Collége de Condé, en 1722.

— *La Dévotion du siècle*; satire de 260 vers. Caen , Jacques Joel, 1722 ; in-4°.

( Voir *Histoire de Condé*, de l'abbé Marie , p. 18).

**BLANCHARD** (Jean), ministre protestant, aux Iles, près Condé-sur-Noireau.

Il a entretenu une polémique avec Isaac Matouillet, curé de St-Martin-de-Condé, polémique qui a donné lieu à l'ouvrage suivant :

*Impertinences et impudences ministrales*, étalées en deux écrits de J. Blanchart, ministre du village des Iles, près Condé, avec la réfutation d'iceux en deux traités ; le premier, par M. Ch.-R. (Roullier), chirurgien, et l'autre par un sien ami. Caen, Jacques Brenousset, 1619 ; in-8°. Bibl. de Caen.

La première partie de cet ouvrage, devenu très-rare, a été écrite par Ch. Roullin, dont la famille existe encore près de Condé (Voir article *Matouillet*).

Le temple des Iles fut détruit en 1680.

La polémique très-vive qui eut lieu en 1619 entre les Catholiques et les Protestants de Condé donna lieu à un certain nombre d'écrits, aujourd'hui rarissimes. Voici le titre d'un de ces ouvrages :

— *Les Cassades des ministres et apostats de ce temps*, touchant les abjurations de Julien Fabri, prétendu religieux de plusieurs et divers ordres, suivant ses déclarations par luy faites, tant au presche des Iles, près Condé, qu'en plusieurs autres, en cest an 1619. Caen, P. Poisson, 1619 ; petit in-8°.

**BOIVIN** (François), sieur de La Blanquière, né à Vire, en 1593, mort en 1680, conseiller du Roi au bailliage de Vire.

Il a publié quelques poésies dont nous ne connaissons que les titres :

— *Les Lamentations de Jérémie*, en vers français.

— *L'Entrevue de saint Paul et de saint Antoine dans le désert.*

Il adressa quelques vers à Thomas Corneille, lorsqu'il publia sa pièce des *Gémeaux* : on les trouve dans un ms. de Polinière, à la Bibliothèque de Vire.

**BOYVIN** (Jean-Gabriel), cordelier, né à Vire, en 1605 (?) et mort en 1681, fut professeur de théologie.

Sa thèse, imprimée à Caen, chez Yvon, novembre 1643, in-fol. placard, se trouve à la Bibliothèque de Vire.

Son premier ouvrage est : *La Théologie de Duns Scot*, avec commentaires (la 4e édit. est à la Bibliothèque de Vire).

Voici le titre de cette 4e édition :

— *Theologia quadripartita Scoti.*

Prima pars, seu Theologia speculativa, ubi agitur de Deo uno, de Deo trino, de creatione mundi, de Angelis, de primo homine, de Incarnatione Verbi divini, de Christi gratia, ac de justificatione et merito.

Secunda pars, quæ est Sacramentalis, naturam sacramentorum in genere et sigillatim explicans.

Tertia pars, seu Theologia moralis, etc.

Quarta pars, etc.

Editio quarta, Parisiis, Edm. Couterot, 1678 ; 4 tom. rel. en 2 vol. in-folio, formant 1624 p.

L'extrait du Privilége porte : Permis au R. P. Jean-Gabriel Boyvin, prêtre, religieux de l'ordre des FF. mineurs de l'étroite observance de St-François, du couvent de Vire, professeur de théologie, etc.

— *Theologia Scoti a prolixitate et subtilitas ejus ab obscuritate libera et vindicata*, seu opus Theologiam studentibus sic attemperatum ut in illo habeant ad manus Theologiæ Scholasticæ integritatem brevem, et profunditatem planam.

Un vol. in-12, 672 p. en deux parties, plus 24 p. prélim. et table. Cadomi, apud Marinum Yvon, typ., 1665.     BV.

On trouve au commencement de ce volume une épigramme adressée à l'auteur par Thomas de Huniére-Criquet, de Vire.

— *Jos. Gabrielis Boyvin, philosophia Scoti a prolixitate, et subtilitas ejus ab obscuritate libera et vindicata,* — seu opus philosophiam studentibus sic attemperatum ut in illo habeant ad manus philosophiæ Scoti integritatem, et profunditatem planam.

Parisiis, Couterot, 1682; 2 vol. petit in-12.

## BOUTRY-DUMANOIR (...?)

— *Discours sur l'installation du premier tribunal civil à Vire*, le 4 décembre 1790; 4 p. in-8°. Vire, Société Typographique.     M. Seguin.

— *Discours sur la légitimité du Serment civique*, prononcé en séance publique de la Société populaire de Vire, le 15 mai 1791.

Vire, Société Typographique.

## BROUARD (Étienne), né à Vire, en 1761 (Frère le dit né le 29 août 1765), mort à Roullours, le 23 avril 1833, adjudant général sous la première République.

— *Mémoire contre le général Vaubois*, commandant en chef l'île de Malthe. A la suite de ce Mémoire se trouvent 16 pièces justificatives.

Un vol., 90 p. Paris, Laran et C°, fructidor an VIII.     M.

## BRUNET (VICTOR-ARMAND), né à Landelles, le 16 décembre 1849.

— *Charlotte de Corday;* broch. grand in-4°, 8 pages. Vire, veuve Barbot.
     BV. M.

— *Saint Orthaire,* moine de Landelles, traduit du Breviaire de Bayeux; broch. in-8°, 8 pages. Vire, veuve Barbot, 1868.
     BV. M.

2ᵉ édition, revue et augmentée, 14 pages in-4° et in-8°. Abbeville, Briez, imp., 1869, papier Bristol. Dédié à Mgr le duc de Bedford.     M.

3ᵉ édition : La Légende de saint Orthaire, etc. Coutances, imp. de Sallette, 1872; 8 pages in-8°.     M.

— *Les Abbayes du Calvados.* L'abbaye du Val (traduit du *Gallia Christiana*). Cette brochure contient aussi une liste des seigneurs de l'arrondissement de Vire présents à la conquête en 1066. — L'abbaye de Seissy (cette légende a une 2ᵉ édition). — Le Champ du Chat, légende. — Esquisse historique pour servir à l'histoire du monastère de Landelles.

Broch. de 23 pages in-8°. Vire, veuve Barbot, 1868.     BV. M.

— *Distribution solennelle des prix* des Frères des Écoles-Crétiennes de Vire. 4 pages in-8°. Vire, Barbot, 1867.
     BV. M.

— *Le Souper d'un pendu*, légende du canton de Vire ; 16 pages in-4° et in-8°. Abbeville, Briez, imp., 1869. BV. M.

2e éd. Domfront, Liard, 1869 ; 8 pages in-12. M.

— Une représentation des *Jeunes captifs*, racontée par un témoin oculaire ; 26 pages in-4° et in-8°. Abbeville, Briez, imp., 1869. BV. M.

— *La vie de sainct Pair*, évesque d'Avranches, par René Benoît, curé de St-Eustache, etc. (d'après un manuscrit conservé par M. A. Seguin). 13 pages in-4° et in-8°. Abbeville, Briez, 1869. BV. M.

— *Notice historique sur le château de Tracy, près Vire* ; 31 pages in-4° (4 ex. in-folio). Abbeville, Briez, 1869. Dédié à M. de Caumont, directeur de l'Institut des Provinces. BV. M.

— *Le Champ au Chat*, commune de Neufville, légende, 2e éd. Domfront, Liard, 1869, 7 pages. BV. M.

— *Les commanderies des Templiers du département du Calvados.* 14 pag. in-4° et in-8°. Paris, D. Jouaust, 1869. BV. M.

— *Le Champ du Diable*, légende ; 8 pages in-8°. Mortain, L.-S. Mathieu, 1869, et *Journal de Mortain.* M.

— *Le Champ au Loup perdu*, légende ; 8 pages in-8°. Mortain, id. M.

— *Une promenade à la butte Brimbal*, légende ; 16 pages in-8°, 1869. Mortain, id. M.

— *Le Château d'Aubusson*, légende ; 3 nos du *Journal de Mayenne*, 1870. M.

— *La Révolution de 1793 et l'abbé Rondel* ; broch. in-12, de 17 pages. Mortain, L.-J. Mathieu, 1870. M.

— *Un mot sur la famille normande Henri de Tracy, de Say, de Cavilly* ; 8 pages in-8°. Mortain, Mathieu, 1870. M.

**CAILLY** (CHARLES), né à Vire en 1752, mort à Caen, le 8 janvier 1821, membre du Conseil des Anciens, président de la Cour d'appel de Caen.

Il a publié divers écrits insérés dans les *Mémoires* de l'Académie de Caen, et dont voici les titres :

— *De l'influence des mœurs et des institutions politiques* sur le bonheur et la prospérité des États.

— *Dissertation* sur le préjugé qui attribue aux Égyptiens l'honneur des premières découvertes dans les sciences et les arts, lue à l'Académie de Caen en 1802. Broch. in-8°, 52 pages. Caen, chez Le Roux. BV.

— *Recherches* sur les vrais éléments de l'histoire ancienne du globe terrestre. (L'analyse de ce Mémoire se trouve à la page 176 et suiv. des Mém. de l'Acad. de Caen, 1813).

— *Mémoire* sur le livre de Job. Caen, 1812. (L'analyse se trouve dans les Mémoires de l'Académie de Caen (1811 à 1815), p. 102). Des observations sur le livre de Job, par M. Bellanger, se trouvent à la suite.

— *Observations sur les invasions de*

*la mer et son action sur le littoral du Calvados et de la Manche.*

Mém. de l'Acad. de Caen, 1814, p. 220.

— *Essai sur Homère*, ibid., p. 232.

On a aussi de lui :

— *Discours* prononcé à la Société populaire de Vire, le jour de la fête de la Raison, 10 pluviôse an II; 20 p. in-4°. Vire, Société Typographique.     M.

— *Rapport* au Comité des Anciens, sur l'organisation du notariat, 1799; in-8°.

— *Discours* sur l'avantage remporté sur les brigands royaux par les gardes nationales du Calvados, 12 brumaire an VIII.

On trouve dans cette brochure une lettre du citoyen Cotelle, commandant la garde nationale de Vire, rendant compte du combat du Clos-Fortin, près Vire; 7 pages in-8°. Imprimerie Nationale.     BV.

— *Discours* prononcé lors de l'installation de la Cour prévôtale de Caen, 31 août 1816; 7 pages in-4°. Caen, imp. Delaunay.     M.

Ce discours se trouve dans le procès-verbal d'installation.


**CAILLY** (FRÉDÉRIC), né à Vire, le 21 février 1781, mort le (.....), fils de Ch. Cailly, lieutenant-colonel d'artillerie.

— *Notice* sur une partie de la Moscovie, sur Moscou et le Kremlin.

*Mémoires de l'Académie de Caen*, 1813.


**CAMPAGNOLLES** ( le chevalier ALEXANDRE *Drudes* DE ), né le 19 avril 1751, mort le 25 août 1826, colonel, chef de division dans les armées royales de l'intérieur, chevalier de St-Louis, ancien page de Louis XVI.

— *Appel des grenadiers et soldats déserteurs qui composent les armées catholiques et royales.* — ( Proclamation appelant aux armes les royalistes de la contrée de Vire : elle se trouve reproduite dans l'*Histoire de la Chouannerie* de R. Seguin, t. I, p. 79.)

— Il publia une autre proclamation quand Mandat prit le commandement de l'armée catholique et royale : on la trouve également dans le même ouvrage, t. II, p. 164 et suiv.

— *Coup-d'œil sur l'Unité d'origine des trois branches mérovingiennes, carlovingiennes et capétiennes;* broch. in-8°, 13 p. Vire, Adam, 1816.

M. Seguin, à Vire.

— *Second coup-d'œil, etc.* — A la suite du Second coup-d'œil, on trouve : Programme d'un monument à ériger pour conserver le miracle de la Restauration de la Maison de France, 2 p.

Une 2ᵉ édition du *Coup-d'œil, etc.*, a paru en 1818; elle est beaucoup plus complète que les deux opuscules ci-dessus; in-8°, 70 p. Vire, Adam, 1848.     BV. M.

Ces brochures ont donné lieu à une réponse de la part de M. le vicomte de Toustain, sous ce titre : A M. le chevalier Alexandre Drudes de La Tour et de Campagnolles, dont j'ai l'honneur d'être le confrère en patriotisme royaliste et chrétien, comme dans l'ordre royal et militaire de St-Louis; broch. in-8°, 40 p. Le Havre, imp. de Lepicquier, 1848.

Livre nouveau, par Ch. Gaspard, vicomte de Toustain. Caen, Dedouit, 1818; in-8°.

M. Toustain Richebourg ( Ch. Gaspard, vicomte de) est aussi l'auteur d'un ouvrage intitulé : Arbre généalogique de MM. Drudes, de Rudes ou Drudas, seigneur du Rocher, de Mesnil-Robert, de La Catherie, de Landai ou Landé, de La Tour, La Chapelle-St-Clair, Campagnolles, La Berquetière et autres terres ou fiefs en Basse-Normandie, etc. Sans lieu ni nom d'imp., 1809 ; in-8°, 176 p.

M. Al. Drudes de Campagnolles a encore publié la brochure suivante :

*Un mot sur les grandeurs de la Maison de France, surnommée de Bourbon;* 8 p. in-8°. Caen, A. Le Roy (S. D.), 1811.    M.

**CAMPAGNOLLES** (Camille de), né à ....., en 1796, mort à Campagnolles, le 31 mai 1866.

— A M. de C***, chevalier de l'Ordre royal et militaire de St-Louis, poésie; 10 p. in-4° lithog., sans lieu ni nom d'imp., 1840.    M.

— *Mélanges poétiques*, 1 vol. lithographié; 93 p. Caen, Mercier, 1852.

— 2° édition; 1 vol. in-8°, 86 p. Vire, Adam, 1859.    BV. M.

— 3° édition ; 1 vol. in-12, 144 p. Paris, Tinterlin et C°, 1860.

Quelques exemplaires tirés en grand papier.    BV. M.

Diverses pièces contenues dans les recueils ci-dessus ont été publiées à part (lithograph.), entre autres la pièce intitulée :

— *Les Ormes du cours de Caen;* chez Flamand, lithog. Avranches, 1850.

M.

**CAMPAGNOLLES** (René-Antonin-Alexandre de), né à Vire, le 19 juillet 1836, mort à Campagnolles, le 13 mai 1866.

Il a publié en qualité de directeur-gérant un journal intitulé :

*L'Ami des Lettres*, miscellanées littéraires, historiques, philosophiques, scientifiques, artistiques, etc.

12 nos, formant 336 p. grand in-8°, ont été publiés à Paris pendant l'année 1857. Cette publication mensuelle a cessé avec l'année.    BV. M.

— *Notice biographique et littéraire* sur Gustave de Larenaudière; 1 vol. in-18, 59 p. Vire, Henri Barbot, 1864, 20 exemplaires sur Chine et 200 sur papier à la cuve, de Vire.    BV. M.

— L'*Annuaire virois de la ville et de l'arrondissement de Vire* ( 1re année ) a été publié sous sa direction.

(Notice biographique sur Antonin de Campagnolles, par M. Georges Legorgeu, 1867).

**CANTPIS** (Jean-Léon-Frédéric), né à Roullours, le 20 septembre 1796, mort à Vire, le 4 janvier 1861, prêtre.

— *Cérémonial* selon les rites du diocèse de Bayeux, tel qu'il était observé en particulier dans les églises de Vire.

1 vol. in-12, avec une planche, 368 pages. Condé-sur-Noireau, J.-P. Auger, S. D. (vers 1844).    BV. M.

Nous possédons un exemplaire, contenant 20 planches manuscr. du Cérémonial et ayant appartenu à l'auteur (M.).

— *Petit manuel de politesse*, ou les

*Il faut, il ne faut pas;* 1 vol. in-18, 68 pages. Vire, veuve Barbot, 1853.

L'*avant-propos* fut immédiatement supprimé et remplacé par un autre. BV. M.

2º édition, revue, corrigée et augmentée, 75 pages. Suppression de l'*avant-propos*. Vire, veuve Barbot, 1853.

BV. M.

**CANTREL** (ISIDORE), né à Vire, le 1ᵉʳ novembre 1833.

— Chose curieuse, M. Isidore Cantrel a été inscrit dans son acte de naissance comme étant un enfant du sexe féminin (Note communiquée par M. C.-A. Fédérique).

— *Chroniques bocaines*, revue mensuelle, commerce, agriculture, histoire, littérature, arts et faits divers. Vire, veuve Barbot, imp.

— Cette chronique n'a eu que 8 numéros. Le 1ᵉʳ a paru le 28 fév. 1858, et le 8ᵉ et dernier le 30 septembre. En tout, 128 p. in-8º.

BV. M.

— *Catalogue des gentilshommes du bailliage de Vire, qui ont pris part à l'assemblée du grand bailliage de Caen, pour l'élection des députés aux États-Généraux de 1789,* suivi de nombreux documents historiques et généalogiques; 1 vol. in-8º, 344 p., tiré à 110 ex. Vire, veuve Barbot et fils, 1862. BV. M.

M. Cantrel a participé pendant plusieurs années à la rédaction du journal *L'Ordre et la Liberté,* de Caen, jusqu'en 1870; il est alors devenu le directeur-gérant du *Courrier de Rouen,* puis du *Messager d'Indre-et-Loire,* du *Journal de St-Lo et de la Manche,* en septembre 1874, et aussi de la *Gazette de Normandie,* etc.

**CANU** (ALBERT), avocat, né à Vire, le 30 juillet 1843.

— *Étude littéraire sur les Gerbes glanées* de M. J. Travers; broch. grand in-8º, 24 p. Caen, Hommais. BV. M. G.

— *Lettre à M. Georges Le Gorgeu,* sur son projet d'un monument commémoratif aux plus illustres enfants de la ville de Vire (*Journal de Vire,* 19 nov. 1868).

BV. M.

— *Chênedollé, Castel,* poètes virois (*Le Progrès du Calvados,* 29 sept. 1869).

M.

— De l'interdit *uti possidetis* et de l'interdit *utrubi.* Thèse de Droit romain.

— *De la complainte.* Thèse de Droit français pour le doctorat, soutenue à Caen le 25 novembre 1875. Caen, Goussiaume, E. Valin, succ., 1875; 196 p., grand in-8º. BV.

**CASTEL** (JEHAN DE), bénédictin, probablement né à Vire, vers 1430; il vivait encore en 1500, et prenait en tête de son ouvrage le titre de *Chroniqueur de France.*

— *Mirouër des pecheurs et des pecheresses;* 1 vol. in-4º, goth., s. l. n. d.

D'après Debure (t. II), cet ouvrage aurait été imprimé en 1483, par Anth. Caillard et L. Martineau. Il est divisé en trois livres. Le premier est nommé *Specule des Pecheurs;* le second, l'*Exortation des mondains, tant gens d'église, côme seculiers;* et le troisième, l'*Exemple des Dames et Demoiselles et de tout le sexe féminin.*

La Bibliothèque nationale possède un exemplaire imprimé sur vélin et décoré de miniatures dans le goût de la fin du XVᵉ siècle. Il

2

paraît avoir été imprimé chez Ant. Vérard, vers 1495 (V. Brunet, *Manuel du libraire*).

L'auteur de l'article CASTEL *Jehan* de la Biographie Michaud, pense que c'est le même que Chastel (Jean du) que l'on trouve dans La Croix du Maine, qui était aussi de Vire et vivait aussi vers 1500; qu'il y aurait seulement erreur sur son ordre, qu'il serait plutôt Cordelier que Bénédictin. — A cette époque vivait à Vire une famille de ce nom.

**CASTEL** (FRANÇOIS-*Pérard*), né à Vire, en 1646 ou 47, mort à Paris, âgé de quarante ans, en 1687, avocat distingué au Parlement de Paris et au Grand-Conseil.

— *Paraphrase du commentaire de Dumoulin sur les règles de la Chancellerie romaine*; 1 vol. in-f°, 1685.

— *Traité sommaire de l'usage et pratique de la Cour de Rome pour l'expédition des signatures et provisions des bénéfices de France.* Paris, 1689; in-12, imp. d'Estienne Chardon, Ch. de Sercy, édit., 480 p., plus 46 p. de préface et table (ouvrage posthume de l'auteur). M.

Réimprimé plusieurs fois. L'édition de 1717, en 2 vol. in-12, contient, ainsi que les autres éditions, des Notes et Traités par Guill. Noyer. C'est la dernière et la plus complète (V. Dupin aîné, *De la Profession d'avocat*).

— *Questions notables sur les matières bénéficiales*, réimprimé sous le titre de *Nouveau recueil de plusieurs questions notables*; 2 vol. in-f°, 1689 (V. Dupin, *loc. cit.*).

— *Les définitions du Droit canon*, contenant un recueil fort exact de toutes les matières bénéficiales, suivant les maximes du palais, où les questions seront décidées selon l'opinion des plus célèbres auteurs qui ont écrit sur ces matières, conformément aux libertés de l'Église gallicane, etc., par M. F.-C.-D.-M., avocat au Parlement, avec des remarques très-nécessaires pour l'éclaircissement des mêmes définitions, par M. F. Pérard-Castel, avocat audit Parlement et au Grand-Conseil. — 3e édition, augmentée par Me Guill. Noyer. Paris, Ch. de Sercy, 1700, 932 p. in-f°, avec 72 p. de table.

[ Les remarques de Castel sont en plus petit texte dans le corps de cet ouvrage et n'existent que dans cette édition, qui est, à cause de cela, la plus recherchée; car on faisait plus de cas des remarques de Castel que des définitions mêmes ( Bibl. d'un avocat, de Dupin )].

Cette édition existe à la bibl. de Vire.

[ Voir le *Moréri* des Normands ].

La famille Monlien de La Fauvellière descend de ce célèbre avocat.

François-P. Castel avait un parent nommé Catherin, François-Castel, prêtre, docteur de Sorbonne et théologal de l'église de Coutances, savant et très-habile dans les matières bénéficiales; il était aussi natif de Vire et faisait sa résidence habituelle à Paris, où il mourut le 5 novembre 1652. Il donna, par testament, une somme pour bâtir la sacristie de l'église Notre-Dame de Vire, ce qui fut fait, en 1653, par son frère, Jean Castel, fameux avocat du Parlement de Paris, qui fut son exécuteur testamentaire. Ces deux hommes distingués, qui ont aussi écrit sur les matières bénéficiales, devaient être les oncles de François-P. Castel [V. manuscrit Levêque, BV.—Voir aussi l'*Avertissement du Traité de l'usage de la Cour de Rome*].

**CASTEL** (RENÉ-RICHARD), né à Vire, le 6 octobre 1758, mort à Reims, du choléra, le 15 juin 1832, poëte et naturaliste, fut le premier maire de Vire après la Révolution, en 1790 ; procureur syndic du Directoire du district de Vire, puis membre de l'Assemblée législative en 1791 ; devint professeur de belles-lettres au collége de Louis-le-Grand et enfin inspecteur général de l'Université.

— *Les Plantes*, poème en quatre chants ; 1 vol. in-12, 150 p. et 8 de préface. Paris, Migneret, an V (1797).

G. et Ch. Guernier, à Vire.

— 2ᵉ édition (revue, corrigée et augmentée) ; 1 vol. in-12, 251 p., 13 p. préliminaires, 5 gravures. Paris, Didot jeune, an VII.        BV. M. G.

3ᵉ édition (revue avec soin) ; 1 vol. in-18, 261 p. grav.        BV. M. V.

— *La Forêt de Fontainebleau*. Ce poème a paru en 1801. — Une 2ᵉ édition en 1805. Paris, Crapelet ; in-12.

— La 4ᵉ édition du *Poème des Plantes ;* 1 vol. in-18, 332 p. Paris, Crapelet, 1811. Cette édition, plus complète que les précédentes, contient : *La forêt de Fontainebleau ; Le voyage de Paris à Crévien-Chablais*, et un *Discours sur la gloire littéraire*, prononcé devant l'Université impériale, le 16 août 1809.        BV.

— La 5ᵉ édition du *Poème des Plantes* contient, en outre, un discours sur l'*Agrément et l'Utilité des belles-lettres* (1803) et *Omphale*, cantate publiée d'abord (1815) sous le nom de M. d'Audigné. Paris, 1823, Jules Didot aîné ; 1 vol. in-8° sans fig., 283 p.        BV.

A cette cinquième édition on ajouta, en 1839, sept ans après la mort de l'auteur, un autre titre et une *Notice historique sur la vie et les écrits de Castel.*

Cette notice a été composée par D. F. (D. Frion), ancien élève de Castel. Elle contient 24 p.        M. F.

— Le *Poème des Plantes* a été traduit en vers latins par C.-Louis Rohard, de La Flèche. La Flèche ; 1 vol. in-12, 1818, 100 p.

Ce poème a été aussi traduit en diverses langues, et notamment deux fois en Portugais.

Castel a encore publié :

*Cours complet d'histoire naturelle ;* 80 vol. in-18 avec figures. Les 26 premiers volumes, comprenant la *Théorie de la terre*, l'*Histoire de l'homme, des quadrupèdes et des oiseaux*, sont une réduction annotée des *Œuvres de Buffon*, classées suivant le système de Linné. En outre, 10 volumes comprenant l'*Histoire des poissons*, tirée de l'*Ichthyologie* de Block, ont été arrangés par Castel. MM. Patrin, Sonnini, Latreille, Tigny, Brongniart, Bosc, Lamarck et Mirbel ont fait le reste. Paris, Déterville, 1799 à 1802.

M. le comte Louis de Chevigné (auteur des *Contes remois*), élève et ami intime de Castel, a publié, en 1833, l'ouvrage suivant :

— *Lettres de René, Richard, Louis* (sic) *Castel, auteur du Poème des Plantes, au comte Louis de Chevigné, son élève et ami ;* 3 vol. in-18. Reims, imp. de Delaunois, 1833. Ce recueil contient 524 lettres écrites de 1813 à 1832.
        M.

Une statue en bronze, œuvre de Debay, a été offerte à la ville de Vire par M. le comte Louis de Chevigné, en 1868. — Un compte-rendu de la fête d'inauguration a été fait par

M. Edmond Legrain, membre de la commission des fêtes, sous ce titre : *Inauguration des monuments élevés en l'honneur de Castel et de Chênedollé*, 12 septembre 1869; broch. in-8°. Vire, Adam fils, 66 p. — Cette brochure contient les discours prononcés pendant la cérémonie.  BV. M. G.

Le journal *L'Ordre et la Liberté* (16 septembre 1869) contient un compte-rendu de l'inauguration, par Isidore Cantrel.  M.

M. de Chevigné a composé un petit poème sur l'habitation de Castel, à Féricy, sous ce titre : *Une journée à Féricy*, 11 pages grand in-8°. Firmin Didot. Se trouve à la suite du *Poëme sur la chasse*, du même auteur.  F.

On lit dans le *Magasin encyclopédique*, ou Journal des Sciences, des Lettres et des Arts, rédigé par A. Millin (6ᵉ année), t. II. Paris, an VIII, chez Fuchs, libraire, rue des Mathurins, maison de Cluny, n° 334, p. 123 : — « *Veillée des Muses*, Société académique, séance du 7 thermidor an VIII. Le citoyen Luce de Lancival a lu une pièce de vers du citoyen Castel, auteur du *Poëme des Plantes*, sur les *champignons.* »

Castel écrivait, à la date du 12 août 1814, à M. de Chevigné, « qu'il avait fait un petit travail politique dont il avait reçu des compliments d'en haut. »

En 1875, M. Armand Gasté, professeur de rhétorique au lycée de Caen, a publié le volume suivant : *R.-R. Castel, procureur-syndic du Directoire du district de Vire (1790-91)*; 1 vol. pet. in-8°. Caen, Le Blanc-Hardel, 1875, 136 p., plus 12 p. de titre, introduction et errata. Tiré à 100 exemplaires numérotés. Imprimé aux frais de M. le comte de Chevigné.  BV. M. G.

C'est un recueil de pièces et d'actes administratifs de Castel, pendant qu'il était procureur-syndic à Vire. Ces pièces ont été extraites par M. Gasté des Archives du Calvados. Ce volume n'a pas été mis dans le commerce.

**CAULINCOURT**, duc de Vicence, général sous le premier empire ( se rattache à notre arrondissement, parce qu'il a épousé Mˡˡᵉ Adrienne H. L. de Carbonnel de Canisy, habitant le château de Vassy).

— *Examen impartial des calomnies répandues sur M. de Caulincourt, duc de Vicence, à l'occasion de la catastrophe de Mgʳ le duc d'Enghien.* 1 vol. in-8°. Paris, J. Tastu, 1824, 120 p.  M.

C'est une série de pièces justificatives, déposées chez Mᵉ Boileau, notaire à Paris.

**CAZIN** (Simon-François), né à Rocroy (Ardennes), le 12 thermidor an IV ( 30 juillet 1796), a été longtemps premier adjoint au maire de Vire.

*N. B.* Tous les ouvrages dont l'éditeur n'est pas indiqué ont été imprimés à Vire, par la Vᵉ Barbot et fils. Presque tous ont d'abord été publiés dans le feuilleton du journal *Le Virois.*

— *Notice sur l'ancienne horloge de la ville de Vire et sur la tour où elle était placée*, 1852 et 1856 ; 32 p. in-18.

— *Notice sur l'église St-Thomas*, 1853 et 1854 ; in-18, 44 p.

— *Notice sur le couvent des Capucins de Vire*, suivie de l'*Abrégé de la Vie de Jean Halbout*, son fondateur. 1 vol. in-18, 1853 à 1855, 34 p. pour l'Histoire du couvent, et 134 pour la Vie de J. Halbout.

2ᵉ édit., 1875. Vire, Rivet-Barbot ; in-12, 32 p. pour l'Histoire des capucins et 123 pour la Vie d'Halbout.

— *Notice sur la chapelle St-Roch*, sise dans les monts de Vaudry, près Vire ; in-18, 1855, 64 p.

— *Notice sur les hospices de Vire ;* in-18, 1856, 157 p.

— *Notice sur la Porte-Neuve ;* in-18, 1856. 14 pages réunies à la *Notice sur l'ancienne horloge* sous ce titre : *Notice sur les anciens monuments de Vire.*

— *Notices sur les poètes virois*, avec une *Notice biographique sur R. Dubourg d'Isigny.* 40 pages, suivies des *Poésies de Richard Dubourg d'Isigny ;* 97 p. in-18, 1857.

— *Notice sur la Bibliothèque de la ville de Vire ;* in-18, 1858-59, 37 p.

— *Journal d'un Touriste en Basse-Normandie ;* 1 vol. in-12, 1861-63, 464 p.

— *Les Mémoires d'un médecin ;* 1 vol. in-12, 1863-64, 251 p.

— *Notice sur le couvent de St-Michel des frères mineurs conventuels de St-François d'Assise, dits Cordeliers de la ville de Vire ;* in-18, 1865, 38 p.

— *Notice sur l'Hôtel-Dieu de Vire ;* 1 vol. in-8°, 1866, 71 p.

— *Mémoires d'un ancien huissier au bailliage de Vire ;* 2 vol. in-12 : le 1ᵉʳ vol. publié en 1866, 312 p. ; le 2ᵉ, en 1868, 206 p.

— *Les Virois célèbres ;* 1 vol. in-12, 1869, 278 p.

— *Notice biographique sur Castel ;* broch. in-8°, 17 p., 1869.

— *Notice biographique sur Chênedollé ;* broch. in-8°, 38 p., 1869.

Les deux notices ont été réunies, avec un appendice, par Edm. Legrain.

— *Notice sur les fontaines de la ville de Vire ;* broch. in-8°, 1870. Caen, Le Blanc-Hardel, 48 p.

— *Revue des anciennes Sociétés littéraires de Vire.* Lecture faite à la Société viroise d'émulation ; broch. in-8°, 1870. Caen, Le Blanc-Hardel, 32 p.

— *Recherches sur les usages et le luxe des anciens dans leurs repas.* Caen, Le Blanc-Hardel, 1873, 38 p. (Extr. des *Mémoires* de la Société viroise d'Émulation. *N. B.* Ces Mémoires n'ont pas encore paru, 1878).

— Ouvrages publiés dans le journal *Le Virois* et non tirés à part :

*Vire en 1880*, publié en 1846.

*Notice sur l'église de Neuville*, 1848.

*Éphémérides viroises*, 1852-54.

*Prise de Vire par les Anglais, en 1418,* 1854.

*Attaque de Vire par les Chouans, en 1796,* 1854.

*Les Russes en France, souvenir de 1815,* 1854.

*Fondation de la Ste-Cécile à Vire, en 1623,* 1855.

*Notice sur l'Ermitage de la forêt de St-Sever,* 1857.

*Le Progrès, — Les Chauffeurs, — Un Braconnier au moyen âge,* 1859.

**CHAMPION** (Pierre de La Mahère), né à St-Germain-de-Tallevende, au village de La Mahère, le 19 octobre 1631, mort à Nantes, le 28 juin 1701, entra chez les Jésuites, professa la rhétorique et plus tard fut envoyé à Cayenne et à Tabago comme missionnaire. Quelques auteurs le font naître à Avranches. Mais le *Moréri des Normands* le fait naître à Tallevende, paroisse qui était du diocèse de Coutances.—Voir, à ce sujet, le Ms. Chalmé, ancien libraire à Vire.

— *La Vie du Père Jean Rigoleuc, jésuite*, avec ses Traitez de dévotion et ses Lettres spirituelles. Paris, 1686; in-12.

2ᵉ édit. Paris, E. Michallet, 1694; in-12, 509 p., plus 32 p. préliminaires.
M.

3ᵉ et 4ᵉ édit. Lyon, Pierre Valfray, 1735 et 1739; in-12 (Voir *Mémoires* de Trévoux, oct. 1740, p. 2039).

— *La Vie du Père Vincent Huby*, imprimée en 1694 (Voir Ms. Chalmé).

— *La Vie et la Doctrine spirituelle du Père Lallemant, jésuite*. Paris, E. Michallet, 1694.
Une 2ᵉ édit. Lyon, P. Valfray, 1735; in-12, 530 p. et 24 p. préliminaires.
M.

Une nouv. édit., à Avignon, chez Chambeau, 1826; in-12.

— *La Vie des fondateurs des maisons de retraite : M. de Kerlivio, le Père Vincent Huby et Mˡˡᵉ de Francheville.* Nantes, Jacq. Mareschal, 1698; petit in-8ᵒ, sous l'anagramme de Phonamic ( on y trouve la Vie du Père Louis Eudes).

On a encore de lui une édition des Lettres et Dialogues du P. Surin, extraits d'un ms. latin communiqué par le R. P. Oudin, jésuite.

Il avait aussi commencé à faire imprimer la *Vie de Palafox*, évêque d'Osma; mais l'impression en fut arrêtée au 7ᵉ feuillet.

Plus tard, l'abbé Dinouart a continué cette vie, mais en a dénaturé le plan primitif et le caractère. Il y a inséré des morceaux tirés de la *Morale des Jésuites*, de d'Arnaud, 1767; in-8ᵒ, Cologne.

**CHARTIER** (Jean), né à St-Martin-des-Besaces, en 1667 ( Éd. Frère le dit né à Caen ). Il fut curé de St-Ouen-du-Breuil (diocèse de Rouen).

Jeune, il fut protégé par Jacques Lair (voir ce nom), devint professeur d'humanités au collège du Bois, fut ensuite recteur de l'Université de Caen et membre de l'Académie de cette ville. Il mourut le 1ᵉʳ novembre 1737 (*Moréri des Normands*).

Il a donné une « Dissertation sur la vraie cause de l'exil d'Ovide, et une autre dissertation sur ces mots : *Tabernaculum vitis capere.*

Son Éloge, lu par M. du Tronchet, dans l'assemblée de l'Académie de Caen, du 17 avril 1738, est imprimé dans les *Nouvelles littéraires* de Caen pour 1744; in-8ᵒ, p. 442.

**CHASTEL** (Jehan du), né à Vire au XVᵉ siècle, cordelier de l'ordre de St-François.

— Épître mise au devant du livre de frère Joseph, intitulé *Le Messager de tout bien, etc.*, imprimé par Engelbert et Jean de Marnef, en 1500 ou environ. Chastel vivait encore à cette date.

(Bibl. fr. de La Croix du Maine).

Voir Castel (Jehan de).

**CHAULIEU** ( Guillaume - Anfrye , abbé DE ), né en 1639, au château de Fontenay-en-Vexin, mort à Paris, le 27 juin 1720.

Tous les ancêtres de l'abbé de Chaulieu demeuraient à Vire, et plusieurs membres de sa famille y ont occupé des emplois au bailliage. Le père du poète, Jacques-Paul Anfrye, sieur de Chaulieu, de Fontenay, demeurait à Vire en 1632; et en 1644, il vendit aux Dames Bénédictines une terre nommée Chaulieu, laquelle était située dans l'emplacement où se trouve actuellement le Collége de Vire, la rue des Jardins, les Halles, etc., en se réservant toutefois de conserver pour lui et les siens le nom de Chaulieu. Il reste encore aujourd'hui une fontaine de ce nom, ainsi que la ruelle qui y conduit par la rue du Calvados. Les actes de vente de ces propriétés se trouvent encore chez les notaires.

La veuve de J.-P. Anfrye et mère du poète vendit aussi, en agissant comme tutrice de son fils mineur, une maison aux Religieuses Bénédictines. L'abbé lui-même a laissé plusieurs procurations pour ses affaires de Vire.

La famille des de Clermont, dont les noms se retrouvent si souvent en tête des actes passés à Vire, était une des branches des Anfrye de Chaulieu.

(Ms. de Séguin fils, copiés sur ceux de Daniel Polinière. Voir aussi le *Moréri des Normands*, et l'*Armorial général*.)

On lit dans l'édition de 1740 des *Œuvres de l'abbé de Chaulieu*, qu'un des manuscrits des œuvres de l'auteur était aux mains de M. le chevalier de Tallevende, son neveu.

**CHAULIEU** ( Jacques-Augustin des Rotours de), né à La Lande-Vaumont, en 1742, baron de Chaulieu, en 1785, après la mort de son frère aîné, mort, à Caen, le 9 juin 1796.

Procureur-syndic des ordres de la no-blesse et du clergé, près le bureau intermédiaire du bailliage de Vire; il fut l'un des rédacteurs des cahiers de l'Assemblée provinciale de la Basse-Normandie, tenue à Caen, en 1788.

L'*Annuaire de la Noblesse de France* (année 1853 ) a publié une Notice historique sur la famille *Des Rotours*.

Notice tirée à part, in-8°. Paris, Plon frères, 1853, 20 p.                          M.

**CHAULIEU** ( Gabriel-François des Rotours de ), né à Chaulieu, le 2 août 1782, mort à son château de La Graverie, en 1863. Il était le deuxième fils du procureur-syndic, fut sous-préfet à Dreux, de 1818 à 1830; il a aussi été maire de la commune de La Graverie.

— *Mémoire* sur un abus qui s'est introduit dans l'arrondissement de Vire, relativement à l'usage des eaux courantes pour l'irrigation des prairies et sur le moyen d'y remédier ( *Ann.* de l'Assoc. norm., 1840, p. 300 à 310).

— Une *Notice* par M. des Rotours, sous-préfet de Dreux ( *Ann.* de l'Assoc. norm., 1837 ).                          BV.

— Une *Notice* ( *Ann.* de l'Assoc. norm., 1841 ).                          BV.

— *Discours* prononcé sur la tombe de M. de Corday, ancien député du Calvados, 10 mars 1841. Vire, Adam ; 7 p. in-8°.                          M.

— *Réflexions* sur l'article 109 du projet de constitution. Septembre 1848.

**CHAULIEU** ( Raoul-Gabriel-Jules des Rotours de ), fils de Louis-Jules-

Auguste des Rotours, ancien préfet du Finistère et de la Loire et petit-fils du procureur-syndic. Né à Vire, le 20 avril 1802, membre du Conseil général du Calvados, en 1848, et représentant du peuple à l'Assemblée législative, en 1849.

— *Lettre aux électeurs par un royaliste.* Vire, 20 juillet 1846, Barbot, imp.; broch. de 21 p. in-8°. BV. M.

— *Discours* prononcé à l'Assemblée législative contre la translation du chef-lieu de la préfecture du département de la Loire de Montbrison à St-Étienne. Paris, Didot; broch. in-8°, 16 p., 1850.

— *Discours* prononcé à la distribution des médailles et mentions honorables de la Société d'agriculture, 29 septembre 1850. Vire, Adam; 6 p. in-8°. BV. M.

— *Considérations sur la situation,* par R. de Chaulieu; 15 p. in-8°, s. d. (1851). Caen, Delos; extrait du journal *L'Ordre et la Liberté.* BV.

— *Mémoire* adressé par M. R. de Chaulieu à M. le Commissaire chargé d'une enquête sur la division de la commune de Montbray. Vire, Adam, 1856; 28 p. in-4°. BV. M.

[Il y a une réponse à ce Mémoire par divers habitants de Montbray.] BV.

— Deux *Discours* prononcés sur la tombe de M. H. d'Aigneaux, ancien maire de Vire, et sur celle de M. Noel du Rocher. BV.

— *Adresse* à l'Assemblée nationale pour demander, au nom de la France, le retour à la monarchie, vieux droit

de la France [Cette pétition portait un grand nombre de signatures, dit le journal *L'Ordre et la Liberté,* 21 novembre 1873]. M.

DES ROTOURS (ALEXANDRE-ANTONIN, baron), né au château de La Graverie, le 22 mai 1806, officier de cavalerie, député du département du Nord, mort en 1868.

Auteur de divers rapports au Corps législatif.

CHAUVIN (FRANÇOIS-JOSEPH), né à Vire, le 3e jour complémentaire de l'an V (29 septembre 1797), mort à Caen, le 5 février 1859, professeur de botanique et de géologie à la Faculté de Caen.

— *Notes sur cinq Thalassiophyles inédites,* 1824.

— *Essai sur les fougères du Calvados* (*Mém.* de la Soc. Linn. du Calvados, 1825, p. 284). Tirage à part; 28 p. in-8°. BV. M.

— *Algues de la Normandie ;* ouvrage publié en 12 liv. in-4°, de 1826 à 1829. Caen, A. Hardel.

— *Observations microscopiques sur la Conferva zonata* (*Mém.* de la Soc. Linn., 1827, p. 275). Tirage à part; 16 p. BV. M.

— *Des collections hydrophytes et de leur préparation* (Mémoire lu dans la séance de la Soc. Linn., tenue à Falaise, le 5 juin 1834. *Bulletin* de la Soc. Linn., 1834, p. 78 à 142). BV. M.

— *Note sur les Algues utiles*, lue à Vire, le 24 mai 1836 (Soc. Linn. , 1837).

— *Recherches sur l'organisation, la fructification et la classification de plusieurs genres d'Algues*, avec la description de quelques espèces inédites et peu connues. Essai d'une répartition des Polipiers calcifères de Lamouroux dans la classe des Algues ; 1 vol. in-4°. Caen, A. Hardel, 1842, 132 p.

Thèse pour le Doctorat.          BV. M.

— *Discours* prononcé à la rentrée solennelle des Facultés. Caen, 16 novembre 1846. Caen, A. Hardel ; broch. in-8°, 43 p.          BV. M.

— *Notice biographique sur M*^me *Liénard* (née Chuppin de Germigny), associée correspondante de l'Académie des Sciences, etc. , de Caen. — *Mémoires* de l'Académie de Caen, 1855, p. 230.

Tirage à part ; broch. in-8°, 22 p. Caen , 1854.          BV. M.

— *Découverte du Réséda Alba L., en Normandie, le 24 août 1855 ( Mémoires* de l'Académie de Caen, 1855, p. 250.

Tirage à part ; 8 p.          BV.

[ *Notice biographique sur M. Chauvin*, par M. René Le Normand ; broch. in-8°, 32 p., 1859. — Tirage à part des *Mémoires* de l'Académie de Caen, 1860, et de l'Assoc. Norm. ]

          BV. M.

CHEMIN (THOMAS), né à Vire, en 1743, mort le 8 juin 1809, prêtre missionnaire, émigré, fut chapelain de l'hospice St-Louis de Vire.

[*N. B.* Sa biographie est entre les mains de M. V^or Huard, à Vire, 1878. ]

Pendant son émigration en Angleterre, il publia sans nom d'auteur :

— *Les Éléments de la religion chrétienne ou premières et principales vérités de notre sainte religion*, en forme de catéchisme, suivis de divers exercices pour la Confession et la Sainte Communion, à l'usage des jeunes gens ; 1 vol. in-12. Londres, chez Boussonnier, 1798, 160 p. (Ms. Chalmé).

— *Les principaux exercices de l'année chrétienne, etc.* C'est un recueil de cantiques, imprimé chez Adam et précédé d'instructions sur les mauvaises chansons, par Th. Chemin, en compagnie de quelques autres ecclésiastiques ; 1 vol. in-12. Vire, Adam et Chalmé, édit., 1808, 170 p. et 26 d'introduction.          M.

On a de son neveu, Richard Chemin, l'opuscule suivant : *Opuscula Richardi Chemin, litterarum professoris in Blesensi collegio.* S. l. n. d. ; 7 pages in-4° (M. Huard, à Vire). Il mourut à Vire, en 1806.

Son frère, Daniel Chemin, a traduit cet ouvrage (*Éloge de l'éloquence*) en français (manuscr.).

CHEMIN ( DE FORGUES ), de Vire. [ Notes extraites du *Moniteur universel.* ]

— *N° 175* (21 juin 1793), pages 754-755. Hérault de Séchelles, au nom du Comité de Salut public, propose à la Convention d'accepter pour ministre des affaires étrangères, Deforgues, qu'il présente comme bon républicain et sans-culotte bien prononcé, ayant une tête bien organisée et aimant l'ouvrage : il est employé comme adjoint au ministre de la guerre. — Après une discussion, Deforgues est nommé.

— *N° 177* (22 juin 1793), page 763. Le citoyen Deforgues, ministre des affaires étrangères, déclare à la Convention qu'il accepte cette place et remercie l'Assemblée, qui peut compter sur son dévouement.

— *N° 226* (12 août 1793), page 963. Lettre du ministre des affaires étrangères aux représentants du peuple composant le Comité de Salut Public.

Paris, 6 août 1793. — Il rend compte de l'arrestation des citoyens Sémonville et Maret, dans les Grisons, par les sbires de l'Autriche, lorsqu'ils se rendaient à Venise. Ce rapport contient une colonne entière.

*N° 90* (30 frimaire an II, 1793), pages 363 et 364. Le citoyen Deforgues vient défendre à la barre de la Convention les six ministres du Conseil exécutif. Il lit les ordres qui ont été donnés d'arrêter tous les courriers qui passent à l'étranger pour visiter leurs paquets et dépêches ; il dit que ces ordres ont toujours été bien exécutés, qu'ils ne sont que les très-humbles agents de la Convention et les défenseurs de la liberté ; que le nom de ministre, qui rappelle l'idée monarchique, doit être remplacé par celui d'agent du gouvernement populaire ; que le Conseil exécutif a été indigné de voir la prévarication de l'un de ses agents et il se propose de le livrer aux rigueurs des lois. — Gohier, ministre de la justice, dit que les coupables sont arrêtés.

— *N° 110* (20 nivôse an II, 9 jan-vier 1794), page 444. Le citoyen Deforgues transmet un tableau de la balance du commerce pour 1792, d'où il résulte que nos achats à l'extérieur étaient estimés à 496 millions et nos sorties à 720 millions ; il développe tous les avantages du gouvernement républicain pour encourager le travail national, etc.

*N° 167* (9 ventôse an II, page 674). A la Convention, Hébert (*Le Père Duchêne*) demande, dans un discours violent, la tête de ces royalistes, qu'il accuse de conspirer contre le peuple ; qu'ils descendent de leurs beaux carrosses et aillent rendre hommage à la guillotine. Il termine par accuser aussi le ministère entier et désigne Deforgues par cette phrase : Un Deforgues, qui tient la place d'un ministre des affaires étrangères, et que l'on appelle ainsi, et que moi j'appelle : *ministre étranger aux affaires.*

*N° 200* (Séance de la Convention du 18 germinal an II, 7 avril 1794, page 313). Couthon vient annoncer, au nom du Comité de Salut Public, qu'il a nommé Hermann ministre des affaires étrangères, vu l'incompatibilité de Goujon, précédemment nommé pour remplacer Deforgues, mis en état d'arrestation. L'Assemblée confirme cette nomination.

**CHÊNEDOLLÉ** (CHARLES-JULIEN LIOULT DE), né à Vire, le 4 novembre 1769, mort à Burcy, le 2 décembre 1833. Il fit ses études à Juilly, émigra pendant la période révolutionnaire. Revenu en France, il fut nommé professeur de littérature à Rouen, inspecteur de l'Académie de Caen, inspecteur général, poste qu'il quitta en 1832.

— *Le Génie de l'Homme*, poème en quatre chants ; 1 vol. in-8°. Paris, H. Nicolle, 1807, 200 p., plus 7 p. d'avant-propos.　　　　BV. M. G.

[Le *Journal de l'Empire* (n°s du 20 mai et du 25 novembre 1807 ; 27 juillet et 9 août 1812) donne des appréciations sur ce poème.]

2° édit. ; 1 vol. petit in-8°, 1812. Paris, H. Nicolle, 268 p.

3° édit. Paris, Ch. Gosselin, 1822 ; 1 vol. in-18, 268 p., plus 12 p. d'avant-propos (titre gravé).　　BV. M.

4° édit. Paris, Ch. Gosselin, 1825-26 ; 1 vol. in-18, 252 p. (titre gravé).

　　　　　　　　　　BV. M. G.

— *Études poétiques* ; 1 vol. in-8°. Paris, H. Nicolle, 1820, 154 p. et 8 d'avant-propos.　　　　BV. M. G.

2° édit. ; 1 vol. in-18. Paris, Ch. Gosselin, 1822, 220 p., plus 10 p. d'avant-propos (titre gravé).　　　BV. G.

Le premier livre des Odes contient neuf pièces qui ne se trouvent pas dans la première édition ; ce sont les suivantes : *Le tombeau de la jeune vierge ; — A une fontaine ; — Tout est vanité ; — La Défaite de Sennachérib ; — Le Solitaire à la Rose, ou le Souvenir ; — Le Vaisseau. — La Chute du Chêne ; — Le Cheval de bataille ; — L'Indifférence de la Nature, ou la Mort de la jeune femme.*

— *Œuvres complètes de Ch. de Chêne-dollé*, nouvelle édition, précédées d'une Notice par Sainte-Beuve, de l'Académie française [*N. B.* Cette Notice a été extraite de la grande étude de Sainte-Beuve sur Chênedollé par M. Ferdinand de Larenaudière ; l'édition fut confiée par le fils de l'auteur aux soins de M. A. Gasté, alors élève de l'École normale supérieure] ; 1 vol. grand in-12. Paris, Firmin Didot frères et Cie, 1864, 420 p., plus 13 p. de notice et 17 p. pour la préface et les avertissements [Ce volume contient *le Génie de l'Homme* et la 2° édit. des *Études poétiques*].

Voici les autres pièces de vers de Chêne-dollé :

— *Improvisation sur la destruction des bois de Vassy.*

— *A une Primevère hâtive.*

— *La Cascade de Reichembach*, ode (*France littéraire*, t. X, 1833).

— *A Christophe Colomb.*

— *La Pervenche.*

— *Le Château de Domfront*, poème. Crestey, imp. à Domfront, 1829 ; 8 p. in-8°.　　　　　　　　BV.

2° édit. Caen, Hardel, 1857 ; 11 p. in-8°, publiée par M. de Formigny de La Londe, insérée dans *La France littéraire*, t. III, 1832, et dans l'*Histoire de Domfront*, Liard, imp.　　BV.

— *Chant de guerre d'un troubadour.*

— *Éloge de la Neustrie*, ode insérée dans le t. II des *Mémoires* des Antiquaires de Normandie, 1826 ; — dans le *Mémorial de Caen*, 3 janvier 1834 ; — dans l'*Étude biographique sur Chêne-dollé* d'Helland, p. 183.　　BV.

— *La Messe du saint Bernard*, pièce insérée dans *Dix mois en Suisse*, par Mme Aglaé de Corday, p. 356 et suiv. (ouvrage publié par souscription, à laquelle beaucoup de Virois ont pris part).　　　　　　　　BV.

— *Vers* sur un tableau représentant un enfant qui veut sauver une colombe des serres d'un faucon (1827).

— *Le Vieux Chêne* (1829).

— *Le Jura.*

— *La Rose de Noël* (1829).

— *La Branche d'aubépine.*

— *Le Départ du jeune Vendéen.*

— *Aux mânes des Français, morts dans la guerre d'Espagne* ( *Journal des Débats* ).

— *Ode sur le supplice des suicidés* (1825), dans les *Annales romantiques*. En 1836, parut une autre pièce de vers dans le même recueil (Voir, à propos de ces deux dernières pièces, Asselineau, *Mélanges tirés d'une petite bibliothèque romantique*, 1866, p. 53).

— *L'Invention*, poëme à Klopstock, fut publiée pour la première fois à Hambourg, en 1795.

Des poésies, fragments, etc., ont été publiés dans les journaux et recueils suivants :

— Le *Spectateur du Nord*, journal de Hambourg, publie *Michel-Ange* et plusieurs morceaux en prose (1797).

— L'*Almanach des Muses* (fragment du *Poëme de la Nature*, 1798-99, 1802).

— L'*Almanach des Muses*, l'*Ami de la Vérité* (Caen), les *Annales romantiques*, les *Keapseakes* de L. Janet ; la *Revue de Caen*, 1834 ; la *Muse française*, 1823-1824, etc.

— *Cantate* à l'occasion du passage de la Dauphine à Caen, 7 septembre 1827, insérée dans le compte-rendu des fêtes.

M.

Ouvrages en prose :

— *Discours* prononcé par M. Chênedollé, professeur à la Faculté des Lettres, à l'Académie de Rouen, le 25 juin 1810, pour l'ouverture du cours de Littérature française. Rouen, N. Hermant ; broch. in-8°, 1810, 15 p. BV. M. G.

— *Introduction à l'Histoire de la Poésie française*, par Chênedollé. — *Considérations sur le Sublime;* broch. in-8°, 23 p. — Rouen, N. Hermant, 1810. BV. M. G.

— *L'esprit de Rivarol*, publié par Chênedollé et Fayolle, en 1808, avec 42 p. prélim. Paris, chez les éditeurs ; 1 vol. in-12. BV. M.

— *Œuvres complètes de Rivarol*, par par MM. Fayolle et Chênedollé ; 5 vol. in-8°. Paris, Léopold Collin, 1808.
BV.

[ La première entrevue de Chênedollé avec Rivarol a été publiée dans un vol. intitulé : *Œuvres de Rivarol*. Paris, Delahays, 1857. ]
M.

— *Chefs-d'œuvre de Shakspeare*, traduits en vers français, suivis de Poésies diverses, par feu A. Bruguiere, baron de Sorsum, etc., revus par M. de Chênedollé ; 2 vol. in-8°, 1826. Paris, Dondey-Dupré père et fils. L'avis de l'éditeur est signé Chênedollé. BV.

Travaux sur Chênedollé :

— *Chênedollé*, par Sainte-Beuve. Étude publiée dans la *Revue des Deux-Mondes* (1er juin 1849, 93 pages grand in-8°, tirage à part), reproduite, avec de copieuses additions, dans l'ouvrage de Sainte-Beuve : *Châteaubriand et son groupe littéraire sous l'Empire* (p. 145 à 326) ; 181 p. in-8° et in-12. Paris, Garnier frères, 1861.

Cette étude sur Ch. contient de nombreux extraits des papiers et correspondance de Ch., communiqués à Sainte-Beuve par la famille.

— *Étude biographique et littéraire sur Chênedollé*, auteur du poëme du *Génie de l'Homme*, par Gabriel Helland, ancien magistrat; 1 vol. grand in-8°, de 192 p. Mortain, Lebel, 1857. BV. M. G.

— *Notice sur M. de Chênedollé* (avec portrait), dans les *Poètes normands*, de Baratte, par Aug. Leflaguais. — Voir également les *Mémoires* de l'Académie de Caen, 1836 ; 16 p. in-8°, et la *France littéraire*, t. XXIII, 1836.

— M. Dubourg, d'Isigny, a publié, dans le journal l'*Ami de la Vérité*, de Caen (n° du 22 décembre 1833), un article nécrologique sur Chênedollé, que l'on retrouve dans les Éphémérides manuscrites de M. E. Crespin, greffier (Bibl. de Vire) ; 6 pages, p. 413, t. II.

**COCHARD** (EDMOND), né à Vaudry, le 18 mars 1845, mort le 28 janvier 1867.

Il a publié divers petits recueils de poésies et pièces de vers mises en musique.

— *L'Histoire d'une Rose*, composée expressément pour M^lle^ Pinchon. Romance avec musique, 1863. Le Havre, in-4°. M.

— *La Légende du Spectre* ; in-8°.

— *Noble et déchu ;* in-8°.

— *L'Amour d'une femme;* in-8°, 1 vol.

— *Souvenir d'un baiser;* in-32.

— *Trois mois à Paris ;* in-32, 1 vol.

— *Fragments du journal d'un jeune homme ;* in-32.

— *Le Bonheur dans une chaumière ;* 1 vol. in-8°.

— *Le Chant des arbres*, à M^me^ la B^ne^ de Ferloz, décembre 1863, in-4°.

— *Rimes à M^lle^ E. P.*, pièce de vers ; in-32 ; 1863. M.

Tous ces ouvrages ont été imprimés au Havre, chez Roquencourt.

**CONDÉ** (AUDIN ou AUDOEN DE) vivait dans le XII^e^ siècle, suivant Béziers. « Ce prélat avait une grande littérature et un mérite connu. »
L'*Histoire littéraire de la France*, t. XI, p. 722, ainsi que Hermant, le font naître à Condé-sur-Noireau.

V. Béziers, p. 212 et suiv. de son *Hist. de Bayeux*.

**CORBEL** (PIERRE), né à St-Georges-d'Aunay, le 14 février 1790, courrier de cabinet de Louis XVIII en 1815, percepteur à vie à La Chapelle-Engerbold.

— *Le fidèle Pèlerin d'Écosse et de Bohême;* 1 vol. in-12. Caen, Chalopin, 1833, 80 p. BV. M.

Le parquet de Vire s'émut de son voyage en Écosse, et le 26 juin 1832 fit avec le sous-préfet et les gendarmes une visite domiciliaire chez Corbel, à La Chapelle-Engerbold.

Il était, dit-on, le prête-nom de M. Alfred Jouanne, littérateur à Falaise.

**COULONCES** ( FRANÇOIS DE BORDEAUX, baron DE ), diplomate et magistrat, fut nommé, en 1519, président à mortier au Parlement de Normandie. Né à Vire, vers la moitié du XV^e^ siècle, il mourut à Rouen, le 14 janvier 1527, et fut inhumé dans le chœur de l'église

St-Lo de cette ville. — V. Floquet, *Hist. du Parlement de Normandie*, t. I, p. 466.

**DEBAISE-LAROCHE** (MICHEL-AUGUSTE), né à Vire, le 9 octobre 1791, mort à Vire, le 16 mai 1871, ancien officier de santé dans les armées du premier Empire.

— *Réflexions sur le Choléra morbus;* broch. in-8°, 22 p. Vire, Barbot, 1831.
                                           BV. M.

**DE CORDAY** (CYPRIEN-AIMÉ), député de l'arrondissement de Vire et de Bayeux sous la Restauration.

*Opinion de M. de Corday, député du Calvados, sur l'aliénation des bois.* Paris, C.-F. Patris, 1817, 7 p. in-8°.
                                           BV.

**DELAFOSSE** (JULES-VICTOR), né à Pontfarcy, le 2 mars 1841, journaliste (*Journal de Paris, Paris-Journal, Nation, Ordre* et *Ami de l'Ordre* de Caen).

— *Le Procès du 4 septembre.* Broch. petit in-8°. Paris, Jouaust, S. D. (1875), 71 p.                M.

Cette brochure a été répandue à grand nombre par M. Delafosse, candidat à la députation pour l'arrondissement de Vire (1876).

— *Circulaire* électorale aux électeurs de l'arrondissement de Vire, 2 p. (1876).

— *Circulaires* électorales et autobiographie pour les élections du 14 octobre 1877.

[Nommé député de Vire contre M. Arsène Picard (voir ce nom), avec 111 voix de majorité.]

J. Delafosse a fait paraître son *Autobiographie* dans l'*Ami de l'Ordre* et le *Bon-Sens normand* (journaux de Caen), les 7 et 9 octobre 1877. — Décoré par le ministère Broglie-Fourtou, pour « services signalés dans la presse. »

**DE LA ROQUE** (GILLES-ANDRÉ), sieur de La Loutinière, était originaire de Montchamps, suivant le *Moréri des Normands* et le Ms. Chalmé. D'autres le font naître à Cormelles, près Caen. Reçu sous-diacre, il obtint une dispense et se maria. Mort à Paris, en 1686, âgé de 88 ans.

— *Traité singulier du Blason*, contenant les règles des armoiries des armes de France, etc.; 1 vol. in-12. Paris, 1681.

— *Traité de la Noblesse et de toutes ses diverses espèces;* 1 vol. in-4°. Rouen, 1710.                                  BV.

2° édit. Rouen, 1720.

3° et 4° édit. 1735 et 1761 (Paris, Gibert). Ces deux dernières éditions contiennent le *Traité du Blason, du ban et des origines des noms.*

(Ces différents traités ont été depuis imprimés séparément.)

— *Histoire généalogique de la maison d'Harcourt*, enrichie d'un grand nombre d'armoiries, alliances, généalogies, matières et recherches concernant non-seulement les rangs et les intérêts de cette maison, mais encore l'histoire générale, justifiée par plusieurs chartes de diverses églises, arrêts de Parlement, Cour de l'Eschiquier de Normandie, tirés du Trésor du Roy et de la Chambre des Comptes, etc.

Paris, Séb. Cramoisy, 1662 ; 4 vol. in-f°.

Les deux premiers vol. contiennent l'*Histoire de la maison d'Harcourt*, soit 2066 p., divisées en 14 livres.

Le 3e et le 4e ont pour titre : *Preuves de l'Histoire de la maison d'Harcourt*, tirées de diverses chartes, chroniques, histoires, etc. 2312 p., avec un portrait de Charles Patin.   BV.

— *Traité du ban et de l'arrière-ban, de son origine et de ses convocations ;* 1 vol. in-12. Paris, Michel Petit, 1676.
BV.

— *Histoire des familles nobles de Caen et des environs ;* 1 vol. in-4°, 1678.

— *Histoire de l'origine et des fondateurs d'ordres*, 1681.

— *Traité de l'origine des noms et des surnoms, de leur diversité, de leurs proprietez, de leurs changements, etc. ;* 1 vol. in-12. Paris, 1681.

[ Voir le *Ménagiana*, éd. de 1694, t. I, p. 258, et t. II, p. 394. ]

**DE LA VENTE** ( FRANÇOIS ), né à Vire, le 15 juillet 1744, mort à Vire, le 9 octobre 1812.

— *Poésies nationales.*
Vire, an IV et an V ; 4 p. in-8°.

— Traduction de *La foire d'Étouvy*, de M. Lalleman, en vers français, par De La Vente jeune.

( Publiée dans le journal de l'*arrondissement de Vire*, 22 mars 1811.)

**DÈLISE** (DOMINIQUE), né à Fougères, le 17 avril 1780, mort à Vire, le..... 1841. Chef de bataillon en retraite et commandant de la garde nationale, à Vire.

— *Histoire des Lichens, genre Sticta,* 1822, publiée dans les *Mémoires* de la Société Linnéenne du Calvados, 1825. Tirage à part : 1 vol. in-8°. Caen, Chalopin fils, 1825, 174 p., avec 1 vol. in-4° de planches coloriées, par Mme Delise, née Zélie Lenormand.    BV. M.

— *Lichens de la France ;* 1 fascicule de 24 p. in-4°, 1828 (l'auteur n'a point publié le reste).    BV.

— *Discours* prononcé lors de la réception du drapeau tricolore par la garde nationale de Vire, le 20 février 1831, 2 p.    BV. M.

[ *Notice biographique sur Delise*, dans l'*Annuaire normand*, 1842, p. 668. ]

**DENIS** ( le Rév. Père ), capucin, né à Vire, vers 1593, mort à Beaumont, pendant une mission, en 1658, le 9 octobre, âgé de 65 ans (Voir le man. Asselin, Bibl. de Vire).

— *Schedula charitativæ (?) provocationis ad certamen simulatæ synodo Quivilliano, mense maio, anno 1650, celebratæ, et toti universaliter huguonotismo sui erroris venenum respergenti.* — Parisiis, 1650, in-8° (Voir Bibl. Cap. et le *Moréri des Normands*).

Traduit en plusieurs langues : en français, sous ce titre :

*Cartel de deffy charitable, envoyé au prétendu synode de Quevilly, tenu le mois de mai 1650, et ensuite à tout hugueno-*

tisme, *universellement partout où il se rencontrera*.

Un vol. in-4°. Paris, Jean Houdone, 1650.

[L'épitaphe du P. Denis se trouve dans le *Moréri des Normands*, ms. de la Bibl. de Caen.]

**DENIS DU DESERT** (PAUL), né à Condé-sur-Noireau, le 4 mai 1798, mort le 12 juillet 1851, docteur-médecin et agriculteur.

— *De l'éducation des Sourds-Muets;* broch. in-8°. Caen, 1834.

— *Traité pratique d'Agriculture*, ouvrage mis au niveau des connaissances actuelles, s'appliquant surtout à l'agriculture de la partie S.-O. de la France; 1 vol. in-12, 327 p. Caen, A. Hardel, 1849.          **M.**

— Sa thèse pour le doctorat avait pour titre : *Appréciation des Aphorismes d'Hippocrate.*

[*Notice biographique sur P. Denis du Dezert*, par M. Roger, professeur à la Faculté des Lettres, *Ann. de Norm.*, 1852, p. 616; 7 pages.]

**DE PEYRONNY** (JEAN-CHARLES), né à Vire, le 3 novembre 1821, mort à Caen, avocat à la Cour impériale de Lyon, conseiller à la Cour de Caen.

— *Commentaire théorique et pratique des lois d'expropriation pour cause d'utilité publique.* En collaboration avec M. Delamarre, avocat à la Cour impériale de Paris; 1 vol. in-8°, 821 p.; plus 11 de titre et préface. Paris, Marescq aîné, éditeur, 1860.

— *Du Mandat, de la Commission et de la Gestion d'affaires.* Commentaire du titre XIII du livre III et des articles 1372 à 1376 et 1783 à 1786 du Code Napoléon, du titre VI et des articles 111, 115 et 322 du Code de commerce, contenant la théorie et la jurisprudence. En collaboration avec M. Domenget, juge, etc.; 2 vol. in-8°, 895 p.

2e édition, 1870. Paris, Marescq aîné, éditeur. Le 1er vol. contient le Mandat, le 2e la Commission.

**DESLONGRAIS - ROCHERULLÉ** (ARMAND), né à Vire, le 13 août 1796, mort à Paris, le 23 mai 1849.

Maire de Vire, député de l'arrondissement et membre de l'Assemblée nationale en 1848.

— *Discours prononcé par M. Deslongrais à l'occasion de sa nomination* (député pour la 2e fois), sans lieu ni date; 1 page.       **BV. M.**

— *Quelques mots d'explication sur la destitution de M. Lemansel, sous-préfet de Vire.*

Vire, imp. de Barbot fils; 14 p. in-8°, 1840. Il y a une réplique à ces « Quelques mots » signée Aumassip, sous-préfet; 4 p. in-4°; puis une contre-réplique, signée Deslongrais; 4 p. in-8°.
      **BV. M.**

— *Profession de foi pour les élections de 1842;* 3 p. in-4°. Vire, Barbot.   **M.**

— *Discours à la Chambre des Députés sur les intrigues électorales* (*Moniteur*, juillet 1844).

— *Discours* que M. Deslongrais voulait adresser aux électeurs après sa nomination comme député, et qu'il lui a été interdit de prononcer dans l'assemblée électorale de la première section du collége de Vire. Vire, Barbot fils, S. D. (après sa 6e nomination). M.

— *Discours* de M. Deslongrais, dans la discussion du budget des dépenses pour l'exercice 1847 (séance du 19 mai 1846) ; 12 p. in-8°. Paris, imp. Panckoucke. M.

— *Rapport* fait au nom de la commission chargée de l'examen du projet de loi relatif à l'exploitation du chemin de fer de Versailles à Chartres (30 mars 1849. — Assemblée nationale) ; 23 p. in-8°. M.

[*Notice* sur Rocherullé-Deslongrais et Besnard, représentant. Extrait de l'*Annuaire* du Calvados ; 15 p. in-12. Tiré à part. Caen, Ve Pagny.] M.

**DESMARES** (TOUSSAINT-GUY-JOSEPH), né à Vire, le 17 février 1605, fils de Samuel Desmares, sieur de La Rohardière, apothicaire.

[Il fut nommé à la cure de Vire en 1627 ; mais il quitta cette cure en 1630 pour se livrer à la prédication. Il prêcha avec succès à St-Roch.] Boileau (Sat. X) :

Desmares dans St-Roch n'auroit pas mieux presché.

Il se mêla aux controverses religieuses, et ses prédications lui attirèrent quelques persécutions.

Il se chargea d'aller soutenir à Rome les cinq propositions de Jansénius, devant le pape Innocent X et les cardinaux, en 1653 : il s'aliéna ainsi les bonnes grâces de la Cour de Louis XIV, et jugea à propos de s'exiler volon-

tairement chez le comte de Liancour, où il mourut le 19 janvier 1687 [V. le *Calendrier des Amis de la Vérité de Port-Royal* — le manuscrit Levêque, n° 12. Bibl. de Vire — et le P. Dulong.] Voici la liste de ses ouvrages :

— *Relation véritable* de la conférence entre le P. D. Pierre de Saint-Joseph, feuillant, le P. Desmares, prêtre de l'Oratoire, chez M. l'abbé Ollier, alors curé de St-Sulpice, avec la réfutation des insignes faussetés que le père feuillant a publiées touchant cette même conférence, dans un écrit imprimé sous ce titre : *Lettre à M. de Liancourt, s'il faut expliquer le concile de Trente par saint Augustin*; In-4°, 1650, 2e éd., 1652.

— *Lettre d'un ecclésiastique à un évêque*; in-4°, 1652.

— *Lettre d'un docteur en théologie au R. P. Pierre de Saint-Joseph, feuillant*, sur le sujet d'une seconde lettre que ledit père a fait publier dans Paris contre le R. P. Desmares; in-4°, 1652.

— *Lettre d'un ecclésiastique de Reims, ami des Jésuites, au R. P. dom Pierre de Saint-Joseph, feuillant*, sur le sujet de quelques vers ridicules qu'ils lui envoient, qui ont été prononcés cette année en l'action publique des affiches de leur collége de Reims, à dessein de deshonorer la doctrine de saint Augustin, touchant la divine grâce qui est celle de l'Église, et exposer aux bouffonneries des libertins la pénitence chrétienne; in-4°, 1652.

— *La censure de la faculté de théologie de Reims contre le libelle d'un*

*Jésuite*, sur le sujet de Gothescalque, envoyé au R. P. dom Pierre de Saint-Joseph, feuillant, par un ecclésiastique de Reims; in-4°, 1652.

— *Les SS. PP. de l'Église* vengés par eux-mêmes des impostures du sieur de Morandé, dans son livre des *Antiquités de l'Église*, etc., à M. Morel, docteur de Sorbonne, soi-disant censeur royal pour l'impression des livres, par le sieur de Sainte-Anne. A Paris; in-4°, 1652.

— *Lettre d'un ecclésiastique au R. P. de Lingendes*, provincial des Jésuites de la province de Paris, touchant le livre du P. Lemoine, jésuite : *De la dévotion aisée;* in-4°, 1652.

— *Remontrance chrétienne et charitable à M. l'abbé Ollier*, sur le sujet du sermon qu'il fit dans l'église de St-Sulpice, le jour de la fête dernière de ce saint, par un ecclésiastique de ses auditeurs; in-4°, 1653.

— *Réponse* d'un docteur en théologie à M. Chamillard, professeur en théologie; in-4°, 1656.

— Dans le *Journal de M. de Saint-Amour*, docteur en Sorbonne, de ce qui s'est fait à Rome dans l'affaire des cinq propositions (S. L. N. D.) (1662), se trouvent, de la page 428 à la page 574, le récit du voyage du P. T. Desmares à Rome, le compte-rendu de l'audience donnée par le pape Innocent X, — et le discours prononcé par le P. Desmares sur les cinq propositions et sur la grâce efficace. Ce discours contient 36 col. in-fol.                    M.

— *Description de l'abbaye de la Trappe*. 1 vol. petit in-12. Paris, Fréd. Leonard, 139 p., avec un plan terrier de l'abbaye; in-fol.      M.

Cette description de l'abbaye est écrite sous forme d'une longue lettre adressée à madame la duchesse de Liancourt, chez qui Desmares s'était réfugié. Cette lettre contient encore, à la suite de la description, le récit de la mort exemplaire de deux ou trois religieux de la Trappe.

Quelques biographes attribuent cette description à Felibien des Avaux : René Cerveau, l'auteur du *Nécrologe* des Jansénistes, attribue cet ouvrage à Desmares. Des Avaux était un homme du monde qui a fait la description de châteaux dans un style qui ne ressemble point au ton religieux et ascétique de la description de Desmares.

Plusieurs fois réimprimé à Paris, chez J. Lefèvre, 1682, 1689, 1703, — et à Lyon, chez Aubin, 1683, — toujours in-12, sous le titre suivant :

— *Description de l'abbaye de la Trappe, dans le diocèse de Séez*, avec les constitutions, les réflexions sur icelle, la mort de quelques religieux, plusieurs lettres du R. P. Abbé, une brève relation de l'abbaye de Sept-Fonds.

— *Necrologe de l'abbaïe de Notre-Dame de Port-Royal-des-Champs, ordre de Cîteaux*, ... qui contient les Éloges historiques avec les Épitaphes des fondateurs et bienfaiteurs de ce monastère, par dom Rivet et le P. Desmares [La mère Le Ferrier, religieuse de ce monastère, y a aussi contribué]. 1 vol. in-4°. Amsterdam, 1723.

[Rèné Cerveau, dans son *Nécrologe* des Jansénistes, a consacré un article à T. Desmares. Voir son suppl., p. 226. — Voir *Moréri*, les mss. Asselin, Lefranc et Levêque à la Bibl. de Vire].

**DESMORTREUX** (Laurent-Thomas), né à Vire, en 1756, mort à Sannerville, près Caen, le 24 juin 1831.

Son père, avocat distingué, était subdélégué de l'intendant de la généralité de Caen. L.-T. Desmortreux fut magistrat, procureur-général près la Cour criminelle du Calvados, député au Corps législatif en 1807 et baron de l'Empire.

Il a écrit des Ephémérides qui ont été publiées dans les *Ephémérides normandes* de G.-J. Lange; 2 vol. in-8°, 1833-34. — Un certain nombre d'entre elles intéressent l'arrondissement de Vire.            BV. M.

**DÉSMOULINS** (l'abbé), né à Vire.

— *Poème dédié à la Société populaire de Vire*, le 20 prairial, an II de la République française. Vire, imp. rép. de J.-P. Le Bel, an II ; 8 p. in-8°.
            M.

**DIDIER** (François) d'Arclais, seigneur de Montamy, né à Montamy, en 1703, mort à Paris, le 8 fév. 1765. — Fut précepteur du duc de Chartres, depuis duc d'Orléans, etc.

— *Traité pratique des différentes manières de peindre;* 120 p. in-12. Ce traité se trouve inséré en tête du *Dictionnaire de peinture* de Pernety; 1 vol. in-12. Paris, Bache, 1757.   M.

— *Traité des couleurs pour la peinture en émail et sur porcelaine,* précédé de l'art de peindre sur émail, suivi de plusieurs mémoires, tels que le travail de la porcelaine, l'art du stuccateur, la manière d'exécuter les camées et autres pierres figurées, le moyen de perfectionner la composition du verre blanc et le travail des glaces, etc. Ouvrage posthume de M. d'Arclais de Montamy. Paris, G. Cavelier; 1 vol. in-12, 1765, 340 p. Cet ouvrage fut publié par Diderot, qui y fit quelques additions.         BV. M.

[Suivant Guyot (*Moréri des Normands*), Didier d'Arclais aurait traduit et publié un ouvrage intitulé : *la Lithogéognésie,* trad. de Post.]

**DOLÉ** (Félix-Constant), né à Vire, le 6 fév. 1807, mort à Vire, le 27 fév. 1864, aumônier de l'hospice St-Louis de Vire.

— *Souvenir de la fête de saint François-Xavier,* du 8 décembre 1845, dédié à Mgr Verolles, évêque de Colomby. Pièce de vers; broch. in-8°. Vire, Adam fils, 1845, 7 p.         BV. M.

— *Le retour des vacances,* poésie; 4 p. in-8°. Vire, Adam fils (S. D.).   M.

— *Souvenir de Léon-Eugène Guilbert,* poésie; 7 p. Vire, Adam fils, 1846.   M.

— *A la mémoire de M. Pierre-François Bazin,* curé de Ste-Anne de Vire, poésie; 8 p. in-12. Vire, Adam fils (S. D.) (1846). Vendu au profit de la souscription pour l'érection d'un monument au curé de Sainte-Anne.         BV.

— *Essai théorique, pratique et historique sur le plain-chant;* 1 vol. in-8°,

1847. Caen, Poisson, imp.; Chénel, édit.; 270 p. M.

— *Vie de M. l'abbé P.-F. Bazin*, premier curé de Ste-Anne de Vire et chanoine honoraire de Bayeux; 1 vol. in-18, 180 p. Vire, Adam, 1848. M.

[Dans les notes qui suivent la vie de M. l'abbé Bazin, il s'en trouve une relative à la chapelle Sainte-Anne et l'Hôtel-Dieu de Vire.]

2e édition, sous ce titre : *Le Père des Pauvres*, ou *Vie de P.-F. Bazin*, premier curé de Ste-Anne de Vire, etc. ; 1 vol. in-12. Tours, A. Mame, imp. ; 188 p. Cette édition, entièrement refondue, contient la pièce de vers sur l'abbé Bazin, qui avait paru en 1846 dans le *Journal de Vire*. M.

[De 1852 à 1864, la librairie Mame a publié plusieurs éditions de cet ouvrage].

— *Le Médecin chrétien* ou *Vie du docteur Lecreps;* 1 vol. gr. in-18, avec portrait du docteur Lecreps, d'après un dessin de Mlle Laure Curaudeau, institutrice à Vire. Lille, imp. Lefort, 1857; 149 p. M.

2e éd. en 1859, chez le même.

— *Pensées du docteur Lecreps sur les vertus et les pratiques de la vie chrétienne;* 1 vol. in-12, 192 p., avec une gravure. Lille, Lefort, 1859. M.

— *Sentiments du docteur Lecreps* ou *Amour à Jésus et Marie;* 1 vol. in-12, 200 p., avec une vue de la chapelle du Reculey où est enterré le docteur Lecreps, d'après un dessin de M. Guernier, peintre à Vire. Lille, imp. de Lefort, 1859. M.

[Ce livre, comme les deux précédents, a eu plusieurs éditions.]

— La thèse du docteur Lecreps de Vire porte pour titre : *Essai sur les degrés de certitude de la Médecine, sur son utilité et sa dignité;* 1816. M.

[Biographie de M. l'abbé Dolé, aumônier de l'hospice St-Louis, par A.-E. Heurtin, curé de St-Aubin-des-Bois. (*Semaine Religieuse* du diocèse de Bayeux, 1868 — n° 17, 28 avril, p. 254 à 259).]

**DORTÉE** (Félix-Jacques-François), né à Vire, le 12 juillet 1817, secrétaire de la mairie de Vire.

— *Poésies, précédées d'une lettre de Béranger;* 1 vol. in-12, contenant 90 pièces de vers sur différents sujets. Paris, Michel Lévy frères, 1851 ; 208 p. BV. M. G.

Il a encore publié quelques pièces de vers dans le *Journal de St-Lo* (1852) et dans les journaux de Vire.

**DOULCET** (Gustave de Pontécoulant), né à Caen, le 9 novembre 1764, mort à Pontécoulant, le 3 avril 1853. — Député à nos diverses Assemblées depuis 1790, il fut ensuite nommé sénateur, pair de France, etc.

Nous le mentionnons ici comme appartenant à une famille de l'arrondissement de Vire.

Ses œuvres se composent d'un certain nombre de Discours que l'on trouve dans la collection du *Moniteur universel*. Bon nombre ont été imprimés à part.

— *Résumé administratif* présenté par M. de Pontécoulant, préfet de la Dyle, au Conseil général du département, à 'ouverture de la session de l'an XI;

broch. in-8°. Bruxelles, Weissenbruch, an XI.

[Un Extrait à la Bibl. de la Société d'Agriculture de Caen.]

— *Recueil de pièces administratives pour l'extinction de la mendicité dans le département de la Dyle;* broch. in-8°. Bruxelles, Weissenbruch, an X, 3° éd. — [Un Extrait à la Bibl. de la Société d'Agriculture de Caen.]

Une *Notice* sur Doulcet, comte de Pontécoulant, a été publiée dans l'*Annuaire normand* de 1854, p. 544 et suiv.

— *Souvenirs historiques et parlementaires du comte de Pontécoulant, ancien pair de France.* Paris, 1862; 4 vol. in-8°.

— Il a été aussi publié une brochure intitulée : *Charlotte de Corday et Doulcet de Pontécoulant,* par un collectionneur normand; gr. in-8°, 23 p. Caen, V° Pagny, 1860.                                    M.

**DOULCET** (GUSTAVE, comte DE PONTÉCOULANT), fils du précédent, né à          en 179  , élève de l'École polytechnique, colonel au corps d'état-major, membre correspondant des Académies de Londres, Berlin et Palerme, mort à '          le          1874.

— *Notice sur la comète de Halley, et son retour en 1835;* 1 vol. in-18, avec planches. Paris, 1835; Bachelier, 135 p. [Il avait obtenu le prix de l'Acad. des sciences pour cette notice.]
                                    BV. M.

— *Théorie analytique du système du monde;* 4 vol. in-8°, publiés de 1826 à 1840. Paris, Bachelier. — Une 2° édition des deux premiers vol., avec des suppléments aux autres vol., 1856. — Le 4° vol. contient la théorie de la lune et celle des marées.

— *Traité élémentaire de physique céleste* ou *Précis d'astronomie théorique et pratique;* 2 vol. in-8° avec planches, 1840. Paris, Carilian-Gœury, éditeurs.

— *Lettre de M. G. de Pontécoulant à M. Encke,* en réponse à une lettre de M. Arago à M. de Humboldt; 1 vol. in-8°. Paris, 1840; Fain et Thunot, 70 p.
                                    M.

— M. G. de P. a encore publié un grand nombre de mémoires ayant pour objet l'*Astronomie théorique :* ils se trouvent insérés dans plusieurs ouvrages scientifiques.

— *Discours prononcé par G. de Pontécoulant au Conseil général du Calvados en 1835,* lors d'une discussion relative aux mesures proposées par l'Administration pour réduire le nombre et la dépense des enfants trouvés et abandonnés; broch. in-8°, 1855. Condé-sur-Noireau, J.-P. Anger, 24 p.      BV.

— Nous avons encore de lui diverses circulaires électorales en 1831, 1833 et autres époques de renouvellement de Députés, sous le règne de Louis-Philippe. M. G. de P. fut constamment le concurrent de M. Deslongrais.

— Il a aussi publié un volume consacré à la bataille de Waterloo, à laquelle il prit part dans l'artillerie de la Garde.

— Avant de mourir, il venait d'achever un travail remarquable sur *les Marées*.

**DOYÈRE** (PIERRE), né à St-Jean-des-Essartiers (canton d'Aunay), le 18 mars 1736, mort le curé de

— « *Le Memento des Vivants et des Morts*, ou quelques réflections sur l'état de la France sous le gouvernement de Louis XVIII, au mois de mai 1817, comparé à ce qu'elle a été sous Bonaparte et le peuple souverain, dédié aux bons et fidèles Normands, principalement aux habitants du Bocage, etc.

1 vol. in-8°. Caen, imp. de F. Poisson, 1817; 115 p., plus 24 p. de réflexions préliminaires.    BV. M.

— *Le Memento des amis du Roi et des conscrits de Bonaparte.*

1 vol. in-8°. Caen, F. Poisson, 1819; 105 p. et 24 p. préliminaires.    M.

— *Supplément et justification de la première partie du Memento pour servir d'avant-propos à la seconde.*
Sans date ni lieu d'imp.    M.

C'est une sorte de prospectus annonçant l'impression de cette justification. D'après Ed. Frère, ce supplément a été imp. en 1819.

**DUBOSQ DE LA ROBERDIÈRE** (JEAN-THOMAS-GUILLAUME), né à Vire le 17 février 1751, mort le 11 avril 1807, docteur-médecin, maire de Vire, président de la Société d'Émulation Viroise.

— *Recherches sur la Rougeole*, sur le passage des aliments et des médica-

ments dans le torrent de la circulation, sur le choix des remèdes mercuriaux dans les maladies vénériennes.

1 vol. in-12. Paris, Des Ventes de La Doué, 1776; 120 p., plus 24 p. préliminaires.    M.

— *Lettre à M. le baron de Servières* sur deux petites véroles avec récidives. (Cas observés sur mesdemoiselles de Chaulieu.)

Broch. in-8°, 1780, 6 p.
(M. HUARD).

— *Avis aux personnes charitables* sur la manière de dresser des Mémoires à consulter pour les pauvres malades de la campagne.

4 p. in-4°, sans date, vers 1780.
(M. HUARD).

— *Lettre adressée à MM. les doyens des Colléges de Médecine du royaume*, par D. de La Roberdière et Polinière, au nom du Collége des Médecins de Vire (2 mars 1791); l'original à la Bibl. de Vire, registre des Médecins.

— *Avis au peuple des campagnes sur la Dyssenterie épidémique*, contenant les moyens les plus faciles de se préserver et de se guérir des *Flux-de-Sang* qui règnent dans l'arrondissement de Vire, publié par ordre de l'Administration municipale du canton rural de Vire (à 200 exemplaires).

Broch. in-8°, 12 p.; 3 brumaire an VII. Vire, Adam.    M.

— *Placard sur la nécessité de la vaccine.* Vire, Adam, an IX.    BV.

— *Recherches sur la vaccine et la mé-*

*thode de l'inoculer aux hommes pour les préserver de la petite vérole.*

Broch. in-8° de 22 p. Vire, Adam, an X.  BV. M.

[Cette brochure a été lue dans la séance publique de la Société d'Émulation Viroise, le 9 prairial, an X.]

— *Recherches sur la Scarlatine angineuse*, contenant l'histoire de l'Épidémie scarlatine qui a régné à Vire dans les années VIII et IX (1800 et 1801).

1 vol. in-8°. Vire, Adam, an XIII (1805) ; 218 p.  M.

— *Adresse de la Commission administrative des hospices civils* réunis de la ville de Vire aux citoy. fonctionnaires publics civils et ecclésiastiques de l'arrondissement.

Sans lieu d'imp., an XI.  BV.

— Nous avons encore de lui un discours latin pour son examen au baccalauréat. Caen, 1771. — Un autre pour la licence. Caen, 1772 ; puis sa thèse de docteur en médecine. Caen, 1772.  M.

**DUBOURG D'ISIGNY** (Louis-Charles-Richard), né à Vire le 17 juillet 1793, mort le 20 janvier 1841, président du tribunal civil.

— *Recherches archéologiques sur l'histoire du château et de la ville de Vire* (Calvados).

1 vol. in-8°, 1837 ; 112 p., avec 3 pl. Extrait des *Mémoires* de la Soc. des Antiq. de Norm., t. X, 1835, p. 531 et suiv.  BV. M.

— *Coup-d'œil sur l'arrondissement de Vire par un de ses habitants.* Inséré dans

*l'Annuaire du Calvados* de 1838, p. 25 à 63.  BV. M.

— *Aperçus généraux sur la Géologie et la Flore de l'arrondissement de Vire.*

Lus à la séance de la Soc. Linnéenne, tenue à Vire, le 24 mai 1836. (*Mém.* de la Soc. Linn. de Caen, 1836.) Cette lecture fut précédée du discours d'ouverture du même, p. 6, et 64 à 105 de l'éd. in-8°, et p. 147, année 1838, de l'éd. in-4°.  BV.

Cet ouvrage a été imprimé à part avec le discours, un catalogue des plantes spontanées de l'arrondissement et un tableau.

Broch. in-8°. Caen, Hardel, 1836, 37 p.

L'auteur a laissé un grand nombre de notes manuscrites sur la Flore de l'arrondissement ; elles sont à la Bibl. de Vire.  M. L.

— *L'appointement des ville et château de Vire*, le 21 février 1417, t. XV, p. 264 des *Mém.* de la Soc. des Antiq. de Norm.  BV.

— Il a été aussi imprimé et tiré à part une petite réclamation contre un article du journal *Le Pilote du Calvados*, à l'occasion d'une pièce représentée le mardi gras, chez M. Dubourg d'I., sans date.  BV.

— Notice biographique sur D. d'Isigny, par M. Mury, médecin. (*Ann. Norm.* de 1842 et *Ann. du Calvados* 1844.)  BV. M.

M. Dubourg d'Isigny avait laissé inédites un certain nombre de pièces de poésies recueillies par M. René Lenormand ; elles ont été publiées par M. F. Cazin en 1857, 1 vol. in-18 (Voir *Cazin*).

**DUCHÊNE**, né à Étouvy, le
, notaire à Vire.

— *Observations* sur l'insuffisance de la législature actuelle des chemins vicinaux, sur la nécessité d'une nouvelle classification des chemins publics, et d'un autre mode de contribution à leur réparation et entretien.

Ouvrage bien accueilli de la Chambre des députés et revisé depuis.

Broch. de 50 p., 1819. Vire, Adam.
BV. M.

Il est aussi auteur d'une pièce latine de plus de 200 vers, composée à l'occasion de l'assassinat du duc de Berry (1820). Insérée dans les notes de M. E. Crespin.

**DUFOUR** (GEORGES), né à Vire,
, prêtre-chanoine, mort à Bayeux; professeur de rhétorique au collége d'Harcourt.

Il adressa une harangue latine au premier président du Parlement de Paris.
— Il a aussi fait diverses pièces de vers latins et remporté plusieurs prix dans les concours académiques, entre autres à Caen en 1667 et 1672.

[V. *Athenæ Normannorum.* — Manuscrit Asselin.] — Voir l'article *Palinods*.

**DU HAMEL** (JEAN), né à Vire vers 1633, prêtre-curé de La Madeleine, à Paris, en 1705 (V. Manus. Asselin); fut professeur au collége du Plessis et curé de La Madeleine en 1684.

— *Philosophia Universalis*, *sive commentarius in universam Aristotelis philosophiam, ad usum scholarum comparatam.*

5 vol. in-12. Lutetiæ Parisiorum, apud Viduam Claudii Thiboust et Petrum Esclassan, 1705, avec pl.  M.

( Voir Manus. Asselin et Lefranc ).

**DU HAMEL** (JEAN-BAPTISTE), né à Vire, le 11 juin 1624, mort à Paris, le 6 août 1706, était fils de Nicolas Duhamel, avocat; prêtre oratorien, prieur de St-Lambert et secrétaire perpétuel de l'Académie des sciences, de 1666 à 1697, année où il se retira, et fut remplacé par Fontenelle.

L'administration municipale de sa ville natale a donné son nom à l'ancienne rue aux Brebis, en 1871 (M. Morin-Lavallée étant maire de Vire).

A. G.

— 1° *Joan. Bapt. Duhamel. Astronomia physica; seu de luce natura et motibus corporum cœlestium; libri duo. Accessere Petri Petiti observationes aliquot*, etc.

1 vol. in-4°. Apud Petrum Lami, Parisiis, 228 p., avec fig. dans le texte, 1659, plus 61 p. pour P. Petit, y compris une lettre de J.-B. Duhamel.  BV.

— 2° *De Meteoris et Fossilibus.*
1 vol. in-4°. Paris, 1660.

— 3° *De consensu veteris et novæ Philosophiæ, libri duo.*
1 vol. in-4°. Paris, apud Carolum Savreux, 1663, 280 p., plus 28 p. de dédicace et table. Dédié à Hardouin de Perefixe, arch. de Paris. Autres édit. :

Rouen, 1669 et 1675, in-4°; Oxford, 1669, in-8°.         M.

— 4° *Reginæ Christianissimæ Jura in ducatum Brabantiæ, et alios ditionis Hispanicæ Principatus.*

1 vol. in-4°. Paris, 1667, 293 p.

(Dans le bel ex. qui existe à la Bibl. de Vire, le titre manque).

C'est une traduction du *Traité des droits de la Reine* sur plusieurs états de la monarchie d'Espagne, par Ant. Bilain.

— 5° *Dissertation contre les priviléges de St-Germain-des-Prés.* Paris, 1666.

C'est le seul ouvrage qu'il ait écrit en français.

Cet ouvrage a donné lieu à une réponse intitulée : *Les Paradoxes* de MM. de Launoy, docteur, et du Hamel, chancelier de l'église de Bayeux, etc., par D.-R. Quatremaires, bénédictin, 1668.

Le même ouvrage a été traduit en latin par l'auteur, sous le titre :

— *Dissertatio de privilegiis monasterii Sancti-Germani.* Parisiis, Muguet, 1868; in-12.

— 6° *De corporum affectionibus*, etc., libri duo. Parisiis, 1670; 1 vol. in-12.

— 7° *De mente humana, libri quatuor, in quibus functiones animi, vires, natura, immortalitas simul et Logica universa variis illustrata experimentis pertractantur;* 1 vol. in-12, 586 p. Parisiis, apud Michaelem Le Petit, 1672.

        BV. M.

— 8° *De corpore animato libri quatuor*, etc. Parisiis (1673); in-12.

        BV.

— 9° *Philosophia vetus et nova ad usum scholarum accommodata.* Parisiis,

1678, 4 vol. in-12; Ibid., 1681, 6 vol. in-12; Ibid., 1700, 6 vol. in-12. Rouen, chez Besogne; plusieurs fois réimprimée en 4 et 5 vol. in-12.

— 10° *Theologia speculatix et practica juxta sanctorum patrum dogmata pertractata et ad usum scholæ accommodata.* Parisiis, apud Stephanum Michallet, 1690 et 1691; 7 vol. in-8°.

        BV. M.

Il a fait aussi un abrégé de cette Théologie sous le titre suivant :

— 11° *Theologia clericorum seminariis accommodata*, etc. Parisiis, Steph. Michallet, 1694; 3 vol. in-12.   BV.

— 12° *Summæ Theologicæ clericorum seminariis accommodatæ specimen de sacramentis cum generatim tum singillatim.* Parisiis, apud Steph. Michallet, 1694; 1 vol. in-12, 527 p.   BV.

— 13° *Regiæ scientiarum Academiæ historia ab anno 1666 ad 1696.* Parisiis, 1 vol. in-4°, 1698, et 2° éd., Parisiis, 1701; Lipsiæ, 1701, in-4°.

Cette dernière édition contient l'Histoire de l'Académie des Sciences jusqu'à 1700; c'est dans cet ouvrage que Fontenelle et autres ont puisé pour faire l'Histoire de l'Académie des Sciences, jusqu'en 1700.

— 14° *Institutiones Biblia seu scripturæ sacræ prolegomena; una cum selectis annotationibus in Pentateuchum.* Parisiis, apud Steph. Michallet, 1698; 1 vol. in-12, 436 p.   BV.

— 15° *Annotationes selectæ in difficiliora scripturæ loca; annotationes in Libros Historicos veteris Testamenti, et in Librum Job.* Parisiis, apud Steph.

Michallet, 1799; 1 vol. in-12, 414 p., avec une carte de la Terre-Sainte. M.

— 16° *Liber Psalmorum cum selectis annotationibus in loca difficiliora.*
Rotomagi sumptibus Guill. Behourt, 1701 ; 1 vol. in-12, 321 p., plus une lettre dédicat. à Jac. Nico. Colbert, archevêque de Rouen. Se vend à Paris, chez J.-B. Delespine. M.

— 17° *Salomonis libri tres : Proverbia, Ecclesiastes, et Canticum canticorum. Item liber Sapientiæ et Ecclesiasticus cum selectis annotationibus.*
Rotomagi sumptibus Guill. Behourt, 1703; 1 vol. in-12, 408 p. Tous ces volumes d'annotations de l'Écriture-Sainte lui ont servi pour l'excellente édition de la Bible qu'il publia sous ce titre :

— *Biblia sacra una cum selectis et optimis quibusque interpretibus, prologomenis, novis tabulis chronologicis, historicis et geographicis illustrata.*
1 vol. in-fol. Parisiis, Dionisum Mariette, 1705. 1re partie, 526 p.; 2e partie, 504 p., plus 44 p. prélim. et table.
(MM. Huard et Canu.)
Les ouvrages philosophiques de Duhamel ont été recueillis à Nuremberg, en 1681. 2 vol. in-4° sous ce titre : *Opera Philosophica et Astronomica.*
Il publia à 18 ans, dit Fontenelle, des *Explications des sphériques de Théodose* et une *Trigonométrie* fort claire. Paris; in-8°, 1644.

[Sur J.-B. Du Hamel, voir le supp. du *Journal des Savants*, février 1707. — Son éloge, par Fontenelle, hist. de l'Acad. des sciences, année 1706, p. 142 à 152. BV.
*Éloges* des Académiciens de l'Académie royale des sciences, morts depuis 1699, par Fontenelle. Voir aussi Nicéron, t. I. — L'*Académie* et les *Académiciens*, 1666 à 1793, par Joseph Bertrand. Paris, Hetzel, 1869. — Le manuscrit Asselin.]

**DUHAMEL** ( GEORGES ), frère de Jean-Baptiste, né à Vire, le                , mourut à Paris, âgé de 50 ans, avocat distingué et d'une grande érudition. Louis XIV l'employa à la rédaction des Ordonnances royales ; Duhamel jouit jusqu'à sa mort de la pension attachée à cette fonction.

Il composa quelques plaidoyers en vue de restreindre les priviléges des abbayes de St-Germain-des-Prés ; ces plaidoyers attirèrent l'attention par leur clarté et furent traduits en latin plus tard par son fils ( Voir J.-B. Du Hamel, n° 5 ).

Le *Journal des audiences*, de 1667, contient de lui un autre plaidoyer pour défendre les droits du séminaire d'Aix, en Provence. Voir, à la Bibl. de Vire, le *Journal des audiences*, t. II, p. 515 à 530, 1733 ; 15 p. in-f°.

[La Bruyère, dans ses *Caractères*, le cite avec éloge.
Il laissa en mourant un fils âgé de 7 ans, qui fut élevé par son oncle J.-B. Duhamel, et devint comme son père un avocat de mérite souvent consulté.
Dans les *Œuvres de Brébeuf, nouvellement mises au jour*, Paris, Jean Ribou, 1664, on trouve 35 lettres de Brébeuf à Georges Du Hamel et une lettre à Jean-Baptiste. — Voir l'étude de M. Marie, ancien prof. au lycée de Caen, sur les *Trois Brébeuf* (Caen, Le Blanc-Hardel. ]

**DUHAMEL** ( GUILLAUME ), frère de Jean-Baptiste et de Georges, né à Vire, le 11 juillet 1636, aumônier du roi.

— *Dissertations sur la Pharsale*, les Entretiens solitaires, la Défense de l'Église romaine, et autres ouvrages de M. de Brébeuf. A Paris, chez Charles Savreux, 1664 ( pet. in-12, 73 p. ).

[On lit dans le *Privilége :* « Nostre bien amé, M. Guillaume Du Hamel, nostre conseiller et aumosnier nous a fait dire et remontrer qu'il a composé des *Dissertations sur les Œuvres du sieur de Brebœuf, du Poëme épique, de l'Urbanité, et de la Générosité,* lesquelles il désireroit faire imprimer... »]
Nous ne connaissons pas les dissertations de Guill. Du Hamel sur *le Poëme épique, sur l'Urbanité et sur la Générosité.* G. Du Hamel les a-t-il publiées ?

— En 1666, il publia :
*Galatée,* ou l'Art de plaire dans la conversation, de M. de La Case, archevesque de Benevent. Traduction nouvelle. A Paris, en la boutique de Langelier, chez René Guignard, 1666 ; pet. in-12 de 226 p., plus 24 ff. d'Épître à Mgr de Nesmond, préface et table.

[Dans le *Privilége,* on lit : Il est permis au sieur Duhamel, l'un des aumosniers de Sa Majesté, de faire imprimer..... vn livre qu'il a traduit de l'italien en français, intitulé le *Galatée (sic),* de M. de La Gase *(sic).* ] G.
[Voir l'étude de M. Marie, ancien professeur au lycée de Caen, sur les *Trois Brébeuf.* — Caen, Le Blanc-Hardel. ]
[M. l'abbé Laffetay (*Hist. du dioc. de Bayeux,* t. I, p. 165), parle de Thomas Du Hamel, originaire de Vire, docteur en Sorbonne et directeur du séminaire de Bayeux ; — en note, M. Laffetay ajoute : Il était frère de J.-B. Duhamel, prieur de St-Lambert. Il lui avait succédé vers 1670, dans la dignité de chancelier à la cathédrale.]
[Le Père Martin (*Athenœ Normannorum*) attribue à tort le *Galatée* à Georges Du Hamel.]
(Notes communiquées par M. A. Gasté).

**DUHAMEL** ( Jean ), né à Vire, le     , professeur de philosophie, puis de rhétorique au collége des Grassins. Il a écrit, entre autres ouvrages, plusieurs pièces contre le Père Porée, jésuite; il fut aussi surnommé le Santeuil de la Normandie.

— *Agnoiœ amplissimœ, magnificentissimœque Oligomatum reginœ Panegyricus, cum versione gallica.* Parisiis, 1715 ; broch. in-12.

Cet ouvrage nous indique que l'auteur avait prononcé antérieurement une harangue latine sur l'*Éloquence.*

— *L'Art oratoire prétendu réformé,* ou petit Cathéchisme à l'usage du vénérable Pajore, 1716; in-12.

C'est une critique de l'Oraison funèbre de Louis XIV, prononcée par le Père Porée, jésuite, le 12 novembre 1715.

— *Pasquinade et différentes pièces de prose et de poésie latine et française,* concernant l'éloquence du grand P..... (Porée), à Strasbourg, en Auvergne, près de Maubeuge, en Dauphiné, chez Tranche-Poirée (Paris), 1716; in-12.

Ce recueil contient une Lettre de la Faculté asinienne, en faveur de S. Sommas (Le Masson), le plus affectionné valet des Jésuites, et différentes pièces contre le P. Porée.

Duhamel est aussi l'auteur d'une ode latine sur le *Cidre,* qui fut très-applaudie dans son temps ; il la traduisit peu de temps après en vers français ; 8 p. in-8°, sans lieu ni date. Voir le *Mercure de France,* avril 1712 et 1728.

— *Essais sur quelques odes d'Horace* ( 1734 ); in-12. Paris, J. Desaint.

—*Panégyrique de l'Ignorance;* in-12.

— Il donna, en 1720, une édition des *Œuvres* d'Horace, avec une interprétation latine et des notes sous ce titre : *Q. Horatii Flacci opera expurgata. Interpretatione ad verbum, variis Lectionibus ac Notis illustravit Joannes Du Hamel,* etc. Parisiis, apud Bardou fratres, 1720 et 1721 ; 2 vol. in-12. Réimp. en 1730 et 1762 ; 668 p. in-12.      **M.**

**DUHAMEL** (Dom François-Michel), né à Vire, religieux bénédictin à l'abbaye de St-Sever ; il revisa l'ancienne légende de la Vie de saint Sever sur d'anciens manuscrits, et ajouta à l'office du Saint de nouvelles hymnes.

[Manus. Chalmé, de Vire.]

*In festo santi patris nostri Severi ad primas Vesperas.*
Viriæ ex typographia Jonnis de Cesne, 1677 ; 52 p. in-8°.      **BV.**

— 2° édit., *Festum S. Severi episcopi et confessoris.*
Broch. in-12, imp. à Vire chez J. de Cesne, 1704, 31 p.

— *La Vie de saint Sever,* évêque d'Avranches et titulaire de l'abbaye qui porte ce nom.
Traduite en français par Duhamel, religieux de la même abbaye ; 1 vol. in-12, 1704. Caen, Guil.-Richard Poisson, imp.      [Manus. Chalmé.]

D'après les *Étrennes Viroises* pour 1793, p. 56, D. Duhamel se serait aussi distingué par de bonnes poésies.

[Il remporta deux prix au Palinod de Caen en 1682 et en 1685.]      [Note d'A. Gasté.]

**DUMONT** (D.), né à St-Germain-de-Tallevende ou bien à Vire, en 1681, [suivant le *Moreri des Normands* et le Manus. Chalmé.]

On connaît de lui quelques pièces de vers couronnées à Rouen et dont voici le titre :

— *Ballade de la Rose,* 1727.

— Épigramme latine *sur le Laurier,* 1731.

— *Ballade sur Job,* et *Ode française sur Suzanne,* 1732.

— Il a aussi fait quelques pièces de vers latins.

Rouen. *Epigramma latinum, quod Stellam meruit,* 1731.

*Ode* (sur Suzanne), qui a remporté le miroir d'argent, 1732.

*Ballade* (sur Job), qui a remporté la rose, 1732.

(Note communiquée par M. A. Gasté).

**DUMONT** (L.-Philippe), né à Bernières-le-Patry, le 17 mort au même lieu, le membre de la Convention nationale, fut ensuite receveur général du Calvados.

On trouve dans la collection du *Moniteur universel* divers rapports faits à la Convention, dont quelques-uns ont été imprimés à part pour être envoyés dans les départements ; nous mentionnons les suivants :

L.-Ph. Dumont, député...., opinant sur cette question : « Quelle peine infligera-t-on à Louis XVI, ci-devant roi des Français ? » 4 p. in-8°. Imp. nationale, tiré à part par ordre de la Conv. nat., 1793.      **M.**

— *Rapport* à la Convention sur l'as-

sassinat de Pierre Bonnière de Vassy, contenant un récit par Bonnière fils.
Séance du 10 vendemière, an IV. BV. M.

— *Défense du sieur Dumont*, ex-receveur général du département du Calvados, contre le sieur Loisilière; 23 p. in-4°. Caen, Leroy, 1810. Affaire Aumont, cause de ma ruine; 9 p.     M.

— *Observations pour le sieur Dumont*, ex-receveur général, contre Loisilière; 11 p. in-4°. Caen, Leroy, 1810.     M.

— *Réplique du sieur Dumont*, ex-receveur général, au sieur Loisilière, payeur de la 14e div. militaire; 14 p. in-4°. Caen, Leroy, 1810.     M.

Il existe aussi un même nombre de répliques du sieur Loisilière, payeur.

**DE SAFFRAY** (Mme la marq. BLANCHE), sa fille, née à Caen, est auteur de plusieurs recueils de poésies dont voici les titres :

— *Les Origines de Paris;* 1 vol. in-12, 1860.

— *Contes et Bluettes;* 1 vol. in-12, 1864.

— *Les Grecs.* — *La légende du Mont-Liban;* broch. in-12, 1870.

— *La Colonne;* broch. in-12, sans date (1872).
Le tout imp. à Paris, chez Hennuyer.

**DUMONT-D'URVILLE** ( JULES-SÉ-BASTIEN-CÉSAR ), né le 23 mai 1790, à Condé-sur-Noireau, mort le 8 mai 1842, à Meudon, dans l'affreuse catastrophe du chemin de fer de Versailles ( rive gauche), contre-amiral de France, navigateur intrépide, savant naturaliste ayant rapporté de ses voyages d'immenses collections dont se sont enrichis nos musées. Les sciences géographiques lui doivent également une grande quantité d'observations et de découvertes; après chaque voyage, ses nombreux mémoires, ses journaux d'observations, ses collections de toutes sortes déposés à l'Académie des Sciences occupaient toutes les sections de cette Assemblée; les *Annales des Sociétés savantes* contiennent un grand nombre de mémoires soit de lui, soit sur ses divers travaux, soumis à l'appréciation des commissions.

Voici la liste de ses divers écrits que nous empruntons à M. Isidore Le Brun, son intime ami :

— 1° *Relation* de la campagne hydrographique de la *Chevrette* dans le Levant et la mer Noire, durant l'année 1820. Paris, 1821, in-8°; broch. de 43 p. (*Annales maritimes.* — *Journal des voyages*).

— 2° *Enumeratio plantarum quas in insulis Archipelagi*, aut littoribus *Ponti-Euxini*, annis 1819 et 1820, collegit atque detexit J. Dumont-d'Urville. Paris, 1822; in-8° de 135 p. (*Mém.* de la Soc. Linn. de Paris, t. I).

— 3° *Mémoire* sur la Nouvelle-Camini, 1822 (*Mém.* de la Soc. Linn. ).

— 4° *Notice* sur les galeries souterraines de l'île de Melos, 1822 (*Nouv. Annales des voyages*, t. XXVII).

— 5° *Note* sur les collections et les observations recueillies par M. d'Urville durant la campagne de la *Coquille*, 1825 (*Annales des sciences naturelles*).

— 6° *Flore des îles Malouines*. Paris, 1825 ; in-8° de 56 p. (*Mém.* de la Soc. Linn. ).

— 7° *De la distribution des fougères sur la surface du globe*. 1825 ; in-8° de 24 p. (*Annales des sciences naturelles*).

— 8° *Lettres* et *Rapports* officiels sur l'expédition de l'*Astrolabe*, 1827-1829 (dans le *Moniteur* et autres journaux).

— 9° *Rapport* sur le voyage de l'*Astrolabe*. Paris, 1829 ; in-8° de 63 p. (*Journ. des voyages*, mai. — *Nouv. Annales des voyages*. t. XII). Tiré à part à l'Imprimerie Royale, juin 1829 ; 48 p. in-8°.          **M.**

— 10° *Mémoire hydrographique* sur les îles Loyalty ; 1829.

— 11° L'*Astrolabe* à Vanikoro ; 1829 (*Bull.* de la Soc. de Géog., t. XII).

— 12° *Voyage* de la corvette l'*Astrolabe* pendant les années 1826-1829. Paris, 1830-1834 ; 24 vol. in-8°. — Atlas hydrographique, grand in-fol., et Atlas pittoresque gr. in-fol. de 8 cartes et 243 planches représentant diverses vues et costumes, etc., des naturels de l'Océanie (L'histoire du voyage, par M. J. Dumont-d'Urville ; 10 vol., deux éditions. — Philologie, par le Même ; 1 vol. — Hydrographie, Météorologie, etc., 4 parties ; in-4°).

— 13° *Rapport* sur le projet d'un voyage proposé par M. Buckingham, 1830 ; in-8° de 26 p. (*Bull.* de la Soc. de Géog., t. XIII).

— 14° *Rapport* sur le voyage du capitaine Beechey ; 1831 ; in-8° de 60 p. (*Bull.* de la Soc. de Géog., t. XV).

— 15° Du Tabou. — Épisode du voyage de l'*Astrolabe*. — Adieux de Charles X (*Revue des Deux-Mondes*, 1831 ; semestre 2°).

— 16° *Mémoire* sur les îles du Grand-Océan, sept rapports et notices de 1831 à 1834 (dans le *Bull.* de la Soc. de Géog.).

— 17° *Voyage pittoresque autour du Monde*, résumé général des voyages de découvertes. Paris, 1833-34 ; 2 vol. in-4°, ensemble de 1168 p., avec 142 pl. et cartes.

— 18° *Lettre sur les découvertes antarctiques*, trad. de l'anglais, 1837 (*Bull. de la Soc. de Géog.*).

— 19° Deux notes sur l'expédition de l'*Astrolabe* et de la *Zélée*. Toulon, 1837.

— 20° Rapports officiels sur les travaux de cette expédition, 183 -40 (dans le *Moniteur*, les journaux et recueils divers).

— 21° *Voyage au Pôle sud et dans l'Océanie*, exécuté par ordre du Roi pendant les années 1837-40. — Histoire du voyage, par M. Dumont-d'Urville. A son décès, le 3° volume était sous presse [ses journaux de voyages ont été trouvés incomplets.]

Ici s'arrête la liste de M. Isidore Le Brun.

— L'impression du *Voyage au Pôle sud et dans l'Océanie* a été continuée après la mort de Dumont-d'Urville ; il contient 23 volumes in-8°, plus 1 vol. d'atlas. Paris, 1842 à 1854.     **BV.**

Plusieurs écrivains ont publié des notices sur D. d'Urville. Ses grands ouvrages ont aussi donné lieu à des abrégés de relations de ses divers voyages.

Un concours fut ouvert par l'Acad. de Caen pour écrire l'éloge du contre-amiral Dumont-d'Urville. 14 éloges ont été présentés au Concours.

« Rapport sur le Concours ouvert pour l'éloge de Dumont-d'Urville, par M. Massot, avocat-général. (*Mém.* de l'Acad. de Caen, 1845.) **BV.**

« *Éloge de Dumont-d'Urville*, par M. Roberge, 1843; broch. in-8° de 56 p., inséré dans les *Mém.* de l'Acad. de Caen, 1845. **BV.**

« *Biographie du contre-amiral Dumont-d'Urville*, par Isidore Le Brun; broch. in-8°, 70 p., Caen. (Inséré dans l'*Ann. Normand*, 1843, et tiré à part.) **BV. M.**

« *Vie de Dumont-d'Urville*, par B. P. (Barette, prêtre); 42 p. in-8°. Caen, Voinez, 1843. **M.**

« Divers discours prononcés à l'occasion de l'érection de la statue de D.-d'Urville à Condé, par MM. Doyen, sous-préfet de l'arrondissement de Vire, — Alexandre Lamotte, maire de Condé, — Gustave de Pontécoulant, — Sarlatier-Demas, lieutenant de vaisseau, etc.; broch. in-8°.

« *Dumont-d'Urville*, par Aug. Robert. *France litt.*, t. XI et XII. **BV.**

« *Rapport* sur les voyages de M. d'Urville, capitaine de frégate, lu à la séance de l'Acad. des sciences et belles-lettres de Caen, le 19 avril 1828, par P.-A. Lair; 11 p. in-8°. (Ext. des *Mém.* de l'Acad. de Caen.)

« *Cantate* à Dumont-d'Urville, par l'abbé Madeline, curé de Pontécoulant. Condé, Auger, imp.; 3 p. in-8°, 1844.

« *Lettre* du comte de Chambord à M. Alexandre de La Motte, maire de Condé, 1843, publiée dans divers journaux et recueils, et tirée à part. **M.**

**DU PERRON** ( Jacques-Davy), né à St-Lo, le 25 novembre 1556; il mourut à Paris, le 5 septembre 1618.

Julien-Davy Du Perron, son père, médecin, vint à Vire s'établir comme ministre protestant; c'est dans cette ville que Jacques Du Perron passa son enfance et fit une partie de son éducation; ceci se trouve consigné dans le manuscrit Le Coq (Bibl. de Vire). Jean Du Perron, son frère, plus jeune de neuf années, est né à Vire.

**DU PERRON** (Jean), né à Vire en 1565, frère du cardinal, devint son coadjuteur et fut nommé archevêque de Sens après la mort de son frère; il mourut à Montauban, le 23 octobre 1621. Nous avons de lui:

— *Apologie povr les Pères Jésuites*; 1 vol. in-8°. Paris, Antoine Estienne, 1614; 93 p., plus 10 p., titre et épître au Roi. **M. L.**

Dans cet ouvrage il défend les Jésuites et demande qu'il soient de nouveau autorisés à rentrer en possession des écoles. Traduit en latin en 1615.

Il édita en 1620, l'ouvrage de son frère, intitulé : *Réplique à la réponse du Sérénissime roy de la Grande-Bretagne*; 1 vol. in-f°. Paris, A. Estienne, 1620; 2e édit., 1612; 3e édit., 1629.

Voir la *Vie du card. Du Perron*, par Burigny, p. 276, et *Moréri*.

[Bautru dit qu'il fut surnommé Lysique et publia contre lui : « *L'Ambigu*, pièce en vers, sans lieu ni date; 8 p. in-8°.]

**DURAND** ( Edouard - Michel - Alci-

BIADE)', né à Vire, le 4 juillet 1802, mort en avril 1852.

Il avait été gérant de la *Nouvelle Minerve*, revue politique et littéraire.

— *L'Equinoxe*, poème avec une épître dédicatoire à Timon, première partie en cinq chants, avec un épilogue.
Broch. in-8°, 1848. Paris, Dentu, 40 p.
[Un exemp. offert à la Bibl. de Vire par l'auteur.]                M.

— La 2ᵉ partie n'existe probablement pas, ou du moins l'épilogue imp. à part en tient lieu.                BV. M.

— *L'Assistance* (fragment de l'équinoxe), 3ᵉ partie.
Broch. in-8°, 16 p. de poésie. Paris, Dentu, 1850.                BV. M.

Il a laissé inédite une pièce de théâtre, intitulée : *Marcel*, prévôt des marchands. Tableaux historiques du XIVᵉ siècle.
Pièce en vers, composée vers 1832 ; elle contient plus de 90 p. in-8°, 5 tableaux et un épilogue.
                [M. Herel]. M.

Son frère fut un des rédacteurs du *Journal du Commerce* avant 1848.

**DURAND** (JEAN), né à Vire, le 14 mai 1636, fils de Michel Durand, greffier vicomtal, et de Marie Morin ; fut reçu oratorien à l'âge de 18 ans et se rendit célèbre par ses prédications. Nous connaissons de cet auteur :

— *Les caractères des Saints pour tous les jours de l'année*, composés par M. Durand, prêtre, docteur en théologie. Seconde édition.

A Rouen, chez Eustache Viret, imp. ordinaire du Roy, dans la cour du Palais. MDCLXXXIV, avec approb. et priv.

C'est un in-12 divisé en deux parties.

La 1ʳᵉ partie contient une Dédicace à Mgr le duc de Saint-Agnan, pair de France, chevalier des ordres du Roy, premier gentilhomme de la chambre de Sa Majesté, etc.

Deux approbations : la première, du 13 septembre 1676 ; la deuxième, du 22 septembre 1676.

Le privilége porte la date du 30 janvier 1678 ; au bas du privilége on lit : Achevé d'imprimer pour la première fois en vertu desdites lettres, le 16 août 1679.

24 p. de titre, épître, avertissement, table, approb. et priv. Cette 1ʳᵉ partie contient en outre 336 p. de texte.

La 2ᵉ partie a une nouvelle Dédicace à M. Sallet, seigneur et patron de Quilly, Saincteaux, Cauvicourt, Bretheville-sur-Laize et autres lieux, conseiller du Roy en ses Conseils d'Estat et Privé, et en sa grand'chambre de Parlement de Normandie, et vicaire-général de Mgr l'Archevêque de Rouen.

12 p. de titre, dédicace et avertissements.

191 p. de texte.

[Un exemplaire à M. A. Gasté, un autre à M. L.— Nous n'avons jamais pu rencontrer la première édition, qui doit avoir été imp. en 1679, suivant le privilége indiqué ci-dessus.]

Ce même ouvrage a été traduit en

italien par le Père Antoine Pirazelly, jacobin de Ferrare.

— *Panégyrique d'Anne d'Autriche*, imp. à Lyon; in-4°. Une autre éd. in-12; Lyon, 1667.

— *Conciones ad festivas dies sanctorum* [Voir le *Moréri des Normands*].

Dans l'avertissement de la première partie, l'auteur promettait de publier douze volumes de Panégyriques et Sermons sur tous les saints de l'année, volumes que, disait-il, il tenait tout prêts et dont le livre ci-dessus était une sorte d'abrégé à l'usage des prédicateurs.

**DUVAL** (Louis), né à Vire, le 19 décembre 1819.

— Sa thèse pour le doctorat :
*De la Bière joubarbée et de son emploi unique dans le traitement de l'angine couenneuse comme médicament spécialement curatif.*
Broch. gr. in-8°. Paris, typ. Walder, 1872; 48 p.                    M. L.

**ENGUEHARD** (André), né à Vire, en 1653; mort à Paris, le 1er février 1710. Docteur et professeur de médecine au Collége royal. Il soutint ses thèses, en 1676 et 1677, sur les sujets suivants :

— *An melancholicis animi motus vehementiores?* etc., et soutint l'affirmative.

L'autre thèse sur le sujet suivant :
— *An causariorum dolores imminentes aëris mutationes denuntiant?*

Pour le doctorat, il soutint cette thèse le 31 juin 1678 :
— *An omnes a calore morbi geniti?*

Il a laissé quelques volumes manuscrits de ses cours du Collége royal.

Il eut aussi un fils nommé Jean-Baptiste, qui suivi la carrière de son père et devint associé de l'Académie des sciences en 1709; il mourut en 1716, âgé de 35 ans.

[Manuscrits Asselin et Lefranc].

**ENGUERRAND-SIGNARD**, de Condé-sur-Noireau.

Nous ignorons l'époque de sa naissance. — Il serait mort le 22 mars 1485, selon J. Lange, dans ses *Éphémérides*.

Il fut confesseur de Charles, duc de Bourgogne, qui le nomma à l'évêché d'Auxerre en 1483; il ne la gouverna que deux ans (1486).

[Voir les *Origines de Caen*, de Huet, et les *Éphémérides Normandes*].

**ESNAULT**                , né à            , ancien moine avant la Révolution; il fut ensuite médecin-vétérinaire à Vire.

— *Mémoire sur une épizootie régnante dans l'herbage de Neuville, près Vire.*                    M.

Lu à la Société d'Émulation de Vire, 180 , ainsi qu'à la Soc. d'Agriculture de Caen.
T. I des *Mém.* de cette Soc.

**FAUCON** (Jacques-François), né à St-Georges-d'Aunay, le            1819, mort à Bayeux, le 30 mars 1876, prêtre, curé de St-Vigor-le-Grand, près Bayeux.

— *Essai historique sur la châtellenie de St-Georges-d'Aunay.*

4

1 vol. in-8°. Caen, Hardel, 1845; 35 p. BV. M.

— *Notice biographique sur M. l'abbé Dumont*, missionnaire apostolique des missions étrangères, prêtre du diocèse de Bayeux.

1 vol. in-8°. Bayeux, A. Delarue, 1858; 54 p. BV. M.

[L'abbé Dumont était né à St-Georges-d'Aunay].

— *Essai historique sur le prieuré de St-Vigor-le-Grand (près Bayeux)*.

1 vol. in-8° avec 8 gravures dans le texte. Bayeux, A. Delarue, 1861; 249 p. Le Gost-Clérisse, éd., Caen. BV. M.

Cet ouvrage a donné lieu à quelques observations de M. l'abbé Do, auxquelles M. Faucon a répondu. Voir le *Bull.* de la Soc. des Antiq., t. II, 1862-63, p. 47 et suiv., 177 et suiv. BV. M.

— *Notice sur Vic.-R. Pascal*, en religion sœur Marie de l'Incarnation, bénédictine.

Insérée dans la *Semaine religieuse* de Bayeux et dans celle de Coutances. Nov. 1865.

— *Intérieur d'un château normand au XIX° siècle*.

1 vol. in-8°. Bayeux, imp. de Grobon et O. Payan, éd. Le Gost-Clérisse, 1874; 150 p., plus 24 p. titre et préface. M.

C'est l'histoire de la maison de Broglie et de Moges, de St-Georges-d'Aunay. BV.

Un grand nombre de fragments de cet ouvrage avaient déjà été publiés dans la *Semaine religieuse* de Bayeux.

M. l'abbé Faucon a encore publié dans la *Semaine religieuse* de Bayeux les articles suivants :

**1868. 4° année.**

— *L'abbé Edgeworth.* — Son séjour à Bayeux, à Vierville et à Gueron. N° 3, 19 janvier.

— *L'abbé Edgeworth et la fille de Louis XVI.* N° 5, 2 février.

— *Trois Princesses de la Maison de Broglie*, ou la vie chrétienne au château de St-Georges-d'Aunay. N° 45, 8 novembre; 10 p.

**1869. 5° année.**

— *Le Père Jean de Brébeuf*, missionnaire et martyr de la foi. N° 30, 25 juillet; 5 p.

— *Monseigneur Guerard*, évêque de Castorie. N° 37, 12 septembre; 6 pages.

**FAUVEL** (JACQUES-THÉODORE), né à St-Germain-de-Tallevende, le 21 juillet 1833, avocat à la Cour d'appel de Paris, rédacteur du Journal l'*Écho de l'Yonne*, à Auxerre, 1875.

— *De la création d'une chambre-haute, de la réforme du suffrage universel et de la présidence à vie.*

Broch. in-8°. Paris, Dentu, éditeur, imp. Balitout, 29 sept. 1872; 23 p. Deux éditions portant même date. M.

— *Des attributions du Président à vie dans la République française.*

Broch. in-8°. Paris, Dentu, éditeur, imp. Balitout, déc. 1872; 26 p. M.

— *Du pétitionnement pour l'élection de M. Thiers à la présidence à vie.*

2 p. in-4°. Paris, 7 fév. 1873. M.

— *De la promulgation des lois et décrets*. Commentaire du décret des 5-11 novembre 1870.

Broch. in-8°. Paris, Arnous de Rivière et Cⁱᵉ, 1873; 36 p.                    **M.**

Extrait de la *Revue critique de Législation et Jurisprudence*, t. II et III.

— *Les grands Jurisconsultes*. Examen critique d'un ouvrage de M. Rodière.

Inséré dans le *Correspondant* de mars 1874, p. 1314 et suiv.          **M.L.**


**FÉDÉRIQUE** (Auguste-Joseph), né à Vire, le 19 janvier 1793, mort le 8 septembre 1866, ancien régent de l'Université.

— *Guillaume le Conquérant*. Pièce de vers.

Insérée dans les *Olympiades*, 1858, ainsi que dans l'*Annuaire Virois*.

— *Rien ne dure ici-bas*. Pièce de vers.

Insérée dans le *Journal de Montreuil*, 2 mai 1867.

Il a laissé inédite une traduction en vers français de la foire d'Etouvy de Lalleman. (Voir ce nom.)

[*Notice* sur A.-J. Fédérique, par E. Legrain, lue à la Société d'Émulation de Vire, 1867. Archives de la Société].


**FÉDÉRIQUE** (Charles-Antoine), né à Vire, avocat, conservateur de la Bibliothèque de Vire.

— *Mémoire sur la grosse cloche de l'horloge de Vire*.

*Bull.* de la Soc. des Antiq. de Norm., 2ᵉ année, 1865.

— Autre Mémoire intitulé : *Cloches de Vire antérieures à 1790*.

Tome IIᵉ des mêmes Mémoires.

— *Notice sur la Bibliothèque et le Musée de Vire*.

*Annuaire Virois*, 1865. Tiré à part; 8 p.

— *Notice sur l'église Notre-Dame de Vire*.

*Ann. Virois*. Tiré à part; 8 p.
                         **BV. M.**

— *Lettre* à M. Charma sur la découverte à Vaudry et à Vire d'objets celtiques et gallo-romains.

*Bull.* de la Soc. des Antiq. de Norm., t. IV, année 1866-67.

— *Lettre* à M. Charma donnant la description d'un vase et d'une bassine en bronze trouvés à Campeaux.

*Bull.* de la Soc. des Antiq. de Norm., t. V, année 1868-69, p. 232.

— *Réunion électorale de Vire*. 7 août 1874.

A l'occasion de l'élection d'un député à l'Assemblée nationale; 3 p. in-8°. Vire.                    **M.**


**FLAUST** (Jean-Baptiste), né à Vire, le 17 janvier 1711 et non en 1708, comme on le trouve indiqué presque partout, mort à St-Sever, le 21 mai 1783.

Avocat au Parlement de Rouen, syndic perpétuel du collége de MM. les Avocats en la Cour des comptes, aides et finances de Normandie. Son père, Georges Flaust, était procureur au bailliage de Vire.

*— Explication de la Coutume et de la Jurisprudence de Normandie dans un ordre simple et facile.*

2 vol. in-f°. Rouen, chez l'auteur, 1781. Imp. Oursel.

*— Caen et Rouen en 1785.* Le titre seul a été changé après la mort de Flaust. BV. M.

Le 1er volume contient les Successions et les Testaments; 900 p.

Le 2e les Hypothèques, Droits féodaux, Prescriptions et Servitudes; 978 p.

Il passa plus de 40 années de sa vie à composer cet ouvrage encore très-estimé.

Il publia, en 1780, un prospectus de cet ouvrage; 3 p. in-4°.

**FLAUST** (Pierre-Marie-Jean-Baptiste), fils du précédent, fut lieutenant-général au bailliage de Vire. Né à Rouen en 1762, député à l'Assemblée nationale de 1789.

**FLOTARD** (J.-C.), né à Vire, le 1797, mort à Paris, le 27 février 1872.

Fut l'un des fondateurs de la Charbonnerie en France sous la Restauration; secrétaire général de la préfecture de la Seine en 1848 et 49.

Flotard publia, de 1823 à 1830, quelques pièces de vers adressées au Roi et aux princes d'alors, qui furent malicieusement reproduites par le journal La Presse, en 1848.

*— Une nuit d'Étudiants en 1830.* Opuscule.

*— De la Garde nationale considérée comme moyen d'ordre public et de puissance militaire*, exposé de quelques détails sur l'organisation de cette partie de la force publique.

Broch. in-8°. Paris, imp. David, 1830; 36 p. M.

*Continuation de l'histoire de la Révolution française de J.-A. Dulaure, depuis 1814.*

Paris, Librairie historique, 1834-35, t. I et II, in-8°, fig.

Cette continuation devait contenir 6 vol. Flotard n'a fait que les deux premiers.

*— Li et Lé ou L's amants fâchés*, romance viroise dialoguée par un Revirois; 4 p. in-18. Vire, Barbot, 7 fév. 1859.

Le *Dict. de la conversation* nous apprend qu'il avait commencé aussi une Histoire de la Charbonnerie.

**FORTIN** (Robert), de St-Sever (XVIe siècle), a fait quelques poésies. Nous ne connaissons que la pièce suivante :

*— Épître en vers.* En tête d'un des ouvrages de Des Rues, de Villedieu.

**FRASSEN** (Claude), religieux de l'Observance de saint François.

Servien, dans sa *Normandie littéraire*, nous dit que Cl. Frassen est originaire de Vire (Voir t. II, p. 280, de son *Hist. de Rouen*). Chalmé aussi, dans son *Manuscrit*, p. 366. Nos recherches n'ont pu nous fournir de renseignements à ce sujet; les actes de naissances de Vire de l'époque où quelques biographes le font naître (1620) ne contiennent point ce nom.

On trouve en tête d'un de ses ouvrages : Cl. Frassin, *Minor Peronensis*, etc. Moréri et, après lui, la Biographie de Michaud le font naître aux environs de Péronne en Picardie; il serait mort à Paris en 1711 (21 fév.).

— Il a écrit différents ouvrages : « *Disquisitiones Biblicæ;* 2 vol. in-4°. Rouen, 1705. — *Une Philosophie*, 4 vol. in-f°, et divers autres ouvrages de piété. — Une traduction des lettres de saint Paulin, etc.

[Une grande partie de ses ouvrages se trouve à la Bibl. de Vire].

[Voir *Mém.* de D. Huet, trad. de Nisard].

**GASTÉ** (ARMAND-ÉDOUARD), né à Vire, le 13 janvier 1838, professeur agrégé des classes supérieures, docteur ès lettres.

— *Les Noëls Virois par Jean Le Houx, publiés pour la première fois d'après le manuscrit de la Bibliothèque de Caen, avec une Introduction et des Notes.*
1 vol. in-18 jésus. Caen, typ. Goussiaume de Laporte (Le Gost-Clérisse, édit.), 1862; 74 p., plus 18 id. d'introduction. BV. M.

— *Étude sur Olivier Basselin et les Compagnons du Vau-de-Vire, leur rôle pendant les guerres anglaises et leurs chansons.*
1 vol. in-18 jésus. Caen, typ. F. Le Blanc-Hardel (Le Gost-Clérisse, édit.), 1866; 36 p. BV. M.

— *Chansons normandes du XV<sup>e</sup> siècle, publiées pour la première fois sur les manuscrits de Bayeux et de Vire, avec Notes et Introduction.*

1 vol. in-18 jésus. Caen, typ. Le Blanc-Hardel (Le Gost, édit.), 1866. Introduction, 43 pages. — Chansons et Table, 146 p. — Manuscrit de Vire, 28 p. BV. M.

— *De l'Éducation des Filles, dans Fénelon, M<sup>me</sup> de Maintenon et J.-J. Rousseau.*
Inséré dans l'*Union de la Sarthe,* n<sup>os</sup> des 17, 19, 21 et 26 décembre 1867, sous la signature A. E. M.

— *Un Médecin virois en 1610. — Sonnet de Courval. — Étude sur la satire contre les Charlatans.*
*Journal de Vire*, 1869, et *Bulletin* de la Société d'Agriculture, Sciences et Arts de la Sarthe, 1871.

— *Épellation et Étymologie. Réponse à M. le baron Clouet.*
Inséré dans le *Bull.* de la Société d'Agriculture, etc., de la Sarthe; 1<sup>er</sup> et 2<sup>e</sup> trim. 1871.

M. A. Gasté, pour obtenir le grade de docteur ès lettres, a soutenu, en Sorbonne, les deux thèses suivantes :

— *De scoliis sive de convivalibus carminibus apud Græcos.*
1 vol. gr. in-8°. Caen, Le Blanc-Hardel, et Paris, Thorin, 1873; 107 p. BV. M.

— *Étude critique et historique sur Jean Le Houx et le Vau de Vire à la fin du XVI<sup>e</sup> siècle.*
Thèse pour le doctorat, présentée à la Faculté des Lettres de Paris, par Armand Gasté.
1 vol. in-8°. Caen, Le Blanc-Hardel, 1874; 237 p., avec un portrait à l'eauforte de Valentin; représentant Jean Le

Houx, tiré de la collection de M. Morin-Lavallée, plus deux *fac-simile* de l'écriture du poëte.

Le deuxième tirage de l'ouvrage ci-dessus porte le titre de : *Jean Le Houx et le Vau de Vire à la fin du XVI° siècle, étude critique et historique*, 1875, avec une page d'*errata;* 250 exempl. Paris, Thorin; Caen, Vᵉ Le Gost-Clérisse.

— *Les Vaux de Vire de Jean Le Houx, publiés pour la pramière fois sur le manuscrit autographe du poète, avec une Introduction et des Notes*, par Armand Gasté.

1 vol. in-12. Paris, J. Claye; achevé d'impr. le 12 nov. 1874. Titre et Introduction, 28 p. — Chansons du Vau de Vire, 159 p. — Notes et Variantes, 104 p.—Tables de correspondances, 5 p. ML. BV.
Une grande partie de ces *Vaux-de-Vire* avaient jusqu'ici été publiés sous le nom d'Olivier Basselin.

Cette édition des *Vaux-de-Vire*, de Jean Le Houx, a été traduite en vers anglais par M. J.-P. Muirhead et publiée à Londres (1875); 1 vol. grand in-8° sur papier vergé de Hollande; 73 pages d'introduction et 263 pages de texte, orné d'un portrait gravé sur acier de Jean Lehoux, par J. Richardson-Jackson, d'après une miniature appartenant à M. Morin-Lavallée; plus 6 gravures sur bois représentant diverses vues de Vire, dessinées par M. Lionel Muirhead, fils du traducteur. En voici le titre : « The Vaux-de-Vire of maistre Jean Lehoux, advocate of Vire. Edited and translated by James Patrick Muirhead M. A. » (Un exempl. à M. A. Gasté et BV.).
Les nᵒˢ 17, 19 et 20 du *Journal de Vire* de 1876 contiennent une traduction, par M. A. Gasté, d'un article sur les Vaux-de-Vire, tiré du *Saturday Review*.

— *R.-R. Castel, procureur-syndic du Directoire du District de Vire* (1790-1791). Caen, Le Blanc-Hardel, 1875. Voir à l'article *R.-R. Castel.*

— *Discours prononcé par M. Armand Gasté, docteur ès lettres, professeur de rhétorique au Lycée de Caen, le 9 août 1875.*
Broch. in-18. Caen, imp. E. Valin, 1875; 19 p. ML.
Publié dans le *Journal de Caen* et le *Moniteur du Calvados*, août 1875.

— *Les frères Le Chevallier d'Aigneaux.*
Broch. gr. in-8°. Caen, Le Blanc-Hardel, 1876; 41 p.
Extrait des *Mémoires* de l'Acad. nat. des Sciences, Arts et Belles-Lettres de Caen, avec titre dessiné et gravé par l'auteur. M.

— *Discours pour l'inauguration du buste de Chênedollé.* Vire, Adam fils, 1869. BV.

*Pierre Vengeons*, recteur de l'Université de Caen et auteur de l'office et des hymnes de saint Exupère. Broch. in-8°. Caen, Le Blanc-Hardel, 1878; 33 p. Extrait des *Mém.* de l'Ac. de Caen (tiré à 100 ex.).

— *Poésies de Éléazar de Chandeville*, neveu de Malherbe, publiées d'après l'édition originale de 1639. Caen, Le Blanc-Hardel, 1868; petit in-4°, papier vergé de Hollande, texte encadré de filets rouges, 16 p. d'*Introd.*; 39 p. de texte (150 ex.).

GOSSELIN (JEAN), né à Vire, de 1504 à 1515?

Mathématicien , philosophe et linguiste, nous dit La Croix du Maine ; il fut bibliothécaire des rois Charles IX et Henri III, et a dû succéder de très-près à Guillaume Postel de Barenton qui était, lui, bibliothécaire de François Ier.

J. Gosselin est mort en 1604 (voir le journal de P. de l'Étoile) ; il était parent de Guillaume Gosselin, de Caen, qui lui-même, selon quelques traditions, était originaire des environs de Vire.

— *Éphémérides* ou *Almanach du jour et de la nuit pour 100 ans*.
1 vol. in-4°. Paris, Guillaume Chaudière, 1571.

— *La Main harmonique* ou *Les principes de Musique antique et moderne et les propriétés que la moderne reçoit des sept planètes*.
1 feuille in-f°. Paris, 1571.

— *Historia imaginum cœlestium nostro sæculo accommodata in qua earum vicinitates seu habitudines inter se atque stellarum fixarumque situs et magnitudines explicantur*.
Paris, Ægid. Beys, 1577 ; in-4°.

— *Table de la réformation de l'année 1582*. [Voir La Croix du Maine].

— « *Kalandrier grégorien perpétuel*, traduit du latin.
A Paris, chez Pierre Le Voirrier, imp. du Roy pour Jean Gosselin, garde de la Librairie de Sa Majesté.
Paris, 1 vol. in-4°, 32 feuilles non chiffrées , 1583.
[*Manuel* de Brunet].

— *La signification de l'ancien jeu des cartes pythagoriennes*.
Paris, in-8°, 1582.

— *Discours de la dignité et excellence des fleurs-de-lys et des armes des rois de France*, par J. Gosselin, garde de la Librairie des rois Charles IX et Henry III.
1 vol. in-8°. Melun, 1593. — Tours, Métayer, 1593.—Nantes, 1615. Le même discours est imprimé dans Bouchel, p. 229 de la *Bibl. du droit français*.
[ Quelques biographes attribuent à tort ce discours à Henry Lainé].

J. Gosselin ayant été, dit Lacroix du Maine, le professeur de musique de Martin Basannier, parisien, ce dernier édita, vers 1582 et 1583, quelques ouvrages qui portaient le même nom que ceux de Gosselin, tels que les *Éphémérides perpétuelles du jour et de la nuit*, réformées depuis l'an de correction 1582, et les *Secrets théoriques et pratiques de la musique*, etc.

**GOSSELIN** (NICOLAS), né à Pontfarcy, au bourg. — Fameux mathématicien, fut choisi par Grégoire XIII pour travailler à la réformation du Calendrier appelé depuis *Grégorien*. Henri IV le fit bibliothécaire du collége de Clermont lors de l'expulsion des Jésuites. Il mourut à l'âge de 80 ans.
[ Manuscrit de M. E. Crespin ].

**GOSSELIN** ( ).

— *Stances à l'occasion de la cérémonie funèbre célébrée à Vire en mémoire de Louis XVI et de son auguste Famille*.
3 p. in-8°. Vire, Adam, 1814. BV.

— *Traduction amplifiée de la foire d'Étouvy*, etc.
Le second titre porte : Traduction en

vers français (vaudevilles et déclamations) du poème latin de M. Lalleman ayant pour titre : *Ituvienses nundinæ* (la foire d'Étouvy), avec le texte latin, suivie de poésies fugitives. Par le traducteur G.

1 vol. in-8°. Vire, Adam fils, imp., 1841 ; 52 p.          BV. M.G.

A la suite de cette traduction se trouvent quatre petites pièces de poésies, dont voici les titres : — *L'Oreiller.* — *Le Bûcheron* — *Le Dindon.* — *Adieux à ma Redingote bleue,* déjà publiée en 1840.

**GOURGEON** (Gédéon), médecin à Condé-sur-Noireau.

— *Glossaire du langage de Condé-sur-Noireau.*

1 vol. in-8°. Caen, 1830.

— *Traduction de la foire d'Étouvy,* de Lalleman, publiée dans le journal *L'Hebdomadaire de Vire* en fév. 1849.

**GOUTARD**, curé de Neuville.

Il a fait don de sa bibliothèque aux Cordeliers de Vire, à la condition que le public en jouirait : c'est là l'origine première de la bibliothèque de Vire. Les officiers du bailliage de Vire donnèrent aussi leur bibliothèque, de même que Th. Pichon.

**GROUCHY** (Emmanuel comte de), maréchal de France, né à Paris en 1766, mort au même lieu le 5 juin 1847.

La famille du maréchal était originaire du pays de Caux ; sous le Directoire, le général Grouchy acheta quelques bois qui se trouvent situés sur la commune de **La Ferrière-du-Val**, près d'Aunay ; il résolut de créer là un château d'habitation auprès de ses premiers compagnons d'armes, car il avait été appelé à commander le bataillon des volontaires d'Aunay au commencement de la Révolution. A son retour d'Amérique où il avait été expatrié, à la chute de l'Empire, il revint, lui et sa famille, habiter ce lieu d'une manière permanente.

[Voir dans les *Mémoires* de son petit-fils une lettre d'appréciation sur son château de La Ferrière.]

Nous connaissons du maréchal Grouchy les publications suivantes :

— *Observations sur la relation de la campagne de 1815,* publiée par le général Gourgaud, et *Réfutation de quelques-unes des assertions d'autres écrits relatifs à la bataille de Waterloo,* par le maréchal Grouchy.

1 vol. in-8° ; 68 p. et 2 cartes. Philadelphie, imp. J.-F. Hurtel, 1818.

Réimprimé à Paris en 1819 ; in-8°. M.

— *Réfutation de quelques articles des Mémoires du duc de Rovigo,* par M. le marquis de Grouchy, 1re lettre.

(Le marquis de Grouchy, nommé maréchal en 1815, ne fut reconnu sous ce titre qu'après la Révolution de 1830.)

Paris, F. Didot, 15 mars 1829 ; broch. in-8°, 15 p.          BV. M.

— *Fragments historiques relatifs à la campagne de 1815 et à la bataille de Waterloo,* par le général Grouchy.

— *Lettre à MM. Méry et Barthélemy.* Broch. in-8° ; 26 p. F. Didot, 20 novembre 1829.          BV. M.

— *Fragments historiques relatifs à la campagne de 1815 et à la bataille de Waterloo.* — *De l'influence que peuvent avoir sur l'opinion les documents publiés par M. le comte Gérard.*

Broch. in-8°; 66 p. Paris, F. Didot frères  20 novembre 1829.    BV.

C'était une réponse à une première brochure publiée par le général comte Gérard. Une seconde réponse aux fragments ci-dessus a été publiée sous ce titre : « *Dernières observations sur les opérations de l'aile droite de l'armée française à la bataille de Waterloo*, par le général Gérard »; broch. in-8°. Paris, H. Fournier, 1830 ; 63 p., accomp. d'une carte.    M.

**GROUCHY** ( ADOLPHE-FRÉDÉRIC-EMMANUEL DE ), fils aîné du maréchal, né le 5 septembre 1789 à Condécourt (Seine-et-Oise ), mort le 21 août 1864, lieutenant-général, marquis et sénateur.

— *Le maréchal Grouchy, du 16 au 19 juin 1815,* avec documents historiques inédits et réfutations de M. Thiers.

1 vol. in-12; 227 p. et 1 carte. Paris, Dentu, 1864.    BV. M.

— *Le général de Grouchy et l'Irlande en 1796,* par feu le général de division sénateur Grouchy.

1 vol. in-12, 192 p. Paris, Fréd. Henry, 1866.    BV. M.

[Ouvrage posthume publié par son fils, le marquis de Grouchy].

— *Notice biographique* sur le général marquis de Grouchy, sénateur, par M. Hennet.

[*Ann.* Assoc. norm., 1865, p. 607].

**GROUCHY** (le marquis GEORGES DE), né à Paris              , petit-fils du maréchal, officier d'état-major.

— *Mémoires du maréchal de Grouchy.*

5 volumes in-8°. Paris, Jules Leclère et Comp., imp., et E. Dentu, éditeur; 1873-1874.    BV.

Le 1er vol. comprend la guerre de la Vendée et d'Irlande ; 488 p.

Le 2e vol., le commandement en Piémont, la campagne de 1798 en Italie, etc. ; 452 p.

Le 3e vol. comprend les guerres depuis la fin de 1808 au 16 juin 1815 ; 475 p.

Le 4e vol. contient les batailles de Ligny, des Quatre-Bras et Waterloo ; 520 p.

Le 5e vol. comprend depuis juillet 1815 jusqu'à l'époque de sa mort en 1847, et contient des détails sur sa proscription, son séjour en Amérique; polémique entre le maréchal Grouchy et le général Gérard, etc. ; 457 p.

Une note généalogique de la famille de Grouchy se trouve en tête du premier volume de cet ouvrage.

**GUÉRIN** (CHARLES-ANATOLE), né à Vire, le

— *Annuaire Virois* (2e année). Vire, Paul Mahias, 1868-69-70.

Dans cet Annuaire, la *Notice sur St-Sever et l'Hermitage*, et quelques mots sur Aunay et Richard Lenoir, sont d'A. Guérin.

**GUILBERT** (FÉLIX), de Vire.

—*Vers sur la mort de S. A. R. Mgr le duc de Berry.*

Petite pièce de vers latins, imp. à Caen.                                    BV.

## HALBOUT DE LA BECQUETIÈRE

(JEAN), né à Vire, le 25 juillet 1593, mort à Caen, le 6 août 1626 ; il se nommait en religion Frère Elzéar ; il avait épousé la belle et pieuse Anne Lefèvre de La Boderie, qui peu de temps après son mariage prit le voile au monastère de Villers-Canivet ; Jean Halbout, son mari, fonda de son côté le couvent des Capucins de Vire.

Sa vie a été écrite par Lechevalier (Joseph), religieux.

## HOUEL DUHAMEL, né à Vire, le mort en 17 .

— *Imp. Justiniani Institutionum Synopsis.*

1 vol. in-18. Cadomi, J.-C. Pyron, 1744.

2ᵉ Éd. en 1750 ; 246 p. in-12.    M.

Une autre édit. en 1768, chez le même imp.                                BV. M.

## HUARD, vicaire général à Metz, né à Vire, professeur de philosophie à Coutances, en 1750.

On a de lui une lettre à un astronome de Paris sur la chute d'un aérolithe tombé comme d'un volcan dans la paroisse de Nicorps, à une lieue de Coutances, le 11 octobre 1751.
[*Mercure de France* ; janvier 1752, p. 210. Voir le manuscrit Asselin].

## HUBIN DU BUISSON PALLIÈRE

(BERTRAND), né à Vire, mort en 1692 (?)

— *Esprit de la Coutume de Normandie, avec un Recueil de plusieurs Arrêts notables du même Parlement.*

1 vol. in-4°. Rouen, Maurry, 1691.

2ᵉ édit., 1701 ; 1 vol. in-4°. Rouen, Maurry, 189 p., plus 30 id. de table.
BV.

3ᵉ édit., augmentée d'édits, arrêts et règlements concernant les bénéficiers et les dîmes.

1 vol. in-4°. Rouen, J.-B. Besongne le fils, 1720.                     M.

4ᵉ édit. in-4°, en 1755.

Le libraire ajoute, dès la 2ᵉ édition, un recueil d'édits, arrêts, etc., pour les prêtres bénéficiers, etc.
[Voir Masseville, *Histoire de Normandie*, t. VI, p. 433.]

## HUE (AUGUSTE), né à Condé-sur-Noireau.

Ancien élève du Collège de Condé, lauréat des concours poétiques d'Évreux, Louviers, Limoges et Rouen.

— *Les échos de l'Ame.* Poésies.

1 vol. petit in-8°, 24 p. ; 1864. Condé-sur-Noireau, imp. de Vᵉ Barbé (E. Lenfant, succʳ désigné).        M.

Ce recueil, contenant dix pièces de vers, n'est, dit M. L. Hurel dans la préface, qu'un bien faible reflet de ses charmantes et gracieuses cantilènes, que les lecteurs du *Noireau* (journal) ont pu déjà lire et apprécier.

Rédacteur gérant de « La Condéenne », revue littéraire et philosophique, paraissant deux fois par mois, premier numéro en juillet 1864.

## HUET (PIERRE-DANIEL), né à Caen, le 16 février 1630 ; mort à Paris en 1721.

Ce savant écrivain fut abbé d'Aunay et évêque d'Avranches.

Si l'arrondissement de Vire ne l'a point vu naître, il s'honore du moins de l'avoir eu comme abbé d'Aunay depuis 1678 à 1689.

Huet nous apprend lui-même dans ses *Mémoires*, livre V, que c'est au milieu de cette délicieuse solitude, déjà illustrée par Bertaut, etc., qu'il composa ses ouvrages les plus sérieux et les plus importants ; il en donne ensuite la nomenclature ainsi que les motifs qui l'ont déterminé à entreprendre chacun d'eux.

Il nous entretient constamment du charme qu'il éprouvait quand il pouvait rentrer dans sa chère abbaye.

Voici la liste des ouvrages qu'il a composés étant à l'abbaye d'Aunay :

— *Alnetanæ quæstiones.*
1 vol. in-4°. Cadomi, apud Joannem Cavelier, 1690 ; 438 p., plus 24 p. de titre et table.

Un bel exemplaire ayant appartenu à l'auteur se trouve dans la bib. de M. Ch. Fédérique. Les questions d'Aunay ont été écrites pour essayer d'accorder *la Foi* et *la Raison* ; elles débutent par une sorte de dialogue entre Huet et J.-B. du Hamel, académicien, son ami.
2ᵉ édit. Leipzig et Paris, 1693, in-4°.
3ᵉ édit. Francfort et Leipzig, 1719, in-4°.   M.

— *Censura Philosophiæ Cartesianæ.*
1 vol. in-12. Parisiis, 1689, 2ᵉ édit., 1 vol. in-4°. Helmstadii, 1690, et 3 autres édit. in-12.

— *Traité de la situation du paradis terrestre*, Paris, 1691 ; in-12.
1 vol. in-12. Paris, J. Anisson, 1691 ; 240 p. et 44 p. table. Réimprimé en 1694, 1698, 1701, 1716.   M.

— *De navigationibus Salomonis.* Amsterdam, 1698 ; in-f°.

— *Les origines de la ville de Caen et des lieux circonvoisins.*
1 vol. in-8°. Rouen, Maurry imp., 1702 ; 652 p., plus 86 p. de tables.
2ᵉ édit. Rouen, 1706 ; in-8°, avec quelques additions.   M.

— *Notæ in anthologiam epigrammatum Græcorum*, 1700 ; in-12.

*L'Histoire du Commerce et de la Navigation des Anciens*, qui ne fut publiée qu'en 1716, 1 vol. in-12, était composée depuis longtemps. Quant aux publications qui précèdent son séjour à l'abbaye d'Aunay, elles sortent du cadre que nous nous sommes imposé.

Voir l'*Histoire de la Vie et des Ouvrages de Daniel Huet*, év. d'Avranches, par Joseph d'Avenel ; 1 vol. in-8° ; typ. d'Aug. Lebel, 1853.   M.

[M. de Gournay, membre de l'Académie de Caen, a publié une étude sur Huet, sous le titre suivant :
« Huet, évêque d'Avranches, sa vie et ses œuvres. »
*Mémoires* de l'Académie des sciences et belles-lettres de Caen, 1855, p. 318 à 396]. BV.

**HUREL** (NICOLAS-ARMAND), né à Vire, le 2 juin 1814, ancien maître de pension et précepteur, s'est fait publiciste et a écrit dans plusieurs journaux du département, parmi lesquels nous citerons : le *Colibri*, journal littéraire de Rouen, 1839 ; ensuite, dans le *Journal de Rouen*, quelques articles politiques.

Dans l'*Impartial* de la même ville, où il a publié « *L'habit à la Guizot* », pièce qui eut du succès.

De 1840 à 1850, dans l'*Industriel Elbeuvien* ; en 1847, dans la même ville, il collabora au *Conciliateur Normand*, supprimé au coup d'État de 1851, il publia quelques romans-feuilletons. Nous citerons : « *Jacques Bilhot* à la recherche d'un morceau de pain. »

Il publia, les années 1846 et 1847, le *Franc parleur de Normandie, almanach d'Évreux*, qui a repris depuis le titre d'*Almanach de l'Eure*. On trouve du même auteur, de 1841 à 1850, quelques articles dans le *Journal de l'Eure*.

Dans toutes ces publications périodiques, il a semé un assez grand nombre de pièces de vers et romances, dont quelques-unes ont été mises en musique. Nous citerons *La Violette*, musique de Blondel, et *Jésus*, musique de Luigi-Bordèze, qui ont eu du succès.

Nous avons encore du même auteur les brochures suivantes :

— *Monsieur Dupont de l'Eure, ou le Député comme il n'en est pas*, chant populaire. Elbeuf, Fournier, 1842 ; 14 p. M. L.

— *Au comte de Paris*, adresse d'un conseiller rural, chant populaire, 3 édit. Paris, Berquet, édit., imp. à Elbeuf. Fournier, 1842 ; 8 p. M.

— *Défense et droit de chanter du département de l'Eure*. Évreux, imp. Dubreuil, 1842 ; 40 p. M.

— *Réorganisation de la Confrérie de Charité de Brionne*. Évreux, Dubreuil, 1842 ; 16 p. M.

— *Les grelots de Momus*, par deux têtes dans le même bonnet. C'est un recueil de romances publié, en 1845, en collaboration avec l'un de ses amis.

— *La famille Bernard*, drame en cinq actes, précédé d'un prologue, en collaboration de M. Léon Lizot. Cette pièce a dû être jouée à Lille et à Roubaix vers 1847.

— *La pauvre mère et la grande dame*, drame en un acte, joué au théâtre de Bobino en 1847.

Il a encore collaboré à « la *Fauvette du Nord* avec M. Lizot, éditée à Roubaix.

Il est encore auteur de nombreuses pièces en tous genres, qui sont encore inédites.

**HYBERT** (Edmond), né à Condé-sur-Noireau, le 27 septembre 1611, mort à Rouen, le 29 janvier 1686. Religieux de l'ordre du Mont-Carmel ; son nom en religion était Pierre-Thomas de Sainte-Marie ; il fut professeur de théologie, etc.

— *Les délices de l'homme intérieur*, ou Exposition du Cantique des Cantiques, 1 vol. in-4° ; Rouen, 1653.

— *L'homme manquant à la grâce en morale.* — Des lamentations de Jérémie. 1 vol. in-8° ; Rouen, 1663.

— *Les innocentes malédictions de Job, les sévères bénédictions de Jacob.* 1 vol. in-8° ; Rouen, 1663.

— *Les magnifiques éloges de la B. V. Marie dans son cantique.* 1 vol. in- ° ; Rouen, 1663.

— *Le catéchisme de sainte Thérèse.* 1 vol. in-12 ; Bruxelles, 1675.

— *Pensées de la Magdelaine sur la vie de Jésus-Christ.* 1 vol. in-12 ; Rouen, 1686.

[La bib. des Carmes déchaussés de Rouen possédait un grand nombre de manuscrits de la main de Ybert].

[Tous les titres des ouvrages ci-dessus sont pris dans le manuscrit Asselin].

**JUMEL** (L.-R.), instituteur en retraite à Mesnil-Auzouf.

— *Manuscrit dédié aux enfants des Écoles primaires.*
Broch. de 33 p. in-8°. Vire, Vᵉ Barbot, 1869.

[Cette brochure contient une Notice sur les cantons d'Aunay et de Bény-Bocage]. M.

**LACOUDRE** frères, chanoines honoraires de Bayeux, nés à Vassy : l'aîné, Claude Lacoudre, né en 1755, mort le 31 août 1836 ; le jeune, Pierre-Charles Lacoudre, né en 1762, mort curé de Vire le 1836.

— *Sermons de Claude Lacoudre.* Vingt sermons insérés dans les *Orateurs sacrés* de Migne, de la page 915 à 1182, t. LXXX.

— *Sermons de Pierre-Ch. Lacoudre, curé de Vire.* Cinq sermons insérés à la suite des précédents, page 1182 à 1242.
Édit. in-4°, Migne. Paris, 1856. BV.

[*Notice sur MM. Lacoudre frères, chan. hon. de Bayeux*, par M. Tirard, curé de Vire, leur neveu].
Cette notice se trouve dans le même vol. de Migne, en tête des sermons ci-dessus indiqués; 6 pages.

— Ont aussi été imprimés à Vire, chez Adam, imp. du Roi, trois discours prononcés par P.-Ch. Lacoudre et dont voici les titres :

—*Discours* prononcé le jour St-Louis à l'occasion de la bénédiction d'un drapeau offert par les Dames à la Garde nationale de Vire. 1816 ; 12 p. in-4°. M.

— *Discours* à l'occasion du baptême du duc de Bordeaux. 1ᵉʳ mai 1821 ; 14 p. in-4°. M.

— *Discours* prononcé le 19 octobre 1823, dans l'église N.-D. de Vire, à l'occasion de l'heureuse délivrance de Ferdinand VII, roi d'Espagne, par l'armée française.
Imprimé à la sollicitation des habitants de la ville de Vire. 1823 ; in-8°, 8 p. M.

**LAIR** (JACQUES), né à Burcy, en février 1647, mort à Caen, le 16 septembre 1698.
Professeur au collège du Bois, à Caen, helléniste, auteur de poésies latines couronnées au Palinod de Caen.
[Voir Huet, *Les Origines de Caen*, p. 651. — Ant. Halley, p. 460. — Ms. de l'abbé Lévêque à la BV. et Palinods].

[On trouve des pièces latines et françaises de Jacques Lair dans les Recueils des Palinods de Caen, aux années 1669, 70, 72, 73, 74, 75, 76, 77, 78, 79, 81, 82 (?), 86, 87, 89, 90, 95.
Et dans le *Journal* (manuscrit) *d'un Bourgeois de Caen* (Bibl. de Caen), t. Iᵉʳ, à la date du 14 juin 1686 : « Illustriss. viro DD. Ludovico Boucherat Franciæ cancellario symbolum, *sol nube emergens* », placard de 4 pages, imprimé à Caen, chez J. Cavelier, 1686 ; et même manuscrit, t. Iᵉʳ (5 septembre 1684), vers latins : « *De statua Ludovico magno Cadomi erigenda.* » Caen, Cavelier, imp.; 1685.
La Bibl. de Vire possède la Rhétorique (en latin) dictée par J. Lair dans l'année classique

1689 et 1690, et recueillie par Pierre Polinière, un de ses meilleurs élèves (ms. pet. in-4°)].

(Note communiquée par M. A. Gasté.)

**LALLEMAN** (Nicolas), né à Vire, le 22 juin 1764, mort à Laval, en octobre 1814. Chirurgien-major sous la République, puis professeur de rhétorique au lycée de Laval.

— *Ituvienses nundinæ prope Viriam.* Poëme publié pour la première fois dans le *Journal de Vire* du 22 mars 1811 ; cette publication fut suivie d'une lettre de félicitations à l'auteur de la part de M. Lepeltier, avocat, maire d'Étouvy ( 29 mars id. ).

— *La Campênade*, poème héroï-comiburlesque, suivi de la *Foire d'Étouvy* et du *Rendez-vous du départ.* Comédie en deux actes, en prose [patois de Vire].

1 vol. in-8°. Vire, Adam, 1820 ; 130 p., plus 7 pour la biographie de l'auteur [*la Campênade* fut composée en 1794].

2e édit. de *la Campênade*, etc., en 18

3e édit. en 1845, portant par erreur le titre de 2e édit. Vire, Adam ; 134 p.

4e édit. en 1865, portant le titre de 3e édit., copiée page pour page sur l'édit. de 1845,            BV. MG.

Le poème latin sur la *Foire d'Étouvy* a été traduit en vers français un bon nombre de fois : 1° M. l'abbé Laumonier ; 2° M. de La Vente jeune, peintre ; 3° Gosselin, mécanicien ; 4° Gourgeon, médecin. Voir ces noms (Voir au mot Fédérique).

Le *Rendez-vous du départ* a été joué un bon nombre de fois sur la scène de Vire et toujours avec succès, malgré le peu d'habitude du patois virois dans la bouche des acteurs.

[*L'Éloge de N. Lalleman* a été écrit par Philippe de La Renaudière et imprimé chez G. Adam, à Vire, en 1820. Il se trouve en tête de *la Campênade*, puis tiré à part sous le titre de : *Notice historique sur M. Lalleman ;* 7 p.            M.

Le *Journal de Vire*, du 29 janvier 1808, contient une chanson *sur le mariage d'une. Rosière viroise*].

**LAPALUELLE** ( Roger-André de), né à St-James, en 1647, mort à Clinchamps, près Vire, le 2 septembre 1710, au moment où l'on imprimait la première édition de son ouvrage. Licencié en théologie, syndic du diocèse de Coutances, seigneur et patron de La Luzerne et curé de Clinchamps, où il est enterré.

— *Résolutions de plusieurs cas de conscience* et de plusieurs importantes questions du barreau, touchant les droits et devoirs réciproques des seigneurs et des vassaux, des patrons et des curéz, tant pour le for extérieur que pour celui de conscience.

1 vol, en deux parties ; 879 p. in-8°. Caen, Doublet, 1710.            BV. M.

2e édit., Caen, Doublet, 1714 ; 1 vol. in-8°, 631 p.            BV. M.

3e édit., Rouen, Pierre Leboucher, 1746 ; in-8°, 731 p.

[*Notice sur Roger de La Paluelle*, par M. l'abbé Do. *Bull.* de la Soc. des Antiq. de Norm., 2e année, 2e et 3e trim., p. 390 à 394].            BV.

**LA RENAUDIÈRE** ( Philippe-François-Lanon de), né à Vire, le 8 novembre 1781, mort à Paris, le 23 février 1845. Président du Tribunal civil de Vire de 1814 à 1822, il se livra ensuite à l'étude de la géographie.

— *Analyse d'un voyage dans l'Himalaya*, exécuté en 1821 par MM. Gérard, officiers anglais.

Paris, Évrard ; broch. ; 39 p. in-8°. BV.

— *Dissertatio de Alpibus ab Hannibale superatis.*

Parisiis, F. Didot ; broch. in-8°, 1823 ; 40 p.

— *Notice sur le royaume de Mexico*, d'après les derniers ouvrages publiés, suivie d'un Coup d'œil historique sur les événements qui s'y sont succédé depuis 1810.

Paris, J. Smith, 1824 ; 1 vol. in-8° ; 64 p. M.

— *Histoire et découvertes de l'Amérique et voyages des premiers navigateurs au Nouveau-Monde*, traduit de l'allemand de Campe.

2 vol. in-12. Paris. F. Denu, 1827 ; 710 p.

— *Notices-Annales des travaux de la Société de Géographie*, 1826 et 1827.

Les *Bulletins* de la Société de Géographie ont été publiés sous la direction de La Renaudière, pendant les années 1826 et 1827. Nommé directeur de cette Société le 3 mars 1826, environ vingt-deux *Bulletins* furent publiés sous sa direction. BV.

— *Essai sur la géographie botanique*, par Schow.

Paris, Everat ; 16 p. in-8°. BV.

— *Histoire abrégée de l'origine des progrès de la Géographie.*

Paris, Decourchant, 1828 ; 1 vol. in-8°, 96 p. BV.

— *Dissertation sur les îles Bahama.*

— *Voyage dans le Timanni, le Kouranko et le Soulimana*, contrées de l'Afrique occidentale, fait en 1822 par le major Cordon-Laing, traduit de l'anglais par Eyriès et de La Renaudière, 432 pages de traduction, précédé d'un *Essai* sur les progrès de la géographie de l'intérieur de l'Afrique et sur les principaux voyages de découvertes qui s'y rattachent, par M. de La Renaudière (cet *Essai* a 65 pages). M.

Paris, Everat, 1826 ; 1 vol. in-8°. BV.

— *Traité élémentaire de géographie*, par Malte-Brun, terminé d'après le plan et les matériaux de ce célèbre géographe par ses collaborateurs.

[ M. de La Renaudière s'était chargé de l'Histoire, de l'Origine et des Progrès de la Géographie ; il l'a conduite jusqu'à la fin de 1828 ].

— *Nouvelles annales des voyages et des sciences géographiques*, publiées par MM. Eyriès, La Renaudière et Klaproth. Cette 2ᵉ série commence au t. XXXI des *Annales* jusqu'au t. XL. BV.

— *Tableau de La Boukarie* (1826).

— *Éloge de M. Barbier du Bocage*, géographe. Paris, 1827 ; 15 pages in-8°. Une 2ᵉ édition. BV. M.

— *Funérailles de M. Malte-Brun.* Discours de M. La Renaudière. Paris, 1827 ; 7 p. in-8°.

— *Biographie de Malte-Brun*, dans la biograph. de Michaud ; 8 p. in-8°. L'article *Basselin*, dans le même biographe, est également de Ph. de La Renaudière.

— *Mexique et Guatemala*. Paris, 1843, F. Didot ; 1 vol. gr. in-8° à deux colonnes. Le Mexique contient 253 p. et Guatemala 75, publié dans l'*Univers pittoresque*.　　　　　　M.

[ Il avait aussi pris part, avant ses travaux sur la géographie, à la publication de « La Décade philosophique », et écrit dans le *Publiciste* ] (journaux).

— *Anglo-Saxonica*, par P. de La Renaudière et Francisque Michel, avant titre de deux ouvrages habituellement réunis ensemble, sous les titres suivants :

— *Coup d'œil sur les progrès et l'état actuel de la littérature anglo-saxonne en Angleterre*, par Th. Wright, traduit de l'anglais, par M. de La Renaudière ; 1 vol. gr. in-8°. Paris, imp. de Terzuolo, 1836, 43 p., plus 7 id., titre et préface.　　　　　　M.

— *Bibliothèque anglo-saxonne*, par F. Michel ; 1 vol. gr. in-8°. Paris, imp. de Terzuolo, 1837, 168 p., précédé d'une lettre adressée à M. de La Renaudière, par F. Michel ; 7 p., tiré à 100 ex. seulement.　　　　M.

On trouve également dans divers recueils littéraires quelques pièces de vers de P. de La Renaudière ; nous citerons : *La Fête-Dieu dans un village*, poëme publié d'abord dans le *Journal de Vire*, 21 octobre 1808, puis id., 30 mai 1839, reproduit dans l'*Almanach des Muses de 1809*, et par M. Châteaubriant, dans son *Génie du Christianisme*.

— *Ode sur la guerre de la 3ᵉ coalition*. Paris, 1805 ; in-8°, pièce lue à l'Académie de Caen en 1810. Voir les *Mémoires* de cette Acad., p. 331, année 1811.

— *A M. Castel, le jour de sa fête*, pièce de vers.

— *A Madame Jules de C.*, autre pièce. Ces deux dernières pièces se trouvent dans le *Nouvel almanach des Muses*, 1811.

[ Le *catalogue des livres composant la bibliothèque de Ph. de La Renaudière*. Paris, Jannet, 1846 ; 272 p. in-8°].

[ *Notice biographique sur La Renaudière*, par Isidore Lebrun. *Annuaire* de l'Association normande, 1847, p. 688. ]

**LA RENAUDIÈRE**, (Gustave de), né à Vire, le 22 juillet 1812, mort à Amélie-les-Bains, le 2 avril 1862, fils du précédent.

— *Notice sur la tapisserie de Bayeux*, 8 p., dans la *Revue des Provinces* de 1834, t. I, page 70.　　　　M.

— *Une visite à l'abbaye de Metley*, sur la côte de l'Hampshire, broch. in-8°. Tonnerre, Vᵉ Roze, 1836 ; 8 p.　　M.

— *De la jouissance et de la privation des droits civils* (thèse pour la licence), 1836 ; 20 p. in-4°.

— *Essais poétiques*, brochure in-8°. Tonnerre, Vᵉ Roze, 1837 ; 24 p.　　M.

— *Les Cantilènes, Poésies* ; 1 vol. in-12. Paris, Dauvin et Fontaine, 1542 ; 176 p.　　　　　　　　BV.

Ce vol. contient 70 pièces de vers. En 1845, l'éditeur fit un titre nouveau portant deuxième édition.　　　　M. G.

— *Une Visite*, comédie en un acte et en vers ; 1 vol. grand in-8°. Vire, chez Adam fils, 1858 ; 43 p.　　M. G.

Cette pièce fut représentée pour la première fois à Vire, en 1857.

— *Les Cantilènes.* — *Une Visite.* Nouvelle édition.

1 vol. in-8°. Paris, A. Fontaine, 1863; 278 p., une préface de 15 p. signée N. V. (*Noel des Vergers*), avec un portrait photographié. Tiré à 250 ex.

M. L.

Il fut attaché à la rédaction de *La Patrie* en 1838, où il a écrit divers articles critiques (Mélanges littéraires, Salons de peinture, etc.).

[ *Notice biog. sur G. de La Renaudière*, par Ant. de Campagnolles, 1864]. Voir ce nom.

**LA RENAUDIÈRE** (FERDINAND DE), frère de Gustave, né à Vire, le 18 octobre 1816, juge au Tribunal de commerce de la Seine, chevalier de la Légion d'Honneur.

— *Quinze jours hors de chez soi* (Belgique-Hollande); 7 feuilletons du *Moniteur du Calvados*, à partir du 7 juin 1877.

[C'est M. Ferdinand de La Renaudière qui a rédigé, d'après Sainte-Beuve et sur la demande du célèbre critique, la notice qui se trouve en tête de la dernière édition des Œuvres de Chênedollé, notice signée par Sainte-Beuve, qui l'avait entièrement approuvée et avait envoyé ses compliments à M. de La Renaudière].

— *Discours* prononcé à Vire lors de l'érection du buste de Chênedollé. Vire, Adam, 1869; in-8°, 8 p., tirage à part.

**LATOUCHE** (PIERRE-EMMANUEL), né à Vire, le 15 avril 1812, pharmacien à Vire.

— *Notice sur l'aéro-nef à hélice* (aérostat effilé à hélice centrale), appliqué au parcours aérien. *A mes compatriotes.*

Vire, Adam fils, 1847; 4 p. gr. in-4°.

M.

**LAUMONIER** (l'abbé), né à La Graverie, curé de Montchauvet, connu aussi sous le pseudonyme de Numa-le-Roi, anagramme de son nom.

— *Itinéraire de Cherbourg*, pièce en vers en trois parties. Broch. in-12 de 38 p. avec une dédicace à Mgr Dancel, évêque de Bayeux.

Vire, Adam, imp. du Roi, 1828. M.

— *Oraison funèbre ou Complainte sur le renversement d'un très-bel If*, pièce en vers dédiée à mes bien-aimés les enfants des deux écoles de Montchauvet. Signé Numa-le-Roi.

Vire, Adam, 1828; in-12, 18 p. M.

— *Traduction de la foire d'Étouvy de Lalleman*, en vers français.

[Insérée dans le *Journal de Vire*, n°s 32, 35, 37 et 40 de l'année 1832].

Il a aussi laissé manuscrit un poëme sur l'*Immortalité de l'Ame.*

**LE BESNERAIS** (MARIE), née à Vire, le 7 avril 1742, morte le 21 novembre 1824, à St-Hilaire-du-Harcouet; elle fut pendant plus de 50 ans institutrice dans cette petite ville.

— *Principes généraux de la Grammaire française*, avec des observations sur l'ortographe, les accents, la ponctuation; le tout tiré des meilleurs auteurs et rédigé dans l'ordre le plus

5

simple et le plus propre à faciliter aux jeunes gens l'étude des premiers éléments de leur langue.

1 vol. in-18, 1803, sans lieu d'impression.; 134 p. A St-Hilaire, chez Marie Le Besnerais et chez Anne Le Cointre, maîtresses de pension.     M.

— *Abrégé de l'Ancien-Testament* avec de courtes réflexions à la fin de chaque article, rédigé pour servir particulièrement à l'éducation des jeunes demoiselles.

1 vol. in-12. Fougères, J.-M. Vannier, imp., rue de l'Égalité, 1807; 623 p.

Dédié à Mgr Enoch, évêque de Rennes, avec le permis d'imprimer de l'Évêque.

— *Cantiques nouveaux* sur les plus beaux traits de l'Écriture-Sainte.

1 vol. in-12. Avranches, Le Court, imp., 1809; 680 p.

Recueil de 103 cantiques sur l'Ancien-Testament et sur quelques autres sujets.

                         BV. M. G.

Un cantique sur l'*Usure* se trouve aussi dans un recueil imprimé à Vire, chez Adam, 1809, p. 155.

Elle a laissé inédite une Géographie en vers et un grand nombre d'énigmes, charades et logogriphes, également en vers.

[M. H. Sauvage lui a consacré une biographie, *Journal de Vire*, 1877. — Tirage à part, chez Rivet-Barbot].

**LE BIGOT** ( GILLES ) ou **BIGOT**. — J. Cahaignes (Élog. 9, p. 12) le fait naître près de Vire : « In obscuro agri Viriaci pago rudimenta lucis accepit. » Ne pas le confondre avec BIGOT (Émeri),

né à Rouen, en 1626, et mort en 1689 (Voir le *Menagiana*).

Le Moréri des Normands (Ms. de la Bibl. de Caen) fait naître Gilles Le Bigot au village de Husson, au diocèse d'Avranches. — Huet, de même (*Orig. de Caen*, p. 115, n° 108). — (Article communiqué par M. Arm. Gasté).

**LE BOUCHER** ( JEAN-PHILIPPE ), né au Plessis-Grimoult, le 12 octobre 1763, mort à Caen, en 1844. Après avoir fait ses études au collége de Vire, il fut professeur d'anatomie et de pathologie externe à l'École de Caen.

— *Notice biographique sur Hersan*, docteur-médecin, professeur de clinique interne, médecin des hôpitaux de Caen, etc., lue à l'Académie de Caen le 18 mai 1810.

Broch. in-8°. Caen, P. Chalopin, sans date (1810); 21 p.                    M.

[*Notice* sur M. Le Boucher, doc.-méd., par M. Étienne, doct. en médecine. *Ann.* de l'Assoc. norm., 1845, p. 625].

**LE CHAPELLAIN** (J.-B.), conseiller et avocat du roi au bailliage, né à Vire, en 1669.

Voir le ms. D. Polinière, BV (3° part, donné par M. Ferd. de La Renaudière).

**LE CHAPELLAIN** (               ), jésuite, né à Vire, le

*Sermons* ou *Discours sur différents sujets de piété et de religion*, par le P. Chapelain.—Paris, chez Le Mercier, Saillant, Desaint, Humblot, 1760; in-12 (V. *Mémoires* de Trévoux, oct. 1760, p. 2603).

— *Panégyrique de sainte Thérèse*, patronne de S. M. l'Impératrice, reine de Hongrie et de Bohême, par le P. Chapelain S. J. Nouvelle édition. Paris, 1770; in-12 (*Mém.* de Trévoux, mai 1770, p. 371).

— *Oraison funèbre de François I<sup>er</sup>*, empereur, pour le jour de l'anniversaire, par le P. Le Chapelain S. J. Liége, 1767; in-8° (*Mém.* de Trévoux, mai 1770, p. 371).

(Article communiqué par M. A. Gasté).

## LE CHARTIER (PIERRE), né à Vire, prêtre oratorien.

M. Rolland de Cadehol (voir ce nom) a bien voulu nous communiquer les notes suivantes extraites d'un ouvrage manuscrit d'Adry, dernier bibliothécaire de l'Oratoire, contenant l'*Histoire littéraire* de la Congrégation de l'Oratoire, et dont le titre seul fut imprimé en 1790; 6 vol. in-8°.

« Pierre Le Chartier, fils de Gilles Le « Chartier, assesseur au siége de Vire, et de « Louise Jeanne, reçu le 26 octobre 1652 (à « l'Oratoire) âgé de 17 ans, était né à Vire, « diocèse de Bayeux. Il entra en même temps « que François Le Chartier, son frère cadet « d'un an. Ils étaient quatre frères dans l'Ora- « toire, mais ils ne portaient pas tous le même « nom (l'un, par exemple s'appelait le père « de la Coquerie), parce qu'ils n'étaient que « frères utérins.

« Pierre passa trente ans dans l'Oratoire, « exerçant avec succès les fonctions de pré- « dicateur et de supérieur en divers endroits. « Étant supérieur à Lyon en 1678, il crut « rendre service aux prédicateurs en com- « posant:

« *Le Dictionnaire Apostolique*, plein de « dessins pour les mystères, panégyriques, « par le R. P. P. C. D. V. B. D. L. (Le Rev. P.

« Chartier de Vire, prêtre de l'Orat.). Lyon; « Certe, 1673; in-18, 523 pages.

« On y trouve des divisions toutes faites « pour toutes sortes de sujets. Le libraire « avertit qu'il a eu peine à obtenir le consen- « tement de l'auteur qui voulait attendre que « son plan fût rempli, car il se proposait de « donner deux autres dictionnaires, l'un de « preuves, l'autre d'exordes. Il assure que cet « ouvrage sera très-commode. Cela peut être. « Mais pourrait-il faire composer de bons ser- « mons? C'est une autre affaire. J'ignore si « ces deux autres dictionnaires ont paru. On « prétend du moins que l'auteur donna d'autres « ouvrages avec quelques poésies.

« Il nous quitta en 1682 étant à Rouen, « d'où le père de Sainte-Marthe voulait le faire « sortir, ne voulant jamais consentir à la « résignation que le père du Breuil voulait « faire de sa cure de Saint-Ouen en faveur du « père François Le Chartier. Les deux frères « piqués sortirent de l'Oratoire et offrirent « leurs services à leur évêque Mgr. de Bayeux. « Ils avaient tous deux beaucoup de mérite, « beaucoup de goût pour les belles-lettres et « du talent pour la chaire. Le cadet plaida « pour soutenir la résignation, mais il perdit « au Parlement de Rouen (Extr. du P. Bat- « terel).

« Pierre Le Chartier, frère de François Le « Chartier, quitta comme lui l'Oratoire et re- « vint dans son pays. Il devint curé de Bou- « tigni, ensuite chanoine de Grizy, à Bayeux, « et principal du collége à la place de son « frère. Il a aussi composé plusieurs pièces de « poésie et d'éloquence qui ont été fort esti- « mées. Il mourut à Bayeux, en 1690 (4 avril). « [*Mém.* manuscrits de Beziers, de Bayeux].

« François Le Chartier était de Vire; il « quitta l'Oratoire où il était entré et revint « dans son pays: il fut pourvu de la charge de « principal du collége de Lisieux (Bayeux?) « après Jean Masson. Sa collation est du 2 mai « 1681, mais il s'en démit en 1685 pour « prendre un canonicat qui lui fut donné dans

« la cathédrale de cette ville. Il cultiva beau-
« coup les belles-lettres, comme on peut en
« juger par plusieurs pièces en vers et en prose
« qu'il a composées et qui ont mérité l'appro-
« bation des connaisseurs. Il mourut à Bayeux,
« en 1701 ( *Mémoires* manuscrits de Beziers,
« de Bayeux ). »

Bien avant Adry, Moréri avait accordé une place aux trois frères dans son *Grand Diction-naire*. Adry même n'a fait, en certains endroits, que copier Moréri, copiste lui-même de Beziers ; seulement Adry a corrigé les erreurs de ses devanciers au sujet, notamment, du *Dictionnaire apostolique* qu'il attribue à Pierre Le Roussel de La Coquerie, frère utérin de Pierre Le Chartier [Les manuscrits Le Coq et Beziers commettent la même erreur. D'après les documents qu'Adry a eus à sa disposition, il est plus rationnel d'attribuer, comme l'a fait Frère, le *Dict. apostolique* à Pierre Le Chartier].

Voici, d'ailleurs, le titre de l'ouvrage tel qu'il a été transcrit sur un exemplaire ayant appartenu aux Frères Prêcheurs de St-Jacques :

« Dictionnaire apostolique, plein de dessins pour les mystères, panégyriques, oraisons funèbres, prosnes, sermons, exhortations aux personnes ecclésiastiques et religieuses, et généralement pour toutes sortes de discours de piété, où les membres de chaque division sont des propositions tirées de la Sainte Écriture et des Saints Pères, composé par le R. P. P. C. D. V. P. D. L. »

1 vol. in 8º. Lyon, Jean Certe, 1679, avec permission des supérieurs. La Préface n'est pas paginée, le Dictionnaire contient 448 pages, et la table 44 pages, avec une pagination particulière.

La première édition du *Dictionnaire apos-tolique* est de 1673. Lyon, Certe ; 1 vol. in-8º, 523 pages.

Une autre édition a été mise en vente en 1679, chez Pierre Offray, à Avignon. — Frère, dans sa bibliographie, indique une édition de Lyon, 1685 ; in-8º.

Il est aussi l'auteur de poésies latines

couronnées à Caen en 1664, et à Rouen en 1680.

Il a fait encore représenter quelques tragédies au collège de Bayeux [ Voir le Moréri des Normands et Frère ].

Suivant le manuscrit de D. Polinière, à la Bibl. de Vire, Pierre Le Chartier, ainsi que son frère Pierre Le Roussel, se trouvèrent à l'élection qui eut lieu à Paris en 1672, pour remplacer le Père Senault, général de l'Oratoire ; ils furent tous les deux très-opposés à l'élection du Père de Ste-Marthe, qui fut élu général malgré eux. C'est à la suite de cette nomination, et sachant bien qu'ils n'étaient pas agréables au nouveau général, qu'ils résolurent de quitter les Oratoriens.

Comme Pierre Le Chartier prêchait dans diverses grandes villes du royaume, il sut gagner l'estime et l'affection du cardinal Camus, évêque de Grenoble, et de d'autres personnages de distinction. — Le manuscrit E. Crespin mentionne encore un Adam Le Chartier, frère de François, comme un savant protégé de la Reine.

Suivant D. Polinière, les frères Le Chartier et Roussel avaient encore un autre frère de la même mère et d'un troisième mari nommé Claude de La Roque, oratorien aussi, qui mourut curé de Thorigny en 1707.

[ Voir à l'article *Palinods* ].

**LE CHAT** (Jacques-Théophile), né à Vire, le 6 mars 1792, mort à Vire, le 5 novembre 1864, docteur-médecin.

— *La guerre de Russie*. Drame en 1 acte et en vers.

Vire, Adam fils, 1838 ; in-8º, 18 p.

BV. M.

— *La guerre de Russie*. Drame en 5 actes et en vers.

Vire, Adam fils et chez l'auteur, rue du Calvados. 1 vol. in-8º, 1838 ; 56 p.

BV. M.

Le drame en 1 acte a été joué une fois sur le théâtre de Vire, peu de temps après son impression ; l'auteur l'a depuis retiré de la circulation.

— *Dissertation sur l'Hystérie*, thèse pour le doctorat. Paris, Didot jeune, 1817 ; 37 p. in-4°.　　　M.

**LE CHEVALIER** (Léon), né à Vire, le 9 novembre 1841, avocat au barreau de Caen.

— *Recueil des arrêts des Cours d'appel de Caen et de Rouen*, par M. Louis Ricard pour Rouen et M. L. Le Chevalier pour Caen. Publication grand in-8°, imp. à Caen, Goussiaume.

— *Dictionnaire de la jurisprudence de la Cour d'appel de Caen*. Table de 1854 à 1872 inclusivement ; 1 vol. grand in-8°. Caen, Goussiaume, 1874 ; 306 p.

**LE CHEVALIER** ( Antoine - Rodolphe ), né à Montchamp en 1507, savant linguiste ; il habita successivement l'Angleterre, l'Allemagne, la Suisse, puis il revint dans son pays natal ; mais, protestant zélé, il fut obligé, pour se soustraire aux suites de la St-Barthélemy, de se réfugier à Guernesey, où il mourut peu de temps après, en septembre 1572, âgé de 65 ans (De Thou).

— *Rudimenta hébraïcæ linguæ.* 1 vol. in-8°. Genève, chez J. Crespin, 1567 ; la même année chez H. Estienne ; réimprimé en 1574, in-4°, et 1590 ; une 4e édition en 1592.

A la suite de cette grammaire, se trouve : « Epistola divi Pauli ad Galatas, etc., cum versione latina Antonii Cevalerii. »

Suivant De Thou, Rodolphe Le Chevalier avait donné une édition du « Thesaurus linguæ sanctæ, etc., de Santes Pagninus », qu'il avait beaucoup augmenté.

[De Thou, tom. VI, p. 556].

Dans ce même ouvrage du Trésor de Pagnin, Scaliger vante beaucoup *la Grammaire hébraïque* de Chevalier et la trouve parfaite.

Les manuscrits qu'il a laissés ont servi à la publication de la traduction, en quatre idiomes, de la *Bible de Walton*, publiée en Angleterre en 1657. Sa santé ne lui permit pas d'achever tout ce travail.

Voici la liste de ses traductions : « Targum hierosolymitanum in Pentateuchum, latine, ex versione Cevalerii ; — Targum Pseudo-Jonathanis in Pentateuchum, latine nunc primum editum ex versione Antonii Cevalerii ; — Targum Jonathanis in Josue, Judices, Libros regum, Isaïæ, Jeremiæ, Ezechielis et duodecim prophetarum minorum latine ex versione Alphonsi de Zamora a Benedicto Aria Montano recognita et ab Antonio Cevalerio emendata.

[Discours sur les *Bibles polyglottes* de Jacq. Lelong, tom. I, p. 620].

Il a fait aussi en vers hébraïques l'épitaphe de Calvin, que l'on trouve avec les poésies de Beze, imp. à Genève en 1597.

[Voir Huet, *Orig. de Caen*, p. 615. — Nicéron, tom. XXVIII, p. 135 à 139 ; *France protestante*, tom. III, 1853, p. 440. — De Thou, *Histoire universelle*, tom. VI, p. 556.]

Nicéron et De Thou donnent des détails sur sa vie].

## LE CHEVALIER D'AIGNEAUX ou AGNEAUX (ROBERT et ANTHOINE)

frères, nés à Vire vers le milieu du XVIᵉ siècle ; de la même famille que Antoine-Rodolphe Le Chevalier de Montchamp (Voir l'article précédent).

Des registres des notaires de Vire il résulte que Robert Le Chevallier est né à Vire en 1541 et Antoine, son frère, en 1542 ; il était fils de Jean Le Chevallier, sieur d'Aignaux, avocat au bailliage, et de Jeanne Le Moussu ; leur frère aîné se nommait Olivier. A la mort du père, Olivier eut les terres du Closfortin, à St-Ger.-de-Tallevende ; Robert, les terres d'Aignaux.

[ Voir manus. Lévêque].

Le nom d'Agneaux ou Aignaux leur venait d'une terre de ce nom qu'ils possédaient et qui, dans ce temps, faisait partie de la commune de Montchamp. Robert l'aîné était enquesteur pour le Roy et mourut à Vire à 49 ans, et son frère un peu plus tard vers 1590.

[Voir le manus. Le Franc].

— *Les Œuures de Virgile Maron.* Tradvittes de latin en français par Robert et Anthoine Le Cheualier d'Agneaux frères, de Vire en Normandie. Dédiées au Roy.

1 vol. in-4°. A Paris, chez Thomas Perier, rue Saint-Jean-de-Beauvais. M. D. LXXXII, avec privilége du Roy.

354 feuillets, avec une faute de pagination à partir du feuillet 351 ( on a imp. 351, 354, 349, 352), plus 40 pages simples contenant le titre, la dédicace au Roi, quelques pièces de vers et la Vie de Virgile Maron.

Cette édition in-4° ne contient que la traduction en vers français de Virgile, imprimée en caractères italiques et sans le texte.

Les Bucoliques 25 ff., les Georgiques 57 ff., les 12 livres de l'Énéide 250 ff., les Épigrammes 17 ff., le Moretum 3 ff.

[Exemp. de la Bibl. de Vire].

Le privilége fut accordé à Guillaume Auvray le 23 mars 1582 ; il en céda la moitié la même année à son beau-frère Th. Perier. Les deux frères ne firent qu'une édition, puisqu'on retrouve les mêmes fautes de pagination avec un titre différent pour chaque imprimeur. Voici le titre de l'édition de G. Auvray.

«.L'Énéide de Virgile Maron, traduitte en vers françois par Robert et Antoine *(sic)* Lechevalier d'Agneaux frères, de Vire en Normandie. »

1 vol. in-4°. A Paris, chez Guillaume Auvray, rue St-Jean-de-Beauvais, au Bellerophon couronné, M. D. LXXXII, avec privilége du Roy.

(Exemp. de M. Julien Travers).

— Les *Œuures de Virgile Maron,* traduites de latin en français par Rob. et Ant. Le Chevalier d'Agneaux, etc.

1 vol. in-8°. Paris, Guillaume Auvray, 1583 ; 328 ff., plus 20 ff. pour épigrammes et 8 ff. dédicace, etc.

Cette édition contient le texte latin en regard du français.    BV.

— Les *Œuures de P. Virgile Maron,* prince des poètes latins, traduites de latin en vers françois, sçauoir : les Bucoliques, Georgiques et douze liures de l'Enéide, par Rob. et Ant. Le Cheualier d'Agneaux frères, de Vire en Normandie. Auec un treziesme liure latin adiousté à l'Enéide par Mapheus, tourné par P.-D. Movchavlt. Ensemble les Épigrammes et Opuscules.

Le tout de nouveau reveu et augmenté avec toute diligence en ceste dernière édition.

1 vol. in-8°. Paris, David Le Clerc, 1607.

Cette édition imprimée après la mort des traducteurs est la plus complète, elle est imprimée page pour page sur l'édition in-8° de Guil. Auvray, 1583, sauf le 13e livre ajouté; 368 ff. plus 8 ff. d'épîtres, etc.     BV. M.

— Les *Œuvres de Q. Horace Flacce*, latin et françois, de la traduction de Robert et Anthoine Le Chevallier d'Agneaux frères, de Vire en Normandie. 1 vol. in-8°. Paris, Gvillavme Auvray, 1588; 476 p. en trois séries de pagination, présenté au Roy.     ML.

Suivant La Croix du Maine (Bib. françoise), les frères Le Chevallier ont encore écrit un livre intitulé : « *Le Gentilhomme François*, » lequel traite du devoir et office d'un homme noble et suivant les Cours des Rois et Princes, etc.

[Bibl. franç., page 443].

Dans l'Épître au Roy qui se trouve en tête de leur traduction d'Horace, ils semblent promettre d'autres traductions d'auteurs latins, mais la mort vint mettre fin à leurs travaux.

— *Le Tombeav de Robert et Antoine Le Chevalier frères, sieur d'Aigneaux*, doctes et excellens poètes françois, de Vire en Normandie.

Ledit tombeav recueilli de plusieurs doctes poètes, par P. L. S. (Pierre Lucas-Sallière). Avec qvelqves beavx poemes trovvez en levr estude, le tout mis par *orde* (sic) comme on peut *veoir* en la page suyvante.

Caen, P. Le Chandelier, 1591; in-8°, 111 p.

Ce vol. est dédié par André Le Chevalier, fils de Robert, à Mgr. de Bordeaux, baron de Coullonces, sieur d'Estouvi, capitaine de la ville et chasteau de Vire.

Ce volume excessivement rare se trouve à la Bibl. de Vire.

Voici le titre des pièces de poésies qui le compose :

— *Sonnet* au lecteur par A. Le Chevalier, sur la mort de son père.

— Sur le trespas de M. Robert Le Chevalier, en son vivant sieur d'Aigneaux. *Elegie*, par Antoine, son frère.

— *Cinq Sonnets* et diverses petites pièces en vers, par le même. — Une petite pièce de vers latins de Th. Anfrie (ancêtre du poète Chaulieu).

— *Regrets* sur le trespas de Robert et Antoine Le Chevalier frères, en leur vivant sieurs d'Aigneaux, excellens Poëtes François, par Pierre Lucas Sallière, D. P. F.

— *24 petites pièces de vers* de différents auteurs, toutes sur la mort des frères Le Chevalier. — Le dernier sonnet est fait par André Le Chevalier, fils de Robert.

Ici commencent les œuvres posthumes des frères Le Chevalier :

— *Complainte de la France*, tant sur sa misère que sur le cruel assassinat fait en la personne de feu Henry de Valois, roy de France et de Poloigne.

— *La Généalogie de Henry IV* de ce nom, roy de France et de Navarre.

— *Prière à Dieu* sur la calamité de ce temps.

— *Sonnet* à Mgr de Bordeaux, gouverneur du château de Vire.

— *Ode à la France* sur l'heureux advenement à la Couronne, et règne paisible et fleurissant de Henry IV.

— *Les Sonnets* de l'Amour de la Foy : 87 sonnets comprenant 40 pages.

—*Prières tres-chrestiennes à Dieu* (20 pièces de vers).

— *Paraphrase* sur la complainte de David, touchant la mort de Saül, roy d'Israël, et de son fils Jonathan.

[*Notice* sur les frères Lechevalier d'Aigneaux, par Armand Gasté. Caen, 1876. Extrait des *Mémoires* de l'Acad. de Caen, tirage à part. Vᵉ Legost-Clérisse, Caen].

**LE CHEVALIER** (Joseph), religieux de l'abbaye d'Aunay de l'ordre de Citeaux.

— *La vie de frère Elzéar, de Vire*, clerc capucin fondateur du couvent des Capucins de Vire. Et de la mère Elisabeth de Sainte-Anne, son épouse, et depuis religieuse de l'ordre de Citeaux au monastère de Villers-Canivet, lez Falaise.

Caen, François Vauvrecy 1696 ; 1 vol. in-12, 421 p. BV. M.

**LECOQ** (Regnault), lieutenant particulier au bailliage de Vire.

— *Mémoires pour servir à l'histoire de la ville de Vire et des paroisses qui en dépendent.*

C'est un manuscrit in-folio sans date (écrit au commencement du XVIIIe siècle), qui se trouve à la Bibl. de l'Arsenal, à Paris, parmi les manuscrits de Gaignières, portant le n° 346 (Hist.). Il est désigné par erreur dans l'avertiss. de l'édition d'Olivier Basselin, du bibliop. Jacob, p. 13, sous le nom de manusc. Lecuy. Frère a commis la même erreur à l'article Lecuy de sa Bibliographie ; cette faute est, d'ailleurs, très-excusable, car sur le manuscrit même, la signature Lecocq est illisible.

Ces Mémoires, dont une copie très-exacte se trouve à la Bibl. de Vire, contiennent en tête une lettre de Lecoq adressée à Mgr Foucault, chevalier, marquis de Magny, conseiller d'État, pour s'excuser de n'avoir pu envoyer plus tôt ces mémoires commandés.

En tête se trouve une carte des paroisses de l'élection de Vire, puis une vue de la ville prise du côté du Midi.

Ce manuscrit commence par une description de la situation géograp. de Vire ; on y trouve ensuite le nom des paroisses composant l'élec-

tion, des détails sur l'industrie, l'origine et l'antiquité de la ville, l'histoire de son château, celle de ses églises, des corporations, des événements historiques qui s'y rattachent ; le nom et une courte notice sur chacun des gouverneurs du château de Vire, le nom des trésoriers de l'église Notre-Dame, celui des lieutenants du Bailly de Caen, et un Catalogue des hommes illustres qui sont nés dans l'élection de Vire.

Ce manuscrit se termine par des remarques sur ce qu'il y a de plus considérable dans les bourgs et paroisses de l'élection de Vire, et est accompagné des vues dessinées de Neuville, St-Sever, Cerisy-Belle-Étoile, Le Plessis, Condé et Aunay.

Le P. Le Long indique, n° 35329, une copie de ce manuscrit à la Bibl. du roi, parmi les mss. Gaignières.

**LECOQ** (Renauld), né à Vire, vers 1640, fut professeur à Paris au collége de Lisieux.

— *Le parfait Géographe*, ou l'art d'apprendre facilement la Géographie et l'Histoire.

Paris, 1 vol. in-12, 1687.

2e édition en 1695, dédiée au Chancelier.

3e édition en 1710, 2 vol. in-12, Rouen, Besogne.

4e édition en 1723, 2 vol. in-12, Paris, Denis Mourset.

*Histoire par demandes et réponses* dédiée à Mgr Le Chancelier ; cette partie a été publiée avec la 2e édition du *Parfait Géographe*, en 1695.

Il est aussi l'auteur d'une pièce de vers adressée à Mgr de Brancas, à son avénement à l'évêché de Lisieux : « Illust. Abbati Henrico Ignatio Brancasio, ad Lexoviensem episcopatum designato gratulatio : Typis J. Quillau, 4 p. in-4°.

**LECONTE** ( A. J. J. ), né à Condé, instituteur.

— *Les Douze mois classiques*, ou Tableaux studieux de la vertueuse adolescence, en promenades et séances instructives.

Méthode pour contempler la grandeur et les merveilles de Dieu, manifestées dans tous les objets de l'univers.

Collection scolastique, physique et méthaphysique, parlant à l'esprit et au cœur ; premier semestre, une gravure.

1 vol. in-12, Caen, P. Chalopin fils, 1822, 394 p. plus 10 p. de dédicaces et préface. Le premier semestre a été seul imp.

Dédié aux notables habitans de Condé-sur-Noireau, et à MM. Lefournier, l'un curé et l'autre maire de ladite ville. M.

**LECOQ** ( JULES ), né à Vire, le 8 octobre 1824, curé de St-Jean, à Caen, évêque de Luçon, 1875, évêque de Nantes 1877.

—*Discours prononcé par Mgr l'Évêque de Luçon* dans l'église cath. de Bayeux, le dimanche 19 mars 1876, à l'occasion du sacre de Mgr Germain, évêque de Coutances. — Luçon, F. Bideaux, imprimeur, 1876 ; in-8, 28 p.        G.

— *Lettre pastorale de Mgr de Luçon* à l'occasion de son entrée dans son diocèse.

Caen, Le Blanc-Hardel, 1875. — in-4º, 19 p.

— Lettres, circulaires et mandements.

[ La devise de Mgr Lecoq est celle-ci : *Missus a Deo* ].

**LE COUTURIER** ( HENRI ), né à Condé-sur-Noireau en 1819, mort

— *Les poètes malheureux*, petit recueil de vers.

— *Philopen ou le sauvage Breton*, poëme tragi-comique.

— *Paris incompatible avec la République*, plan d'un nouveau Paris où les Révolutions sont impossibles.

1 vol. in-18. Paris, Desloges, éditeur, 108 p.        BV.

La 2e édition de cet ouvrage a paru sous le titre de : le *Paris des Rois* et le *Paris du Peuple*.

1 vol. in-18, 1850.

— *La Cosmosophie ou le Socialisme universel*, 1850.

1 vol. in-8º. Paris ( chez l'auteur ), imp. Félix Malteste et Cie ; 350 p.     M.

— *La science du Socialisme universel*, suivie de : *Le Dieu de Proudhon*.

1 vol. in-8º. Paris, Félix Malteste et Cie, 1850 ; 80 p.        M.

Le Dieu de Proudhon est extrait de la *Révolution des idées*, ouvrage inédit de l'auteur.

— *Panorama des Mondes*, Astronomie planétaire.

1 vol. in-8º. Paris, aux bureaux du Musée des sciences. Imp. Pilloy et A. Perrault, à Montmartre, 1858 ; 464 p., avec 24 planches, par Ch. Bulard.

Il fut rédacteur de la partie scientifique du journal *Le Pays*, en 1854 ; auteur des articles d'astronomie et de physique du globe dans le *Moniteur Universel*, vers la même époque ; un des fondateurs du *Journal la*

Science pour tous en 1856, et aussi fondateur du Musée des Sciences en 1856.

[Biographie de Henri Le Couturier. Ann. de l'Assoc. Norm., 1861, pages 625 à 630].

**LE FOURNIER**, né à Condé curé de Clinchamps-sur-Orne.

*Essai historique sur l'abbaye de Notre-Dame-du-Val.*

1 vol. in-8°. Caen, Le Gost-Clérisse, éditeur ; 414 p., avec 8 dessins et vignettes. Goussiaume de Laporte, imp., 1866.         BV. M:

— *Défense de l'histoire de l'abbaye de Notre-Dame-du-Val*, contre M. l'abbé Faucon, curé de St-Vigor-le-Grand. Broch. in-8°. Caen, Le Gost-Clérisse, éd., imp. Goussiaume de Laporte ; 31 p.

— *Vie de M. Guillaume Lefournier*, ancien curé de Condé-sur-Noireau.

1 vol. in-8°, 1872. Condé-sur-Noireau, imp. d'Eug. L'Enfant ; 175 p. et 8 de titre et introduction.         M.

**LEFRANC** (FRANÇOIS), né à Vire, le 26 mars 1739, massacré aux Carmes dans les journées des 2 et 3 sept. 1792, prêtre eudiste, professeur de rhétorique au collége de Bayeux et de philosophie à celui de Lisieux ; de 1787 à 1789 il s'occupa de faire des recherches, restées manuscrites, sur les hommes illustres de Vire et des environs.

— *Lettre à un maître-maçon* dans laquelle on peut trouver la clef des événemens présens.

A Babylone, ce 8 avril, l'an 2402 de votre ère anglaise maçonique.

Broch. in-12 de 64 p. plus 12 p., contenant un avis de l'éditeur, ou plutôt de l'auteur lui-même.         BV. M.

— *Principes de la foi et de la religion révélée*, expliqués aux fidèles catholiques, obligés de les étudier ou de les défendre.

1 vol. in-fol. 240 p., fig.

Une suite à ce vol. fut composée par l'auteur, mais ne fut point imprimée ; en voici le titre : « *Le divin Consolateur ou Étrennes catholiques*, suivies de pensées chrétiennes, de prières et d'offices de l'église, relatives aux malheureuses circonstances du temps. » 1 vol. petit in-12, avec figures.

L'abbé Lefranc a laissé un certain nombre de manuscrits intéressant le diocèse de Coutances, ainsi que le Bocage virois. Plusieurs étaient aux mains de Chalmé, libraire à Vire ; ils furent communiqués à diverses personnes et en partie disséminés. Richard Séguin s'en est beaucoup servi pour ses publications. M. Duhamel, maire de Coutances, fit l'acquisition d'une autre partie, qu'il légua à M. Leloup, avocat à Coutances. En voici les titres :

(A. PLUQUET).

« *Nouvelle Histoire universelle et chronologique* de l'état ecclésiastique et civil du Cotentin, depuis son origine jusqu'au XVIIIe siècle inclusivement, avec une carte topographique du Cotentin et de l'Avranchin ; in-f°, 1789. »

Cette carte seule a été éditée sous le titre : « Tabula Topographica antiqua pagi Abrincatuorum et Venellorum. Dicata D. D. de Talaru de Chalmazel, Constantiensi Episcopo. Del. et Sculp., Delencour, 1792. »         M.

C'est le relevé d'une ancienne carte qui existait au Mont-St-Michel.

Lefranc a fait aussi quelques cantiques imprimés chez Adam, à Vire, en 1808-1809, dans un recueil d'autres cantiques.         M. L.

[Sa vie a été écrite par un de ses coreligieux Eudistes sous le titre de : « *L'Ecclésiasti-que laborieux et éclairé* dépeint dans la vie active et laborieuse de François Lefranc, de Vire, supérieur du séminaire de Coutances et vicaire général de ce diocèse, lequel fut massacré avec cent quatre-vingt prêtres et autres laïcs dans le couvent des Carmes, à Paris, le 2 septembre 1792.

Broch. de 40 p. in-4°.

Une Notice manuscrite sur l'abbé Lefranc se trouve aux mains de M. V⁰ʳ Huard, de Vire].

— *Mémoires* particuliers à l'Histoire ecclésiastique et civile du diocèse d'Avranches, avec une carte topographique de l'Avranchin ; 2 vol. in-4°.

— *Histoire* particulière de la ville de St-Lo et de ses environs, avec la liste des grands hommes qu'elle a produits ; 1 vol. in-4°.

— *Collection* de divers Mémoires et Pièces sur l'Histoire de la ville de Vire, du Bocage et de ses environs, avec une Notice sur les hommes célèbres de ce pays ; 1 vol. in-4° de 400 p.

Ce volume est entre les mains de M. Huard, de Vire.

— *Histoire* ecclésiastique et civile du diocèse de Lisieux, avec une Notice sur les grands hommes nés dans ce pays ; 1 vol in-f°.

— *Mémoire* sur la découverte de l'ancienne ville des Viducassins.

— *Mémoire* sur l'abbaye de Cordillon, proche Bayeux.

— *Les Abus*, poèmes contre les Francs-Maçons ; in-4°.

M. Léop. Quenault, ancien sous-préfet de Vire, s'est aussi beaucoup servi des notes de l'abbé Lefranc pour son ouvrage intitulé : « *Mélanges historiques et Théâtre de la défaite de Viridovix.* » Coutances, 1862 ; et pour ses recherches sur Champrepus, au temps de Sabinus, lieutenant de César.

— *Suite à la Religion révélée ou Recueil* de sermons, retraites et autres exercices propres aux ecclésiastiques ; 276 p. in-f°.

— Il fit encore, vers la même époque, un ouvrage laissé manuscrit, portant pour titre : « *Nouvelle Conduite des Confesseurs* pour les catholiques ; 320 p. in-4° ; et un nouveau Catéchisme pour les catholiques ; 120 p. in-4°.

— *Le Voile levé pour les curieux* ou *le Secret de la Révolution révélé à l'aide de la franc-maçonnerie.*

1 vol. in-8° de 168 p. Paris, sans nom d'imp., 1791, Vᵉ Valade.          M.

Une 2ᵉ édition en 1792 ; in-8° de 172 p. Paris, Le Petit et Guillemard. — Une autre édition. Paris, 1792 ; in-8° de 104 p., Crapart. — Réimprimé à Liége.

1 vol. in-8°, 1827, Vᵉ Duvivier et fils.

Suivant l'abbé Barruel dans ses Mémoires sur l'hist. du Jacobinisme, Lefranc aurait tiré son hist. du *Voile levé* de notes recueillies d'un sieur de La Haye, curé du diocèse du Mans.

— *Conjuration contre la Religion catholique et les Souverains*, dont le projet conçu en France doit s'exécuter dans l'Univers entier.

Ouvrage utile à tous les Français.

Sous le titre se trouve une vignette à fleurs de lys entourée de deux palmes et d'une couronne de laurier.

1 vol. in-8°, 1792 ; 375 p. Se trouve à Paris, chez Le Petit, commissionnaire, et autres.   M.

Cet ouvrage fut envoyé au pape Pie VI et au roi Louis XVI.

**LEFRANÇOIS** (Jean), de Sainte-Marie-Laumont, bachelier en Sorbonne, professeur de rhétorique à Paris, il fut aussi proviseur du collège d'Harcourt en 1680, puis recteur de l'université, mourut à Paris en 1701.

— *Poëme épique* en l'honneur de Louis le Grand, le grand pacificateur.

Paris, François Lecomte; 13 septembre 1680, avec portrait du roy.

[Manuscrit Asselin].

Il eut pour successeur au collége d'Harcourt Jean de La Brière, sieur de Louvency, également né à Vire.

(Même manuscrit).


**LE GALLOIS** (Anthoine), né à Vire en 1640, mort au Mont-St-Michel le 5 novembre 1695, prêtre bénédictin de la Congrégation de St-Maur. Les Jésuites de Caen furent jaloux du talent oratoire qu'il développa pendant une prédication de l'Avent et du Carême.

[Voir les mémoires de Daniel Saint, à la Bibl. de Vire, t. XVII, p. 207].

— *Oraison funèbre* de très-auguste princesse Marie-Thérèse d'Autriche, reine de France et de Navarre, épouse du roy Louis XIV, prononcé dans l'église de l'Abbaye de St-Germain-des-Prez, par dom Antoine Gallois, etc.

Paris, Guillaume de Luyne, 1683; in-12 et in-4°, 43 p.          M.

— *Abrégé des controverses* qui sont agitées entre les Catholiques et les Protestants.

Caen, Poisson; 1 vol. in-4°, 1684.

2ᵉ édition, in-12, en 1685.

— *Éloge funèbre de M. Letellier*, chancelier de France (en latin).

Paris et Rouen, Bonaventure Lebrun, 1685.

— *Éclaircissements apologétiques* sur quelques propositions de théologie.

Caen, 1686; 1 vol. in-4°, 120 p.

— *Dissertation* sur une relique conservée à Rouen dans le monastère de Bonne-Nouvelle et appelée *Velum veli Dei*.

Voir Dom Le Cerf et la Bibl. des auteurs de la Congr. de St-Maur].

Dom A. Le Gallois fut un des quatre religieux bénédictins chargés de faire des recherches et de coordonner les documents qui ont servi à composer l'*Histoire de Bretagne*; il était, nous dit Dom Lobineau, d'un esprit étendu, vif, pénétrant et doué d'une mémoire prodigieuse. Après avoir exploré toutes les bibliothèques et archives de la Bretagne, il voulut encore étudier les archives du Mont-St-Michel; il s'y adonna avec une telle ardeur qu'il y succomba frappé d'apoplexie, mais son travail était terminé.

Dom Lobineau fut chargé après lui de continuer cette histoire que Le Gallois avait si bien commencée. Il la publia sous ce titre :

— *Histoire de Bretagne*, composée sur les titres et les auteurs originaux, par Dom Gui Alexis Lobineau, prêtre bénédictin, etc.

Enrichie de portraits et autres figures; 2 vol. in-f°. Paris, Vᵉ François Muguet, 1707.

Le premier vol. contient l'*Histoire de la Bretagne jusqu'à sa réunion à la France*; 967 pages, plus les tables et la préface. Le deuxième volume contient les preuves et pièces justificatives; 915 pages à 2 colonnes, plus 285 sceaux gravés.          BV.


**LEGORGEU** ( Georges-François ), né à Vire le 30 janvier 1818, avocat.

— *Élégie à Mᵐᵉ Vᵉ Lelandais*, à l'occasion de la mort de Mˡˡᵉ Delphine Lelandais, sa fille, âgée de 20 ans, par un ami de la famille; 4 p. in-8°. Vire, Adam, 1852.

— *Funérailles de M. Lelandais*, avocat au barreau de Vire; 8 p. in-8°.

— *Hommage à Chênedollé*, pièce en vers; 3 p. in-8°. Vire, 1860.     M.

— *Projet d'un monument commémoratif* en l'honneur des meilleurs et des plus illustres enfants de la ville de Vire et de la banlieue.

Ce projet est adressé à MM. les Membres du Conseil municipal de la ville de Vire.

Broch. in-12, 8 p. Vire, Adam, 1868.
BV. M.

— *Notice sur Pierre Polinière. Journal de Vire*, 29 oct. 1868, et tiré à part. Lue à la Société d'Émulation.  BV. M.

— *Notice sur Richard Séguin. Journal de Vire*, 26 nov. 1868. Tiré à part, quelques exemplaires avec le portrait de R. Séguin, gravé en 1825.

— *Le Livre d'or de la cité viroise.* A M. Albert Canu.

Vire, Adam, 1868. *Journal de Vire*, 17 déc.

[Voir les *Annuaires virois* de 1865 à 1868. Articles de la Soc. d'horticulture et *Notice biog. sur Ant. de Campagnolles*].

**LE GRAIN** (EDMOND), né à Vire le 24 avril 1820, mort à Vire le 11 février 1871. Peintre, élève de Paul Huet, ses tableaux ont plusieurs fois été admis au Salon.

— *Résumé analytique* des travaux de la Société viroise d'Émulation pendant les années 1866 et 1867.

Broch. in-8°. Vire, Vᵉ Barbot, 1868; 26 p.

Tiré à 150 exemplaires, sur papier vergé de la fabrique de Dethan, de Vire.     BV. M.

— *Rapport* présenté au Conseil municipal par la Commission Castel-Chênedollé.

Broch. in-8°, 15 p. Vire, Vᵉ Barbot, 1868.

Dans l'*Annuaire virois* de 1865 : *L'Art et les Artistes virois*, 8 p.

Le *Virois* a publié une série de Rébus dus au crayon de M. Ed. Legrain, du 16 fév. 1845 au 13 sept. 1846.

[*Notice biographique* sur Edmond Legrain, de Vire, par A. Joly, doyen de la Faculté des Lettres de Caen.

Broch. in-8°, 50 p. Caen, Le Blanc-Hardel, 1872, avec 5 photographies par Ruppé.

Insérée au *Bulletin* de la Société des Beaux-Arts de Caen, 1873.     BV. M.

*Edmond Legrain*, pièce de vers par Léon Gomont. *Journal de Vire*, 23 février 1871].

**LE HOUX** (JEAN), né à Vire vers le milieu du XVIᵉ siècle, mort en 1616, avocat et poète; nous possédons une petite miniature représentant J. Lehoux, elle provient de la vente de M. Dubourg d'Isigny.

Cette miniature se trouve aujourd'hui (1878) entre les mains du Dʳ Porquet, à Vire, pour être ultérieurement déposée au Musée de Vire, selon les intentions souvent exprimées de M. Morin-Lavallée. [A. G.].

*Vaux de Vire* attribués à Olivier Basselin. L'édition de ces *Vaux de Vire*, publiée par lui vers 1570, a complètement disparu.

Voir l'article : Basselin (Olivier).

— *Les Vaux de Vire* de Jean Le Houx, publiés pour la première fois sur le manuscrit autographe du poète, avec une introduction et des notes, pa~ Armand Gasté.

1 vol. in-12. Paris, J. Claye, achevé d'imprimer le 12 novembre 1874 ; 298 p., y compris l'introduction. Un portrait gravé par Valentin, tiré à 250 exemp. Paris, Alph. Le Merre ; Caen, Vᵉ Le Gost-Clérisse.        BV. M.

Le ms. autogr. de J. Le Houx (Vaux de Vire et Noëls) se trouve à la Bibl. de Caen, nᵒ 27.

Deux copies très-exactes de ce ms. ont été faites, l'une par M. Th. Lemontier, vice-président du Tribunal civil de Caen ; l'autre par M. A. Gasté, prof. de rhétorique au lycée de Caen.

**LE JEUNE** (THOMAS), né à Vire le 22 avril 1700, mort à Vire le 15 septembre 1745, professeur de 2ᵉ au collége de Vire.

On lit au bas d'une pièce de vers latins qui se trouve à la Bibl. de Vire : Th. Le Jeune, sacerdos, humaniorum litterarum professor in collegio Virœo, 4 novembre 1741.

Nobili viro D.-D. Renato Lechapelin, pièce de vers latins, 4 p. in-4ᵒ.        BV.

**LELIÈVRE** (AUGUSTE), né à Vire, le 1ᵉʳ octobre 1822.

— *Rapport sur l'Industrie* de la teinture dans la fabrique de Flers.

Présenté à l'enquête industrielle de l'Assoc. normande, 10 juillet 1868 ; 11 p. in-8ᵒ. Flers, Folloppe, imp.  M.

— *Réponse à M. le Ministre* relativement à la question des traités de commerce, 11 septembre 1875 (Ch. consultative de Flers).        M.

— *Rapport sur le système de ventilation* appliqué dans les séchoirs. *Bull.* de la Soc. industrielle de Flers, 1876.

**LE MARCHAND** (DE LA FAVERIE), né à Vassy le 5 juin 1794, mort à Fresquienne, près de Rouen, le 23 juillet 1874, fut d'abord inspecteur des poids et mesures, sous-préfet de 1830 à 1833, préfet du Var en 1835, puis de la Drôme jusqu'en 1848. Il a publié plusieurs mémoires dans les *Bulletins* de la Société centrale d'horticulture du département de la Seine-Inférieure. Voici les titres de quelques-uns :

— *Notice sur le genre Musa* ou *Bananier*, et en particulier sur le *Musa paradisiaca*.

— *Notice* sur la culture sous bâches des Passiflores et des Melons.

— *Notice* sur le croisement du *Cucumis flexuosus* (concombre serpent) et du *Cucumis melo*).

— *Un travail* sur le mode de multiplication des figuiers ; un autre sur la deuxième floraison de la vigne.

— *Mémoire* tendant à démontrer que quelques plantes dioïques peuvent fructifier sans être au préalable fécondées par un individu mâle de leur espèce.        M.

— *Mémoire* sur la culture des *Ipomées Batates* (vulgairement patates), 1873.

Il avait précédemment publié une notice sur les poids et mesures. Rouen, juin 1829.        M.

Sa femme est auteur de nombreux albums de fleurs du Var, de la Drôme et de la Seine-Inférieure.

[Comme préfet, de nombreux travaux administratifs lui ont fait mériter la croix d'officier de la Légion-d'Honneur].

[Toutes ces notes sont extraites d'une notice sur M. Lemarchand de La Faverie, membre de la Société centrale d'horticulture du département de la Seine-Inférieure, t. XVI, p. 232 et suivantes. Rouen, H. Boissel, 1874; in-8°].

**LEMOINE** Charles), né à St-Germain-de-Tallevende le 29 avril 1824, ingénieur des arts et manufactures, fabricant de papier dans les Vaux de Vire.

— *Rapports* du Comité départemental du Calvados sur l'exposition universelle de 1867.

1 vol. in-8°. Caen, Le Blanc-Hardel, 1869, page 373 à 514.

C'est un rapport sur divers produits, machines et outils du département du Calvados figurant à cette exposition, tels que la papeterie, les papiers peints, l'imprimerie, les fils et tissus de coton, chanvre, lin, etc.; la draperie, les dentelles, les machines, les moteurs hydrauliques, les outils, la bonneterie, etc.   BV. M.

**LEMONNIER** (Pierre), né à St-Sever, le 28 juin 1676; mort à Paris, le 27 novembre 1757, professeur de philosophie au collège d'Harcourt, membre adjoint de l'Académie des sciences en 1725 et membre titulaire en 1757, année de sa mort; il eut la gloire assez rare de voir ses deux fils faire partie avec lui de l'Académie des sciences.

— *Cursus philosophicus ad scholarum usum accommodatus. Parisiis apud Ludovicum Genneau et Jacobum Rolin;*

6 vol. in-12, 1750 et 1751, fig. pour l'astronomie et la physique.

Cette Philosophie latine se trouve à la Bibl. de Vire en 6 vol. in-4° manuscrits, avec des planches gravées pour une édition in-4°; elle porte la date de 1733; bien reliée, et semble être le manuscrit de l'auteur.

[L'éd. in-12 contient quelques planches du ms. in-4°, mais réduites au format in-12].

— *Les premiers traités élémentaires de mathématiques*, dictés en l'Université de Paris, par feu M...
Paris, Imp. royale, in-8°, 1758.

Ouvrage posthume et anonyme. *La France littéraire*, année 1769, lui attribue encore : « *Premières Observations* faites par ordre du roi, pour reconnaître la distance terrestre entre Paris et Amiens. Paris, Imp. royale, 1757; in-8°. » Barbier, dans son Dict. des Anonymes, attribue ces deux derniers ouvrages à son fils Pierre-Charles; le Recueil de l'Académie des Sciences contient plusieurs observations sur les éclipses observées au collège d'Harcourt par Le Monnier père et fils.

Il eut deux fils nés à Paris : l'aîné, Pierre-Charles, fut associé à l'Académie des Sciences en 1735, il n'avait encore que vingt ans; il fut choisi pour aller avec Maupertuis sous le cercle polaire mesurer un degré du méridien. Il est l'auteur d'une quinzaine d'ouvrages importants sur des instruments servant à la navigation, sur l'effet des marées dans les grèves du Mont-St-Michel, sur le magnétisme terrestre, sur l'astronomie, etc. Indépendamment de ces ouvrages, on lui doit au moins cinquante Mémoires ou Observations sur l'astronomie, insérés dans le Recueil de l'Acad. des Sciences de 1737 à 1790, entre autres un Mémoire sur l'éclipse de soleil du 17 octobre 1781 observée à St-Sever ( Voir *Rec. de l'Acad. des Sciences*, 1781 ).

Le jeune, Louis-Guillaume, premier médecin du roi Louis XVI, fut aussi associé, en

1743, pour la botanique, à l'Acad. des Sciences et publia plusieurs ouvrages sur la Physique et l'Histoire naturelle.

[ P. Peuchet et Chanlaire, dans leur description topographique et statistique du département du Calvados ( 1811, 47 p. in-4°), font naître les deux fils Le Monnier à Vire ].

**LENORMAND** ( Pierre-Jean-Réné ), né à          , mort à Tallevende , le 21 juillet 1824, avocat au bailliage de Condé, membre de l'Assemblée législative et du Conseil des Cinq-Cents. Il est auteur de divers rapports à ces Assemblées.

— *Précis exact des motifs* qui ont déterminé l'insurrection du département du Calvados et des faits qui l'ont accompagnée.

8 p. in-8°, sans date.

Il y fait une histoire du Fédéralisme et proteste qu'il n'est point royaliste.     B. V.

— *Opinion du P. J. René Lenormand* sur les projets de résolution présentés par la Commission des finances, le 21 floréal an VI (au Conseil des Cinq-Cents) ; 5 p. in-8°.     BV.

— *Opinion sur les détenteurs de biens nationaux ;* 8 messidor an VI (au Conseil des Cinq-Cents).

— *Motion d'ordre* sur la nécessité de faire cesser les doutes qui se sont élevés à l'occasion du mode de partage des successions , etc. ; 27 frimaire an VII ( Conseil des Cinq-Cents ).     BV.

— *Discours* sur le départ des conscrits du Calvados ( adresse) ; 11 pluviôse an VII.

— *Motion d'ordre* sur la répression des brigandages et assassins royalistes dans le Calvados ; 29 germinal an VII.     BV.

— *Discours* après la lecture d'une pétition des administrateurs du Calvados pour le placement de l'école centrale dans la ci-devant Abbaye-aux-Hommes; 23 vendémiaire an VIII.     BV.

— *Annonce* faite par Le Normand au Conseil des Cinq-Cents de divers avantages remportés sur les Chouans dans le Calvados. Séance du 11 brumaire an VIII. C'est le détail de l'affaire du Clos-Fortin, à Tallevende ; 4 p. in-8°.     BV.

**LE NORMAND** ( Sébastien-René ), né à Condé-sur-Noireau le 2 avril 1796, mort à St-Germain-de-Tallevende le 11 décembre 1871 , fils du précédent, avocat et botaniste distingué. Sa ville natale a donné son nom à l'une de ses rues en 1873.

— *Notice sur l'emploi du sulfure de carbone pour la conservation des herbiers.*

Broch. in-8° , 1858.     BV.

Extraite du *Bull.* de la Soc. de botanique de France , 1858.

— *Notice biographique sur Chauvin* ( Voir ce nom).

— *Notice biographique sur M. Adel Durand*, ancien président du Trib. de commerce de Vire.

*Ann. norm.* de 1866, p. 598. Tiré à part.

— *Discours prononcé à la séance du 8 juillet 1866 , à Vire.*

Extrait du compte-rendu de la Soc. Linn.

Ce Discours contient l'éloge de Turpin, Dumont-d'Urville, etc.     BV.

— [*Notice biographique* sur Sébastien-René Le Normand, par M. J. Morière, lue à l'Académie des sciences et belles-lettres de Caen. Broch. in-8°. Caen, Le Blanc-Hardel, 1873; 31 p.]     M.

[Notice sur la vie et les travaux de Sébastien-René Le Normand, par M. le comte Jobert; 11 p. grand in-8°. Paris, imp. Martinet, 1872.]     M.

Lue à la Soc. de botanique de France, dans sa séance de rentrée, le 15 octobre 1872. *Bull.* de ladite Soc., tom. XIX.

## LE NORMAND (René), né à

Op. 1. — Six mélodies pour chants et piano, intitulées : *Rêverie.* — *Le Ramier.*— *La Plainte du pêcheur.*— *Chanson du message.* — *Le Printemps.* — *Sérénade.*

Paris, J. Maho, éditeur, 1871; 25 p. grand in-4°.

[Les paroles de la Chanson du Message et de la Sérénade sont de G. de Larenaudière. Voir ce nom.]

Op. 2. — Quatre pièces pour le piano. Éditeur Hugo Pohle, Hambourg, 1873.

Op. 3. — Trois marches pour le piano à quatre mains. Même éd., 1873.

La première en *sol* majeur, dédiée à M. Stéphen Gallot.

La deuxième en *ré* majeur, dédiée au Dr Pelvet.

La troisième en *sol* majeur, dédiée à M. Albert Canu.

Op. 4. — Sonate pour le piano et violon (C. Moll). Même éd., 1873; 24 p.

Op. 5. — Petites pièces pour le piano à quatre mains. Même éd., 1874.

1er cahier, dédié à Mlle Juliette Roycourt; 11 p.

2e cahier, dédié à Mlles Louise Canu et Louise Sandré; 9 p.

Op. 6. — Sonate pour piano et violoncelle. Même éd., 1874.

Op. 8. — Petites esquisses pour piano, Maho, éd., 1876.

## LE NOUVEL

— *Adresse* présentée à M. Le Nouvel, député de l'arrondissement de Vire, par divers électeurs fonctionnaires, pour le prier de démentir certains bruits qui l'accusaient de républicanisme, etc.

— *Réponse* de Le Nouvel, niant toute idée de républicanisme, 16 juin 1831; 4 p. in-4°, sans nom d'imprimeur.     BV.

## LE ROBERGER (Guillaume), se

faisant appeler Rohberg-Herr de Vausenville, né à Vire, le 12 juillet 1722. Le lieu et l'époque de sa mort nous sont inconnus; il prenait le titre d'historiographe de la ville de Vire; à la suite de quelques correspondances qu'il entretint avec M. Le Monnier fils, astronome, l'Académie des sciences le nomma l'un de ses membres correspondants.

— *Quadrature définie du cercle.* Paris, imp. d'Houry, 1774; 4 p. in-4°; c'est une sorte de prospectus contenant une courte lettre de d'Alembert.     [M. Huard.]

— *Consultation sur la quadrature définie du cercle.*

Broch. in-8°. Paris, P.-G. Simon, 1774; 15 p.     [M. Huard.]

— *Lettres patentes du Roi*, pour un brevet d'invention d'une manière de rayer le papier de musique, le plain-chant, les papiers à registres, etc., 4 septembre 1775.

Broch. in-4º. Paris, d'Houry; 10 p.
BV.

Le Roberger donna quelques petites notes sur l'histoire de Vire que l'on trouve insérées dans la collection des almanachs de Vire de 1768 à 1779.

On trouve dans les Étrennes Viroises de l'année 1770, l'annonce d'éphémérides qui se vendaient chez Chalmé, libraire-éditeur, et portant le titre suivant : *Abrégé chronologique de l'histoire de Vire et la note des grands hommes que cette ville a produits*. Nous n'avons jamais pu les trouver ; elles ont dû être imprimées vers 1769 et 1770; les Étrennes Viroises pour 1793 nous en donnent quelques extraits, *afin de les rappeler et faire plaisir aux amateurs*; Le Roberger et l'abbé Lefranc paraissent en être les auteurs ; comme il n'y avait point d'imprimeurs à Vire à cette époque et que Le Roberger habitait Paris, il est présumable que ces chroniques ne se sont vendues à Vire qu'en très-petit nombre. De là la difficulté de les rencontrer.

— *Essai physico-géométrique*, contenant : 1º la détermination du centre de gravité d'un secteur de cercle quelconque ; 2º la résolution géométrique du problème de la quadrature définie du cercle, déjà approuvée par plusieurs géomètres de diverses nations.

Exposé à la censure du public et nominativement à celle des physiciens-géomètres, professant dans les Universités, Colléges et Académies, lesquels sont priés et invités de le réfuter et d'en rendre la réponse par les journaux littéraires.

Avec une lettre d'invitation particulière à M. d'Alembert, pour le réfuter aussi s'il y a lieu.

Adressé à Sa Sainteté et aux Monarques, par M. Le Rohberg-Herr de Vausenville, astronome, correspondant de l'Académie Royale des sciences de Paris, Historiographe de la ville de Vire, etc.

1 vol. in-8º. Paris, imp. de Grangé, 1778 ; 208 p., plus 16 p. de titre, avec une lettre aux Monarques et une autre au Pape ; une pl. de géométrie.

Un exemp. à la bibl. de Vire, ayant appartenu à P.-J.-F. Polinière.

Ce volume contient, outre les lettres aux monarques d'Europe et au pape Pie VI, une longue préface et un avant-propos ; l'essai physico-géométrique ; une longue invitation faite à M. d'Alembert, pour réfuter les résolutions exposées dans cet écrit (47 pages); des observations sur le passage de Vénus sur le soleil, le 3 juin 1769, calculé au méridien de Paris et de Vire, et enfin l'art de rayer des papiers.

L'année suivante, il publia un supplément à son ouvrage, sous le titre :

*Discours pour servir d'introduction;* 15 p. in-8º. Paris, d'Houry, 1779. C'est une suite de diatribes contre d'Alembert et l'Académie des sciences.

**LE ROUSSEL** (PIERRE) de La Coquerie, né à Vire. [Voir Le Chartier (Pierre). ] BV.

**LETELLIER** (MICHEL), né à Viessoix, le 16 décembre 1643, mort à La Flèche, le 2 septembre 1719, jésuite, membre de l'Académie des belles-lettres, fut confesseur de Louis XIV ; il passe pour être l'auteur de la bulle *Unigenitus*, qui fit tant de bruit et donna lieu à tant de controverses dans son temps. Quelques écrivains le font naître à Vire, où son père était procureur.

Voici la liste que nous donne le Père Oudin, jésuite, des ouvrages imprimés du Père Letellier, et que l'on trouve parmi les Éloges de MM. de l'Académie des belles-lettres :

— 1° *Réponses* aux principales raisons de la nouvelle défense du Nouveau-Testament de Mons. Rouen, 1672 ; in-8°.

— 2° *Avis* importants et nécessaires aux personnes qui lisent les traductions françaises des Saintes Écritures et particulièrement celle du Nouveau-estament imprimé à Mons. Lyon, 1675 ; in-8°.

— 3° *Quintus Curtius*, ad usum Delphini.
Paris, 1684 ; in-4°. Réimprimé à Londres en 1705 ; in-8°.

— 4° *Observations* sur la nouvelle défense de la version française du Nouveau-Testament, imprimée à Mons. Rouen, 1684 ; in-8°.

— 5° *Défense* des nouveaux chrétiens et des missionnaires de la Chine, du Japon et des Indes, contre deux livres intitulés : *La Morale pratique des Jésuites* et l'*Esprit de M. Arnauld*.
Paris, 2 vol. in-12. 1867.
Le même ouvrage a été réimprimé en 1688, avec une addition sur la prophétie de sainte Hildegarde.
Cet ouvrage souleva de grandes polémiques et fut surtout attaqué par Arnauld, dans ses 6 vol. de la *Morale pratique*.

— 6° *Lettre à M. l'abbé Brisacier*, sur la révocation qu'il avait faite de son approbation donnée au livre de la défense des nouveaux chrétiens, etc., 1690 ; in-12.

— 7° *Défense* des nouveaux chrétiens et missionnaires, etc., seconde partie. Paris, 1699 ; in-12.

— 8° *Réflexions sur le libelle*, intitulé : *Véritables sentiments des Jésuites touchant le péché philosophique*, 1691 ; in-12.

— 9° *L'Erreur du péché philosophique* combattue par les Jésuites. Liége, 1691 ; in-12.

— 10° *Avis à M. Arnauld*, sur sa quatrième dénonciation et sur la nouvelle censure de ses erreurs qui viennent encore d'être condamnées à Rome, 1693 ; in-12.

— 11° *Lettre pour servir de réponse* aux remarques sur la lettre du Père de Vaudripont, jésuite, 1693 ; in-12.

— 12° *Recueil historique* des bulles et constitutions, brefs, décrets et autres actes concernant les erreurs de ces deux derniers siècles, tant dans les matières de la foi que dans celles des mœurs depuis le saint Concile de Trente. A Mons (Rouen), 1697 et 1710 ; in-8°.
Ce recueil fut supprimé par ordre du Ministère public.

— 13° *Défense du mandement* de M. l'évêque d'Arras, du 30 décembre 1677. A Cologne (Paris), 1698 ; in-16.

— 14° *Le Père Quesnel, hérétique*

dans ses réflexions sur le Nouveau-Testament, 1705 ; in-12.

— 15° *Diverses homélies du pape Clément XI*, traduites en français et imprimées en différents volumes des mémoires ou journaux de Trévoux.

Le Père Letellier a contribué aussi à une traduction du Nouveau-Testament en collaboration avec les Pères Besnier et Bouhours ; 2 vol. in-12. Paris, 1697 et 1703.

On a encore de lui, ou du moins on lui attribue :

— *Lettre de Letellier*, jésuite, à Louis XIV, contre Mgr le cardinal de Noailles, 2 août 1715, dans le *Journal historique* de Rotterdam, tom. IX.

On lui attribue aussi l'*Histoire des cinq propositions de Jansénius* sous le pseudonyme du D$^r$ Dumas.

Liége ; 2 vol. in-12, 1699.

Le père Niceron lui attribue aussi « les Réflexions d'un académicien sur la vie de Descartes ; l'abbé Serre les donne au Jésuite Boschet. Lahaye, 1692 ; in-12.

[Une grande quantité de pièces en vers et en prose ont été écrites contre Michel Letellier, jésuite ; on les trouve dans les recueils du temps.]

**LILMAN** (ANDRÉ-ARMAND), né à Vire, le 31 mai 1806, mort à Bayeux vers 1844.

Resté orphelin fort jeune, il fut recueilli par un oncle qui habitait Bayeux, où il fit ses études, fut professeur de rhétorique française, de déclamation et d'éloquence.

Il publia en 1824 un petit volume de poésies légères imp. à Bayeux. Ce petit essai fut favorablement accueilli de ses concitoyens. En voici le titre :

— *Loisirs d'un écolier*, par Armand Lilman, élève du collége de Bayeux, né à Vire. Bayeux, Groult, imprimeur; brochure in-8° de 27 p.          G.

Vers cette époque, il composa en collaboration d'un de ses camarades, M. Lecomte, un vaudeville qui fut représenté sur le théâtre de Bayeux; cette pièce est restée manuscrite.

— *Discours de Réception* à la Société d'Émulation des sciences et belles-lettres de Caen, par Armand Lilman, maître de langues française et ancienne.

Broch. in-8°. Bayeux, C. Groult, 1829; 31 p.          M.

— *Discours sur l'Éducation de la jeunesse ;* broch. in-8°. Paris, Eberhart, 1834, 35 p.

Ce discours est daté de Saint-Lo, 24 décembre 1833.

— *Nouvelle méthode d'Enseignement.* Grammaire française.

1 vol. in-8°. Paris, Imp. de Goetschy fils et C$^{ie}$, 1835 ; 419 p., plus 8 p. pour titre et préface. Donnée par M. Lilman fils.          M.

Cette grammaire, conçue sur un plan tout particulier, est divisée en neuf cahiers, avec trois tableaux synoptiques.

Il a encore laissé inédits des pièces et couplets, ainsi que quelques discours de circonstance.

**LUCAS** (LOUIS), né à Condé-sur-Noireau en 1816, mort le 9 janvier 1863, docteur-médecin.

— *L'Acoustique nouvelle*; 1 vol. in-18.

— *La Chimie nouvelle*; 1 vol. in-18.

— *Le Roman alchimique*; 1 vol. in-18.

— *La Médecine nouvelle*, basée sur des principes de physique et de chimie transcendantes et sur les expériences capitales qui font voir mécaniquement l'origine du principe de la vie.
2 vol. in-12. Paris, Simon Raçon, imp.; Dentu, édit., 1862; le 1er vol., 502 p.; le 2e vol., 1863, 232 p., ouvrage resté inachevé par suite de la mort de l'auteur.                                                     M.

**LUC DU GAST**, chevalier de la Table-Ronde, barde du XIIe siècle.

Il possédait un château et des terres au Gast, près St-Sever, et était le seigneur de cette paroisse sous Philippe Auguste. Il nous donne lui-même ces indications.

Il a écrit le *Roman de Tristan*.
[Essai sur les bardes de l'abbé de La Rue, tom. II, page 231.]

**MABIRE** (P.-H.), né à Vire, le         prêtre; d'abord professeur à l'Institution de Vaugirard, puis directeur de l'Institution de Sainte-Marie à Caen, vicaire général du diocèse de Bayeux, enfin supérieur de la communauté de Blon, près Vire.

— *Esquise de philosophie* morale, par Dugald-Stewart, traduction nouvelle, précédée d'une introduction par l'abbé P.-H. Mabire; 1 vol. in-12. Paris, Schneider et Lanorand, 1841; 192 p., plus 107 p. d'Introduction et Avertissement, daté de Vaugirard.    BV. M.

— *Essai sur la Philosophie écossaise*, précédé de la vie de Reid, d'après Dugald-Stewart.
1 vol. in-12. Paris, F. Didot, 1846; 103 p.                                                     M.

Ouvrages composés pour l'Institution de Sainte-Marie.

— *Cours théorique et pratique de la langue latine*, 1re partie; 125 leçons.
Caen, A. Hardel; in-8°, 1857.    M.

— *Cours théorique et pratique de la langue latine*, 2e partie, contenant la syntaxe; 85 leçons.
Caen, A. Hardel; 1 vol. in-8°, 1860, 384 p., plus 20 p. de titre et préface.
Une 2e édition en 1866; même imp.
M.

— *Nomenclature méthodique de la langue latine*.
Caen, A. Hardel; 1 vol. in-8°, 1868, 89 p.                                                     M.

— *Cours théorique et pratique de la laugue grecque*, première partie, contenant les parties du discours; 71 leçons.
Paris, Eug. Belin; 1 vol. in-8°, 1862, 396 p.                                                     M.

— *Nomenclature méthodique de la langue grecque*.
Paris, Eug. Belin; 1 vol. in-8°, 1862, 60 p.                                                     M.

— *Cahiers de Géographie*; 3 vol. in-12. Caen, Le Blanc-Hardel, 1859-1862.
1re partie, Cours élémentaire; 70 p.
2e partie, Cours supérieur; 2 vol. divisés en 3 livres, 300 p.
Il existe deux tirages de cet ouvrage.

— *Discours* prononcés à la distribution des prix de l'Institution de Sainte-Marie, à la fin de chaque année scolaire, dont trois en présence de Mgr l'Évêque de Bayeux et Lisieux.

Brochures in-8° de 24 à 45 p. chacune, depuis 1850 à 1870; une broch. chaque année, imp. à Caen chez Hardel. M.

Ces discours ont été réimprimés sous le titre : *Discours sur l'éducation ;* 1 vol. in-8°, Le Blanc-Hardel, Caen; 584 p.

— *Les Psaumes,* traduits en français sur le texte Hébreu, avec une introduction, des arguments et un appendice où sont exposées quelques vues nouvelles sur l'étude de la langue hébraïque.

1 vol. in-8°. Caen, Le Blanc-Hardel, 1868; 344 p., plus 94 d'Introduction.

Le *Contemporain* contient un éloge de cette traduction, reproduit par la *Semaine religieuse* de Bayeux, 16 août 1868.

— *Éloge funèbre du Révérend Père Madelaine*, prononcé le 30 septembre 1873 dans la chapelle de Blon, près Vire.

Inséré dans la *Semaine religieuse* du diocèse de Bayeux et le journal *Le Virois,* 2 octobre 1873, imp. aussi à part avec un compte-rendu des obsèques. Caen, Domin; 16 p. in-8°.

— *Vie de Madame de Saint-Léonard,* en religion Mère du Saint-Cœur de Marie, fondatrice et première supérieure générale de l'Institut des filles de la Miséricorde du Sacré-Cœur de Marie.

1 vol. in-8°. Caen, Le Blanc-Hardel, imp. Chénel, éditeur, 1875 ; VIII-603 p. M.

— *Notice sur Mgr Thomine-Desmazures,* évêque de Sinopolis, vicaire

apostolique du Thibet ; 52 p., insérée dans la *Semaine religieuse* de Bayeux, 1869, pages 107, 124, 136, 169, 185, 202, 213 et 233.

Tiré à part, broch. in-8°. Caen, Domin ; 72 p. M.

— *Allocution* prononcée par M. Mabire à la prise d'habit de M. l'abbé Heudier, 10 octobre 1869, de la *Semaine religieuse* de Bayeux ; 3 p.

— *Discours* pour la profession du même, 23 octobre 1870, de la *Semaine religieuse* de Bayeux.

**MADELINE**, né à Condé-sur-Noireau en 1798, prêtre, curé de Pontécoulant depuis 1836, ancien professeur de seconde.

— *Fables nouvelles,* suivies d'une cantate pour l'inauguration de la statue de l'amiral Dumont-d'Urville.

1 vol. in-12. Condé-sur-Noireau, Auger, 1845; 88 p. M.

C'est un recueil de 18 fables dont une est dédiée à M. l'abbé Achard de Saint-Manvieu, fondateur de la communauté de Blon, près Vire.

— *Cantiques et Poésies.*

Broch. in-8° qui a eu trois éditions. La 3°, Caen, Pagny, 1867 ; 24 p. M. L.

Ces cantiques ont été dédiés aux évêques de Bayeux et à l'Impératrice Eugénie.

**MADELAINE,** aumônier du couvent de Blon, près Vire, mort à Blon le

— *Obsèques de M^{me} de Saint-Léonard, née Léontine de Germiny*, fondatrice et première supérieure générale de la communauté de Blon.

12 p. in-8°. Vire, Rivet-Barbot, 1871. Cette broch. contient une allocution du R. P. Madelaine.     M.

**MALO** (JACQUES), cordelier à Vire.

Suivant une biographie assez complète du manuscrit de G. Chalmé, lib., et ainsi qu'il résulte encore d'un procès-verbal et inventaire fait aux Cordeliers de Vire, il serait né à Ste-Mère-Eglise, le 10 février 1757; mais selon le titre de la pièce suivante que l'on trouve dans Ed. Frère, c'est à Tocqueville qu'il serait né. « Jugement rendu par la Commission militaire séante à Bordeaux, qui acquitte Jacques Malo, ci-devant cordelier, imprimeur et militaire depuis la Révolution, natif de Tocqueville, district de Cherbourg, département de la Manche, domicilié à Bordeaux, du 6 germinal an II de la Répub. Bordeaux, Lafforest, sans date; in-f° plano. »

Malo fut d'abord cordelier au couvent de Bayeux; à la suite de querelles violentes avec ses confrères, il vint chez les Cordeliers de Vire jusqu'à la Révolution de 1789; à cette époque, il resta presque seul dans l'établissement, il y monta une imprimerie en société d'un nommé Lallemant. [Chalmé dit d'un Allemand d'origine.]

Ils eurent la clientèle de la Soc. populaire et des publications révolutionnaires, proclamations, etc.; ils publièrent aussi un journal qui s'imprimait dans le couvent des Cordeliers de Vire, sous ce titre :

— *Le Courrier des campagnes*, publié par la Société Typographique de Vire.

Le premier numéro parut le 14 janvier 1791, in-4°. Treize numéros parurent sous ce format; les suivants étaient de 8 p. in-8°. Ce journal était hebdomadaire et contenait quelques nouvelles locales et du département.

Jusqu'au 44ᵉ numéro.     M.

— *Catéchisme* du citoyen Français, précédé de celui de l'homme.

Broch. in-18. Vire, Soc. Typ., 1791; 52 p. Signé Lallemant.     M.

— *Couplets* chantés au repas donné par la Société Patriotique de Vire à M. Fauchet, évêque constitutionnel du Calvados, le 6 juin 1791; 5 p. in-12. M.

— *Adresse* d'un prêtre qui ne veut point tromper, aux habitants des campagnes.

Imp. de la Soc. Typ. de Vire, sans nom d'auteur ni date (1791); 7 p. in-8°.

— *Rapport de Malo*, chef de brigade du 21ᵉ régiment de dragons, au Ministre de la police générale, 11 pluviôse an V.     BV. M.

J. Malo mourut, suivant quelques biogragres, vers 1800.

**MARIE** (GUILLAUME), né à Condé-sur-Noireau le 15 mai 1740, mort le 23 septembre 1810, prêtre.

— *Essai sur l'histoire de Condé-sur-Noireau*, où l'on trouve l'état ancien et actuel de cette ville, par ***. 1785.

A Amsterdam, Bezogne (Caen, Le Roy), 1785; 1 vol. in-8°, 61 p.

[M. Seguin fils.]

**MARIVINGT**, né à St-Jean-le-Blanc, prêtre, curé de N.-D. de Vire.

— *Quelques notes* sur les délégations cantonales et l'organisation des écoles primaires.

Broch. in-8°. Vire, Adam fils, 1873; 32 p.

Lu à la séance des délégués, le 6 décembre 1872. M.

— *Construction d'une chapelle.* Circulaire pour les Sœurs de la Miséricorde.

4 p. Vire, Adam fils, 1874.

**MARTIN** (Cyrille), avocat à Vire, mort le 13 novembre 1872.

— *Notice biographique sur Louis Coquard*, de Vire.

*Ann. normand*, 1863, p. 779.

— *Reconstruction des tribunaux et de la prison.*

11 p. in-8°. Vire, Vᵉ Barbot, 1869.

C'est un rapport fait au Conseil municipal. M.

**MATROUILLET** (Isaac), curé de St-Martin de Condé, de 1613 à 1628, et principal du collége du même lieu, mourut en 1630.

— *La férule classique de maistre Isaac Matrouillet*, prestre, curé de Condé-sur-Noireau, pour donner sur les doigts de M. Jean Blanchart, ministre des Iles, près Condé, et autres coadjuteurs.

Caen, Michel Yvon, 1619; petit in-8°.

**MAUDUIT** (Michel), né à Vire en 1634, mort à Paris le 19 janvier 1709.

Prêtre, oratorien, prédicateur et poète, fut plusieurs fois couronné aux Palinods de Caen et de Rouen.

— *Traité de la religion contre les athées, les déistes et les nouveaux pyrrhoniens.*

Où, en supposant leurs principes, on les convainc qu'ils n'ont point d'autre party à prendre que celui de la religion chrétienne, par le R. P. ★★★, prêtre de l'Oratoire.

1 vol. in-12. Paris, 1677, Roulland.

2ᵉ éd., 1 vol. in-12. Paris, 1698; 520 p., plus 30 p. de préface et de table. Édition très-augmentée et très-préférable, selon l'abbé Lefranc.

BV. Offert par M. A. Gasté.

— *Mélange de diverses Poésies*, divisez en quatre livres.

1 vol. in-12. Lyon, Jean Certe, 1681. 214 pages de poésies, plus une préface de 20 pages qui est une sorte de dissertation sur les différents genres de poésies et sur les dangers de la comédie.

Le 1ᵉʳ livre contient 34 morceaux, dont les principaux sont :

Eglogve svr le sviet de Monseignevr le Dauphin ; 10 p.

Diverses autres pièces sur le Dauphin.

Stances pour Mᵐᵉ de Thieville, abbesse de Vire, allant aux bains de Bagnoles.

Epitaphe pour M. de Beaulieu, prêtre à Vire.

Le 2ᵉ livre contient 22 morceaux, presque tous sujets religieux, plusieurs sur la naissance de J.-C.

Immortalité de la cendre contre les impies, stances.

Le 3ᵉ livre à l'honneur de la Conception immaculée... Plusieurs pièces ont remporté le prix aux puys de Rouen et de Caen. 28 morceaux; on remarque :

Le cœur de saint Augustin vivant après sa mort, ode.

Le jour de Josvé sans nuit, chant royal.

La cendre incorruptible au milieu des flammes, ode, pièce couronnée.

Le chartreux sauvé des eaux, ode.

Zoroastre riant en sa naissance, chant royal.

La neige du Mont Etna, incorruptible au milieu des flammes, ode.

Le Mont-St-Michel sauvé des mains des Anglais, ode.

La maison du canton de Berne, ode.

Le pont d'Avignon bâti par un enfant, ode.

Le 4e livre contient une douzaine d'épîtres, dont une adressée au savant Duhamel, prieur de St-Lambert.                    BV.

2e édition, corrigée et beaucoup augmentée. Lyon, J. Certe, 1723 ; 1 vol. in-12.

Il a aussi traduit les Psaumes en vers, imp. à Paris, sans date ; 1 vol. in-12.

— *Analyse de l'Apocalypse*, contenant une nouvelle explication simple et littérale de ce livre, avec des Dissertations sur les Millenaires, etc.

Paris, Jean Nulli, 1714 ; in-12, 2 vol., 728 p.

Ouvrage publié après la mort de l'auteur. Voir le *Journal des Savants*, 1714, p. 678.

— *L'art de la Prédication*, ou Maximes sur le ministère de la chaire.

1 vol. in-12. Paris, F. Lebreton, 1712 ; 352 p.                    BV.

— *Méditation* pour une retraite ecclésiastique de dix jours, à l'usage des curés, etc.

Lyon, Certe, 1723 ; 1 vol. in-12. Réimprimé plusieurs fois.

Il a laissé manuscrit, outre l'analyse de l'A-

pocalypse, une traduction complète du Nouveau-Testament et un ouvrage sur la Dispute du Quiétisme. [V. Quérard et le *Mercure* de mai, 1709. ]

— *Dissertation sur le sujet de la goutte*, où l'on en découvre la véritable origine jusqu'ici inconnue et le moyen de s'en garantir.

Paris, Pralard, 1687 ; 1 vol. in-12.

La 2e édition parut sous le titre : *Dissertation sur la goutte* tant chaude que froide.

Paris, chez d'Houry, 1689 ; in-12.

*Analyse* des épîtres de saint Paul et des épîtres canoniques, avec dissertation sur les lieux difficiles.

Paris, L. Roulland, 1691 ; 2 vol. in-12.

2e éd. Paris, Roulland, 1693 ; 2 vol. in-12 ; 1377 p., plus la préface.     M.

3e éd. Paris, 1697 (BV.) et 1702 (M.) — Rouen, F. Vautier, 1713. — Toulouse, 1772.

*Analyse* de l'Évangile selon l'ordre historique de concorde, avec des dissertations sur les lieux difficiles.

Paris, Roulland, 1694 ; 3 vol. in-12.

La 2e édition est en 4 vol. in-12. Paris, 1703. — Caen, 1710 (M.). — Rouen, 1710. — Lyon, 1710 (M.).

9e éd. Malines, chez Hanique, 1821 ; in-12.

Enfin la 10e éd. Paris, Caume ; 4 vol. in-8°, 1843.

— *Les actes des Apôtres*, analysés selon l'ordre historique.

Paris, Michallet, 1697 ; 2 vol. in-12. — Rouen, F. Vautier, 1713. — Toulouse, 1772 (M.), etc.

**MAUDUIT DE MONTMIREL**, né à Vire (Montmirel, hameau de la paroisse de St-Manvieu).

— *Stances sur la barque de Jésus-Christ dans la tempête*, couronnées à Rouen en 1704.

— *Ode* française sur la Parélie, 1704.

—*Fondamenta ejus in montibus sanctis.* C'est un discours latin sur ce texte publié en 1706.

— *Ode* sur la vertu immortelle, 1707. Un *sonnet* sur le papier, 1707.

— *Ode* en l'honneur de l'Immaculée Conception de la Sainte-Vierge, couronnée au Palinod de Caen, 1716; 4 p., manuscrit Asselin.          BV.

On trouve ce nom au bas de pièces couronnées aux Palinods de Caen et de Rouen. Caen, 1668, 1699, 1704, 1716, 1717. Rouen, 1699, 1704, 1706, 1707.

L'écart qu'on remarque entre les dates 1668 et 1699 nous indique qu'il y a eu deux lauréats du nom de Mauduit (de Montmirel), d'autant mieux que la pièce couronnée à Caen en 1699 (chant royal) est signée : *Mauduit de Montmirel, de Vire, étudiant aux droits de l'Université de Caen.* Dans les *trois siècles palinodiques* de J.-A. Guiot, de Rouen (Ms. de la Bibl. de Caen), on lit : Mauduit de Montmirel, né à Vire, prêtre, professeur d'éloquence au collège de Lisieux... (Note communiquée par M. A. Gasté.)

**MAUPAS** (ÉMILE), né à Vaudry, élève de l'École des Chartes, bibliothécaire de la ville d'Alger.

— *Histoire de la Création*, exposé scientifique des phases de développement du globe terrestre et de ses habitants, par H. Burmeister, directeur du musée de Buenos-Ayres. Édition française, traduite de l'allemand, d'après la 8e édition, par E. Maupas, revue par le professeur Giebel. Paris, imp. de Simon Raçon et Cie, 1870; 1 vol. in-8°, 689 p., plus l'avant-propos, 66 fig. dans le texte.     BV.

— *Note sur la Moraine terminale* d'un ancien glacier trouvée dans le ravin de l'Oued-el-Kébir (Blidah); broch. in-8°. Alger, imp. de l'Association ouvrière, veuve Ailland, 1873, 12 p., avec une carte topographique. Extrait du *Bulletin* de la Soc. de climatologie d'Alger.     BV.

**MAUREY** (LÉON), né à Vire commissaire des poudres et salpêtres, ancien directeur de l'Arsenal.

— *Mémoire* pour le Ministre de la guerre, contre MM. Thomas et Laurens, au sujet d'un procédé de carbonisation étudié dans les poudrières de l'État. Broch. in-4°, Imp. impériale, 1859.     BV.

L'auteur fut autorisé à se rendre à la Cour impériale pour y soutenir son mémoire; le procès fut gagné par l'État.

— *Mémoire* sur la poudre-coton (Pyroxyle); broch. in-8°. Sceaux, 1864, typ. de E. Depée, 43 p. En collaboration avec Pelouze.     BV. M.

**MAURICE** (JEAN-BAPTISTE-PHILI-

BERT-F.), né à Sainte-Marie, mort à Versailles.

Docteur-médecin de la Faculté de Montpellier et médecin des armées, membre de la Société d'Émulation de Paris, etc.

— *Essai sur la médecine*, par le citoyen J.-B.-Ph.-F. Maurice, médecin à Nantes.

1 vol. in-8°. Nantes, de l'Imp. constitutionnelle de P.-F. Hérault, l'an II de la République, 408 p.          BV. M.

Cet ouvrage fut composé dans la prévision qu'on demanderait à l'auteur de passer une nouvelle thèse pour se faire recevoir agrégé de la ville de Nantes.

*Projet d'Éducation nationale.*
Nantes, de l'Imp. de P.-F. Hérault, l'an II ; 1 vol. petit in-4°, 115 p. petit texte.          M.

Cet ouvrage a été écrit pendant le siége de Nantes et contient des observations intéressantes sur l'éducation et l'hygiène de la jeunesse. La Société populaire de Vire lui vota une mention civique pour cet ouvrage dans la séance du 15 pluviôse an II.

— *Réfutation de la nouvelle doctrine des solidistes.*
1 vol. in-8°. Paris, de l'Imp. de la Société de Médecine, an IX.
202 p. et 8 de préface.          BV.

— *De l'électricité médicale ;* 1 vol. in-18.
Une 2e édit., Paris, imp. de Patris et Cie ; 1 vol. in-12, 1810 ; 252 p. et 12 p. de préface.          BN.

La première édition, imprimée loin de l'auteur était, selon lui, très-défectueuse.

— *Éléments de la science médicale*, d'après les principes exposés dans l'École de Montpellier.

Ouvrage utile aux commençants et à ceux qui se disposent à subir des examens.

1 vol. in-8°. Paris, Gabon, et Théop. Barais, 1802.

[Son frère, qui habitait la Mayenne, a aussi écrit sur la médecine vers 1800.]

**MICHEL** (Pierre-Louis-Joseph), né à Saint-Sever, le 28 mai 1810, mort à Allemagne, près Caen, le 12 novembre 1845, instituteur communal, poète.

— *Une fleur sous l'herbe*, poésies.
Caen, A. Hardel ; 1 vol. in-12, 1846, 128 p.          M.

Précédé d'un avant-propos de M. Alp. Leflaguais ; 12 pages. Ce vol. contient 40 pièces de poésies.

La *Revue de Caen* contient encore quelques poésies de Michel, qui ne se trouvent point dans le vol. ci-dessus, entre autre « Le Départ », page 499 à 501.          M.

C'est une variante d'*un dernier jour des vacances*, page 20 du Recueil.

**MOGES** (Louis-Théodore-Alphonse comte de), né à St-Georges-d'Aunay le 26 septembre 1789, mort à Passy, près Paris, le 6 juillet 1850. Vice-amiral de France, préfet maritime.

Cette famille est originaire de la commune de St-Georges-d'Aunay depuis 1592. (*Armorial général*, t. I.)

— *Considérations sur la marine française en 1818* et sur les dépenses de ce département.

1 vol. in-8°. Paris, Bachelier, 1818; 160 p. Publié sous le pseudonyme de M. de Boisgenette.

— *Mémoire à consulter et consultation pour l'indépendance européenne*, ou Essai sur le système maritime de la France.
1 vol. in-8°. Paris, Boucher, 1821.

— *Coup-d'œil sur la situation actuelle du département de la marine*, 1er mars 1828.
Broch. in-8° de 40 p. Paris, Bachelier, éd.; F. Didot, 1828.

— *Rapport* fait le 16 décembre 1832 à l'assemblée générale de MM. les Actionnaires du chemin de fer de la Loire.
Broch. in-8°. Paris, Bachelier, 1833; 48 p.

Le *Moniteur Universel* du 27 février 1839 contient deux lettres datées de Fort-Royal, adressées au Ministre de la marine et rendant compte de l'horrible tremblement de terre arrivé à la Martinique.
[Notice biographique sur M. le comte de Moges, vice-amiral. *Ann. normand*, 1852, page 587.]

**MOMIGNY** (GEORGES DE), né à Vire, compositeur de musique.
Il a composé la musique de près de cent morceaux, dont environ la moitié pour les maisons d'éducation.

**MONCOQ** (PIERRE), né à Truttemer-le-Petit, prêtre, chef d'institution, curé de St-Ouen, à Caen.

— *Une visite à l'église St-Pierre de Rome, en 1846.*

1 vol. gr. in-8°. Caen, Pagny, 1847; 109 p., avec 7 pl. lithog.          M.

— *Notice* sur M. l'abbé Le Mazurier, curé de St-Paul-du-Vernay; 5 p. in-8°, insérée dans la *Semaine religieuse* de Bayeux, 18 mai 1873.

— *Notice* sur M. l'abbé Auvray, curé de Truttemer-le-Petit, confesseur de la foi, dans la *Semaine religieuse* de Bayeux, 1875, nos 38, 39, 40 et 41; 14 p.

— *Chapelle de la communauté de St-Vincent-de-Paul de Caen.* — Cérémonie du 18 novembre 1873. *Semaine religieuse* de Bayeux, 30 novembre 1873.

**MONCOQ** (MICHEL), né à Truttemer-le-Petit le 2 août 1827, prêtre, missionnaire au Canada, mort noyé le 1er janvier 1856, âgé de 28 ans; il était frère du précédent.

Pierre Moncoq a publié les lettres que son frère Michel adressait à sa famille pendant son apostolat au Canada, sous le titre suivant:
« Priez pour l'âme du révérend Michel Moncoq, missionnaire du Canada.
1 vol. in-12. Caen, Ve Pagny, 1856; 100 p.          M.

**MONCOQ** (          ), né à Truttemer-le-Petit, docteur-médecin, lauréat de la Faculté de Médecine de Paris, chevalier de la Légion d'Honneur.

— *Procédé nouveau pour pratiquer la transfusion immédiate et instantanée du sang.*
Paris, A. Parent, 1864; 72 p. in-4°, avec deux fig. dans le texte.          M.

C'est une thèse que l'auteur avait préparée

pour le doctorat. Ses recherches ultérieures sur le même sujet ont donné lieu à des rapports très-avantageux de la part de M. Bouley à l'Acad. des sciences, en mars 1874, et dans les publications médicales.

— *Transfusion instantanée du sang.* — Solution théorique et pratique de la transfusion immédiate chez les animaux et chez l'homme.

1 vol. in-8°. Paris, A. Parent, imp.; Delahaye, éd., 1884; 348 p., avec 7 fig. dans le texte et une planche in-f°; 2e éd., même année.           [M. HUARD.]

**MONTEIL** (EDGAR-CHARLES-FRANçOIS-LOUIS), né à Vire le 31 janvier 1845.

— *Poésies :* Pièces fugitives.—Pensées d'amour. — Giuseppe. — Les chansons des Vaux-de-Vire.

1 vol. in-12. Paris, L. Beauvais, 1866; 72 p.             BV. M. G.

— *Les dernières tavernes de la Bohême.* — Le Cochon fidèle et le Temple de l'humanité.

Broch. in-8°. Paris, Étienne Sausset, 1867; 15 p.             BV. M.

— *Lettre sur le Conservatoire,* section de déclamation, avec cette épigraphe : L'Art !

Broch. in-8°. Paris, Dentu; 16 p. BV. M.

— *La Riette,* nouvelle publiée dans le journal *Le Siècle,* n°s du 10, 11 et 12 juin 1869.             M.

— *Le Dixain Vaudevirois.*

1 vol. gr. in-24. Rouen, Ch. Haulard, éd., 1870, Imp. de Jouaust. Paris; 64 p.             BV. M.

Ed. Monteil a été gérant d'un journal intitulé l'*Etudiant*, journal hebdomadaire qui n'a eu que 7 numéros, du 1er juin au 13 juillet 1867.             M.

Il a aussi écrit quelques articles dans *Le Rappel* et quelques autres journaux.

— *L'an 89 de la République.*

1 vol. gr. in-18. Paris, Balitous, imp. l'an 81 (1873); 154 p.             M.

Il prédit l'élection de Gambetta à la présidence de la République.

— *Sous le Confessionnal.*

1 vol. gr. in-18. Imp. Nouvelle, Sagnier, éd., 1873; 144 p.             ML.

— *Histoire d'un Frère ignorantin.*

1 vol. in-18. Paris, Brouillet, édit. Imp. St-Denis, 1873; 144 p.             ML.

Cet ouvrage a été interdit.

L'auteur fut condamné à un an de prison et 10,000 fr. de dommages-intérêts envers la Compagnie des Frères des écoles, en février 1874.

— *Le régime du Goupillon,* ouvrage anonyme.

Broch. gr. in-18. Paris, A. Sagnier, édit. Imp. Cagny-en-Vexin, 1873; 48 p.

C'est une série de 15 pièces supposées communiquées par un employé des ministères après le renversement de M. Thiers.             M.

— *Le Cléricalisme et les Rois Bourbons.*

Broch. in-8°. Paris, Le Chevalier, éd. Imp. St-Denis, 1873; 16 p.             M.

— *Le Catéchisme du Libre penseur.* 1877.

**MORIN** (PIERRE-EUGÈNE-EDMOND), né à Mesnil-Auzouf, le 21 juin 1854.

— *De solutionibus* ( droit romain ). — *Du paiement avec subrogation* ( droit français ).

Thèse pour la licence ( 3 déc. 1877). Caen, Le Blanc-Hardel, imp. ; in-8°, 151 p.

**MOULIN** (Jacques), prêtre, né à La Ferrière-Harang en 1803, mort à La Graverie le 3 janvier 1863, chanoine honoraire de Bayeux, fonda le petit-séminaire de Vire en 1838.

L'abbé Moulin a édité trois petits ouvrages de Lhomond, savoir : l'*Explication du symbole des Apôtres ; Explication des Commandements; la Grâce, les Sacrements et la Prière.*
3 vol. in-12. Vire, Barbot fils, 1834. M.
Le 1er vol. est précédé d'un abrégé de la foi et d'un précis des motifs de notre croyance; 23 p. par l'éditeur. Chaque volume contient également quelques notes explicatives.

— *Mois de Marie*, 1848.
8 p. in-12. Vire, Barbot fils.    M.

**MURY** (Narcisse-Désiré), né à Vire, le 2 nivôse an VI (22 décembre 1797), mort au même lieu, le 24 mars 1853, docteur-médecin, prosecteur de Lisfranc.

— *Note* sur des objets antiques en bronze trouvés près Vire. Soc. des Antiq. de Normandie, tom. IX, 1840 ; p. 568, avec planches.    BV.

— *Note* sur quelques objets antiques de l'arrondissement de Vire. Soc. des Antiquaires de Norm., tom. IX, p. 279, avec une planche.    BV.

— *Notice* sur M. Dubourg d'Isigny, an-cien président du tribunal civil de Vire. Ann. Norm., 1842 ; p. 663. Tiré à part ; 7 p.    ML. BV.

— *Du cancer de l'utérus et de sa thérapeutique.*
Paris, 1826, F. Didot ; in-4°, 27 p. (thèse).

**NOGET** (Jean-François), né à Condé-sur-Noireau, prêtre desservant à Aubigny, près Falaise.

— *Méthode* de la culture du melon en pleine terre, sans couche, sous cloche ou avec cloche, telle qu'on la pratique dans la vallée d'Orbec.
Broch. in-8°. Falaise, 1832, Brée l'aîné ; 25 p.    M.
Il existe deux autres éditions ; la 3e a été imprimée à Caen, chez Pagny, 1837; 37 p. in-8°, avec 11 fig. en 2 planches; elle contient 13 p. de notes nouvelles.
    M.
Il a été tiré au moins 1800 exemplaires de cette Méthode.

— *De la culture* de la vigne dans le Calvados et autres pays qui ne sont pas trop froids pour la végétation de cet intéressant arbrisseau, etc.
Broch. in-8°. Falaise, 1836, Brée l'aîné ; 31 p.

**PALINODS** de Caen et de Rouen.

— *Les Virois aux Palinods.*

— 1666. — Caen, Mauduit (de l'Oratoire). Ballade, 1er prix. — Ode, 1er prix.
— 1667. — Caen, Dufour (Georges), Epigr. lat., 2e prix.

— 1668. — Caen, Mauduit (de Montmirel), Épig. lat., 1er prix.

— 1669. — Caen, Lair (Jacques), Epigr. lat., 2e prix.

— 1670. — Caen, Lair (Jacques), Epigr. lat., 1er prix.

— 1672. — Caen, Dufour (Georges), Epig. lat., 2e prix.

— 1672. — Caen, Lair (Jacques), Epig. lat. 1er prix.

— 1673. Caen, Lair (Jacques), Épig. lat., 2e prix. — Ode lat., 1er prix.

— 1674. — Caen, Lair (Jacques), Ode lat., 1er prix.

— 1675. — Caen, Lair (Jacques), Ode lat., 2e prix.

— 1675. — Mauduit (de l'Orat.), Ode fr., prix.

— 1676. — Caen, Lair (Jacques), Ode lat., 1er prix.

— 1677. — Caen, Lair (Jacques). — Protrepticon ad Poetas.—Parthenicum epigramma. Ode lat., Epigr. lat., 2e prix.

— 1678. — Caen, Mauduit (de l'Orat.), Sonnet, 1er prix ; Lair (Jacques), Ode lat., 1er prix ; Epigr. lat., 1er prix.

— 1679. — Caen, Lair (Jacques). Protrepticon ad Poetas, Parthenicum epigramma : Invitation aux Poètes (vers fr.).

— 1680. — Caen, Le Chartier (de l'Orat.), Ode fr., prix.

— 1681 — Caen, Lair (Jacques). Distiques latins à Pierre-Daniel Huet. — Ode lat. Parthen. Epigramma. — Ad poetas.

— 1682. — Caen, Du Hamel, ancien bénédictin à St-Sever. Dixain, prix.

— 1684. — Caen, M. de La Vestanponnardière (??), avocat à Vire (???). Dixain, prix.

— 1685. — Caen, Du Hamel (Michel), ancien bénédictin de St-Sever. Dixain, prix.

— 1686. — Caen, Lair (Jacques), Protrepticon epigramma, ad Parthenicos poetas.

— 1687. — Caen, Lair (Jacques), Protrept. epigr., invitatio ad Poetas. — Aux Poètes (vers fr.).

— 1689. — Caen, Lair (Jacques), Epigr. latin. Illustriss. viro N.-J. Foucault. — Epigr. lat., Doctiss. viro Segrais.

— 1690. — Caen, Lair (Jacques), Hortatio ad Poetas, Epig. lat.

— 1695. — Caen, Lair (Jacques), ad Pacem vota et preces. Epigr. lat.

— 1699. — Caen, Mauduit (de Montmirel), chant royal, 2e prix. — Sonnet, 2e prix.

— 1699. — Rouen (le même), Sonnet honoraire.

— 1701. — Caen, Asselin, Ballade, prix.

— 1702. — Caen et Rouen, Sonnet, 2e prix.

— 1704. — Caen, Mauduit (de Montmirel), Ode, prix.

— 1704. — Rouen (le même), Stances, 1er prix, Ode, prix. — Epigr. lat., 1er prix.

— 1706. — Rouen, Mauduit (de Montmirel), Ode, prix.

— 1707. — Rouen, Mauduit (de Montmirel), Sonnet, prix. — Discours sur le texte : *Fundamenta ejus in montibus sanctis.* (Prix).

— 1707. — Caen, Asselin, Sonnet, 1er prix.

— 1714. — Caen, Brouard (de La Motte), Epig. lat., 2e prix.

— 1716. — Caen, Mauduit (de Montmirel), Ode fr.

— 1717. — Caen, Mauduit (de Montmirel), Ode fr. — Remerciement.

— 1731. — Rouen, Dumont, Epigr. lat., prix.

— 1732. — Rouen, Dumont, Ode fr., prix.— Ballade, prix. — Grates.

[ Note communiquée par M. Armand Gasté, après ses recherches dans les Recueils des Palinods. Bibliothèque publique de Caen et Bibliothèque Mancel, même ville. ]

On trouve encore dans Guyot ( *Les trois siècles palinodiques*, Ms. de la Bibliothèque de Caen) les renseignements suivants :

— 1617. — Rouen, Anfrie, prince du Palinod.

— 1664. — Rouen, Chartier (Pierre), Allégorie latine.

— 1727. — Rouen, Dumont, Ballade (sur la Rose).

— 1664. — Rouen, Mauduit (de l'Oratoire), Ballade.

— 1669. — Rouen (le même), Sonnet.

— 1670. — Rouen (le même), Chant royal.

— 1650. — Rouen, Vengeons (Pierre), Epigr. lat.

— 1652. — Rouen (le même), Epigr. lat.

— 1653. — Rouen (le même), Epigr. lat. (Note communiquée par M. A. Gasté).

**PASSARD** (SANSON), prêtre, curé de Montchamp-le-Grand. Il fut parrain de Sanson de Cesne, imp., fils de Jean de Cesne, premier imp. à Vire.

— *Instruction chrétienne*, exercices spirituels en faveur des paroissiens et du peuple des missions.

1 petit vol. imprimé à Vire chez Jean de Cesne, 1663.

[Voir les *Recherches* de l'abbé Beziers sur Condé; voir aussi M. de Caumont, *Statistique monumentale*, tom. III.]

**PASTOU** (J.-BASTIEN), né à

Artiste musicien du theâtre Italien, venu à Vire fort jeune avec sa mère qui y est demeurée jusqu'à sa mort; il s'était fait à Vire beaucoup d'amis parmi les amateurs de musique, il dirigea même pendant quelque temps la musique de la garde nationale; il était considéré à Vire presque comme un compatriote.

— *École de la Lyre harmonique*, cours de musique vocale ou recueil méthodique de leçons de M. J.-B. Pastou.

Paris, Kleffer, 1822; in-8°; aussi format in-4°, 94 pages et 8 d'introduction. M.

— *Quelques observations de B. Pastou*, prof. de musique, fondateur de l'École de la Lyre Harmonique, sur la méthode désignée sous le nom de Mélophaste.

Broch. in-8°. Paris, chez l'auteur, 1823; 37 p. M.

— *Méthode de musique vocale*, avec portrait de l'auteur, dédiée à M. Destremont.

Paris, Richault, 1 vol. in-4°; 338 p. gravées, sans date. M.

Cette méthode a eu 7 à 8 éditions de 1823 à 1835.

— *Méthode élémentaire de violon*, avec une théorie nouvelle sur la manière d'employer l'archet.

Dédié à L.-J. Claudon; 140 p. in-fol. Gravé par M^me Fondard, sans date. Paris. M.

**PELVÉ** ou **PELLEVÉ** (NICOLAS DE), né à Vire (?), fut archevêque de Sens en 1563 et cardinal en 1570, et mourut en 1594.

[Il existe parmi les papiers de Colbert un ouvrage manuscrit contenant la *Vie abrégée de N. Pelvey*.]

Dulong, p. 192. *Bibl. histor. de la France.*

**PELVET** (NORBERT), né à Vire le 30 septembre 1838, docteur-médecin, licencié ès sciences naturelles.

— *Mémoire sur les fissures congénitales des joues.*

Broch. gr. in-8°. Paris, Thunot et C^ie, 1863; 14 p., avec une pl. lith.

Extr. des comptes-rendus des séances et mémoires de la Soc. de Biologie.; 1863. M.

— *Des anévrysmes du cœur.*

1 vol. in-8°. Paris, A. Parent, imp.; Ad. Delahaye, éd., 1867; 172 p., avec 2 pl. lith. représentant l'état des tissus dans l'anévrysme (thèse pour le doctorat). M.

— *Étude expérimentale sur l'action physiologique du bromure de potassium,* par MM. Martin-Damourette et Pelvet.

Broch. in-8°. Paris, typ. de Hennuyer et fils, 1867. Extrait du *Bulletin de thérapeutique médicale et chirurgicale,* nᵒˢ 30 septembre et 15 octobre 1867. M.

— *Étude de physiologie et thérapeutique* sur la ciguë et son alcaloïde.

Mémoire lu à la Société de thérapeutique, le 18 juin 1869, par Martin-Damourette et Pelvet.

1 vol. grand in-8°. Paris, Cusset et Cⁱᵉ, imp. P. Asselin; éditeur, 1870; 160 p. M.

[PELVET (François-Alexandre), son père, né également à Vire, a formé un précieux herbier de plantes cryptogames.]

**PERCY** (Mᵐᵉ Julia DE PERCY, née DE CHEUX), née au château de St-Clair, commune de St-Germain-de-Tallevende, le

— *Trois nouvelles.*

1 vol. in-12, 1824. Paris, Firmin Didot, 268 p.; quelques ex. sur vélin.

1ʳᵉ nouv., Lord Beverley.
2ᵉ id., Les contrastes.
3ᵉ id., Le comte d'O. M.

Ces nouvelles ont été lues devant Castel avant l'impression (lettres de Castel, tom. II);

il se chargea d'en corriger les épreuves. Protestante, elle se convertit au catholicisme et fit disparaître la plus grande partie de ses écrits.

— *Le Spleen ;* 1 vol. in-12.

**PETIT** (l'abbé), curé de Montchauvet, auteur de deux tragédies anonymes, non représentées.

— *David et Bethsabée,* tragédie par l'abbé ***. Londres (Rouen), 1754; in-12.

— *Baltazard,* tragédie par l'abbé ***. Prix, vingt-quatre sous.

Petit in-8°, 1755, sans lieu d'impression; 64 p., plus 8 p. de prélim. BV.

[Voir au sujet de ces tragédies la correspondance de Grimm et de Diderot.]

**PETIVILLE D'ESTRY** (STEPHEN DE), né à St-Germain-de-Tallevende.

— *Histoire d'Alger,* de son territoire et de ses habitants, de ses pirateries, de son commerce et de ses guerres, de ses mœurs et usages, depuis les temps les plus reculés jusqu'à nos jours.

Dédiée à Mgr Dupuch, évêque d'Alger, avec une épître d'envoi à Mᵐᵉ du Rosel de Vaudry.

1 vol. in-8°. Tours, A. Mame et Cⁱᵉ, 1841; 384 p.; le portrait de l'évêque d'Alger se trouve à la 1ʳᵉ édit. seulement. BV.

Cet ouvrage a eu une dizaine d'éditions; à partir de la 2ᵉ éd., il y a un 2ᵉ titre gravé, un frontispice et 2 gravures dans le texte. M.

Le même auteur a fait quelques biographies de chefs vendéens, pour lesquelles il désire garder l'anonyme (1841).                    M.

**PICARD** (ARSÈNE), né à Carville, , élève de l'école polytechnique, député au Corps législatif (1876).

— *Exposé* d'un système de réorganisation des forces militaires de la France, présenté à l'Assemblée nationale.

Broch. grand in-12. Caen, Le Blanc-Hardel, 1871; 24 p.                    M.

Un rapport favorable en a été fait à l'Assemblée, sous le n° 471 du compte-rendu officiel. (Voir le *Journal Officiel* du 28 mai 1871.)

— *De l'organisation du suffrage universel,* inséré au *Moniteur du Calvados*, 1873; quelques n°ˢ.

— *Rapport* sur le classement des anciennes routes départementales en chemins de grande communication de première classe, inséré au *Moniteur du Calvados*, 30 août 1873.

— *Discours* à l'occasion de la collation des grades universitaires, *Journal Officiel* du 7 juin 1876.

**PICHON** (THOMAS), né à Vire, le 30 avril 1700, mort à Jersey, le 22 novembre 1782.

Il épousa en Angleterre Mᵐᵉ Leprince de Beaumont et prit le nom de Tyrrhell; il était avocat et avait aussi été secrétaire du comte de Raimond, gouverneur du cap Breton; à sa mort, il fit don de sa bibliothèque à la ville de Vire.

[ Voir manusc. Asselin. ]

— *Lettres et mémoires* pour servir à l'histoire naturelle, civile et politique du cap Breton, depuis son établissement jusqu'à la reprise de cette Isle par les Anglais en 1758.

1 vol. in-12. Lahaye, Londres, 1760; 337 p., plus 16 p. de préface, etc.    M.

· *Genuine lettres and memoirs*, relating to the natural, civil, and commercial History of the Islands of cape Breton and Saint-John, etc.

By an impartial Frenchman.

London, J. Nourse, 1760; 400 p. in-8°, plus 16 p. de préface, etc.    BV.

Quérard, dans la *France littéraire*, lui attribue faussement un traité de la *Nature* trouvé manuscrit dans les papiers qu'il a légués à la ville de Vire.

**POLINIÈRE** (PIERRE), né à Coulonces, le 8 septembre 1671, mort au même lieu, le 9 février 1734 [c'est par erreur que L. Dubois le fait naître à Coutances]. Docteur en médecine, mathématicien, il fut pendant plus de trente ans professeur de physique dans divers colléges de Paris; il avait épousé Marguerite Asselin, sœur de M. Asselin, proviseur du collège d'Harcourt.

— *Éléments des mathématiques*, par M. Pierre Polynière, docteur en médecine.

1 vol. in-12. Paris, chez J. de Laulne, éditeur, 1704; 614 p., plus 30 p. de préface et discours sur l'utilité des mathématiques.                    M.

Ce volume, dédié à M. le marquis de Chamillart, se compose de l'arithmétique, l'algèbre et la géométrie qui, à elle seule, contient près de 400 pages (Un grand nombre de figures dans le texte).

— *Expériences de physique*, par M. Pierre Polynière; 1 vol. in-12. Paris, 1709, J. de Laulne; 508 p., plus 8 p. de préface, 10 pl. gravées. Le privilége date de 1703. BV. M.

— 2e éd. *Expériences de physique*, par M. Pierre Polinière, revue et beaucoup augmentée; 1 vol. in-12. Paris, 1718, J. de Laulne; 576 p. et 8 p. de préf., 16 pl. BV.

— 3e éd., 1 vol. grand in-12. Paris, 1728, Ch. Mouette et autres éditeurs, revue, corrigée et augmentée par l'auteur; 648 p. et 17 pl. M.

— 4e éd., 2 vol. in-12. Paris, 1734, Gissey, imp.; 814 p. et 40 préliminaires, 19 planches.
L'auteur mourût cette même année; une courte biographie accompagne cette édition. BV.

— 5e éd., 2 vol. in-12. Paris, 1741, Gissey, imp., même nombre de pages que la 4e éd. Cette édition revue, corrigée et augmentée sur les manuscrits de l'auteur; 19 pl. M.

[Voir la vie des philosophes modernes de Saverien et le manuscrit Asselin.]

**POLINIÈRE** (PIERRE-JULIEN-FRANçOIS), fils du précédent; doct. agrégé au collége des médecins de Vire.

Il est auteur d'une Notice sur la vie et les travaux de Pierre Polinière, son père, notice imprimée dans le 6e vol. des *Philosophes modernes* de M. Savérien.
Paris, 1773; 51 p. in-12 et in-4°, avec portrait. BV. M.

**POLINIÈRE** ( AUGUSTIN-PIERRE-ISIDORE, baron DE), fils de P. Julien, né à Vire, le 15 décembre 1790; mort à Lyon, le 1857.
Médecin de l'Hôtel-Dieu et de l'Hospice de la Charité de Lyon, président de la Soc. de Médecine du Rhône, chevalier de la Légion d'Honneur, président du Conseil de salubrité du Rhône en 1848, etc.

— *Essai sur la Puberté*. Paris, Didot jeune; 39 p. in-4°, 1815 (thèse de doct. en médecine). BV. M.

— *Mémoire* sur la question suivante : Quels sont les avantages et les inconvénients respectifs des hôpitaux et des secours distribués à domicile aux indigents malades ? Quelle amélioration pourrait-on introduire dans le régime actuel des établissements de cette nature ? Mémoire auquel l'Académie royale des sciences, belles-lettres et arts de Lyon a décerné une médaille d'or dans sa séance publique, le 4 septembre 1821.
Lyon, de Darnaud, imp., 1821; 1 vol. in-8°, 176 p. BV.
Le faux titre porte seulement : Mémoire sur les hôpitaux et les secours distribués à domicile aux indigents malades.

— *Études cliniques sur les émissions sanguines artificielles*.
(Ouvrage qui a remporté le prix à Marseille en 1826).
2 vol. in-8°. Lyon, Louis Perrin, imp., 1827; 824 p. BV.

— *Rapport sur la fabrique d'eaux minérales artificielles* de M. Bourgeois fils.

Lyon, 1832, en collaboration avec Monfalcon.

— *Rapport sur le choléra-morbus de Paris*, présenté au Conseil municipal de Lyon.

1 vol. in-8°. Lyon, imp. de L. Babeuf, 1832 ; 160 p., en collaboration avec Trolliet et A. Botteux, docteur médecin.

— *De l'Éducation et de ses rapports avec la médecine*. Discours de réception prononcé dans la séance publique de l'Académie roy. des sciences, belles-lettres et arts de Lyon, du 3 septembre 1833. Lyon, de Rossary, 1833 ; in-8° de 16 p.

— *Rapport* fait à la Société de Médecine de Lyon au nom de la Commission, par J. Polinière, président de la Société et rapporteur. Séance du 13 mai 1839, broch. in-8°. Lyon, Barret, 1839 ; 35 p. M. L.

—*Rapport* fait à l'Académie royale des sciences, belles-lettres et arts de Lyon, sur les honneurs à rendre à la mémoire du major général Claude Martin, au nom de la Commission ; lu le 25 juin 1840.

Broch. in-8°. Lyon, Barret, 1840 ; 27 p. BV.

— *Rapport* (à la même Académie) sur le plan et le mémoire de M. le docteur Girard de Cailleux, concernant les constructions projetées à l'Hospice des Aliénés d'Auxerre au nom d'une Commission ; lu le 5 juillet 1842.

Auxerre, Ch. Gallot, 1842 ; broch. in-8°, 15 p. avec 2 pl. BV.

— *Hygiène de la ville de Lyon*, ou opinion et rapports du Conseil de salubrité du département du Rhône.

1 vol. grand in-8°. Lyon, Nigron, 1845 ; 380 p., en collaboration avec G.-B. Monfalcon. BV. M.

— *Traité de la salubrité des grandes villes*, suivi de l'Hygiène de Lyon (par les deux mêmes).

1 vol. in-8°. Lyon, Nigron, 1846 ; 551 p. BV.

— *Éloge du docteur A. Botteux*, lu à la Soc. de Médecine de Lyon.

Broch. in-8°, 1850 ; 62 p.

— *Hygiène de Lyon*. Compte-rendu pour 1849 et 50 au Conseil de salubrité, par MM. Monfalcon et P.-J. de Polinière, sur l'Hygiène de Lyon, de 1845 à 1850.

Broch. in-8°. Lyon, Nigron, 1851 ; 69 p. BV.

— *Considérations* sur la salubrité de l'Hôtel-Dieu et de l'Hospice de la Charité de Lyon.

Lyon, 1853 ; in-8° avec 2 plans. BV.

— *Rapport* sur le concours ouvert par l'Académie impériale des sciences, belles-lettres et arts de Lyon, pour l'Éloge de M. le maréchal Suchet, duc d'Albuféra; lu le 21 juin 1853.

Broch. in-8°, 1853 ; 34 p. BV.

— *Éloge de M. le docteur Mermet*, à la Commission permanente de vaccine.

12 p. in-8°. Lyon, 1853. Se trouve avec les Rapports du doct. Roy de cette Commission.

— *Association des médecins du département du Rhône*.

Rapports annuels de 1854, 40 p., et 1855, 54 p. Lyon, 1855 ; in-8°.    BV.

[Vie du docteur de Polinière, par P. Diday; broch. in-8°. Paris, Baillière et Victor Masson. Lyon, Savy, 1857 ; 47 p., plus un autographe.]

**PORÉE** (JEHAN), sieur de La Gilletière, né à Vire, vers le milieu du XVIe siècle.

On connaît sous le nom de Jehan Porée un manuscrit qui se trouve aujourd'hui (1878) en la possession des héritiers de M. Jean-François Le Pelletier, avocat à Vire, descendant de la famille Porée. Ce manuscrit contient 38 noëls et 20 chansons. Il est écrit sur papier grand in-8°. Les lettres initiales sont de grandes lettres fantastiques, dont la plupart sont enluminées. Très-souvent on lit à la fin des noëls et des chansons : I. P., ou en toutes lettres Iehan Porée, avec la date 1681. Les feuillets 18, 19 et 20 sont enlevés. Les 7 derniers noëls, y compris celui qui se trouve seul après les chansons, sont d'une autre écriture que les premiers [ et tous ces 7 noëls ne sont pas de la même écriture.] Les premiers noëls et les chansons sont de la même écriture.

On lit au commencement du ms., sur une petite bande de papier : « Je (sic) recouvert et racommodé le présent en 1716, par considération des lettres peintes et alphabétiques des cantiques, faictes par mes ancêtres. » [M. A. Gasté a publié les chansons de ce ms. à la suite des Chansons normandes du XVe siècle. Caen, 1866. — Il a également publié un Noël dans l'introduction des Noëls Virois de J. Le Houx. Caen, 1861.]

**PORQUET** (l'abbé PIERRE-CHARLES-FRANÇOIS), né à Vire, le 12 janvier 1723 ; mort à Paris, le 20 novembre 1796, prêtre. Il fut précepteur du chevalier de Boufflers et aumônier du roi Stanislas, à Nancy.

Il a publié un certain nombre de pièces de vers, notamment dans l'Almanach des Muses des années 1767, 71, 72, 73, 74, 75 et 76. (Voir aussi à la fin des Œuvres de Boufflers et le Mag. encyclopédique de 1807, tom. II et III.) Le journal de Fréron contient également quelques pièces. Une partie des poésies de Porquet est restée manuscrite et doit se trouver entre les mains de M. Ch. Fédérique, conservateur de la Bibliothèque de Vire.

Nous avons encore de lui : La Passion du jeu, Poème. Paris, Thiboust, 1851 ; 8 p. in-4°.      (Ch. Lemoine).

— Discours de réception à l'Académie de Nancy en 1766.

— Il a aussi publié des Réflexions sur l'Usure.

**PORQUET** (MARC-HIPPOLYTE), docteur en médecine, né à Vire, le 27 mai 1816.

Thèse pour le doctorat, à Paris, le 26 août 1841 ; in-4°.

1° Du traitement et de la nature de la péricardite ;

2° Comparaison des fractures des membres supérieurs avec celles des membres inférieurs ;

3° Des soudures séniles dans les os;

4° Les principales familles de plantes monocotylédonés, à insertion épigynique.

Thèse pour le doctorat, par M. A. Margerie (de Vire), soutenue à Strasbourg, le 18 août 1866 et dédiée au Dr Porquet :

3 observations de fractures compli-
pliquées de la cuisse, guéries par l'ap-
pareil à *extension continue*, inventé par
le Dʳ Porquet.

*Année médicale du Calvados :*
1º Février 1877. *Rétention d'urine*,
double ponction hypogastrique : gué-
rison ;
2º Mai 1877. *Ablation complète et reproduction de la clavicule.*

Divers articles dans l'*Union médicale*
de Paris.

Journal *Le Virois*, du 11 janvier 1877,
*Discours* sur la tombe de M. Morin-
Lavallée.                       M. L.

**PORQUET**  ( CHARLES - FRANÇOIS -
XAVIER), né à Vire.
Droit civil français :
*De la Compensation.*
Droit commercial :
*Des conditions de validité de la lettre
de change.*
Thèse pour la licence, 1874 ; Paris.
M. L.

Il a pris part à un travail sur une traduction du Talmud (1876).

**POTREL** (EUGÈNE), né à St-Sever,
              mort au même lieu,
le                d'abord employé
au ministère des Cultes, puis fut quelque temps à Constantinople avec une
troupe d'artistes, revint à Paris, où il
collabora au journal *Le Nain Jaune*
(1865).

— *Vie de N.-S. Jésus-Christ*, réponse au livre de M. Renan.

1 vol. in-8º. Paris, imp. Divry et Cⁱᵉ ;
éd. Martin-Beaupré frères, 1863 ; 193 p.
M.

[Il a laissé manuscrit un ouvrage sur les
*Mœurs de Londres*, et un autre sous le titre de
*Brutus*, prêt à être livré à l'impression quand
la mort est venue le frapper. ]

**QUILLARD** (ALCIDE), né à Bernières-
le-Patry, docteur-médecin.

— *Études de Pathogénie et de Sémio-
logie* sur l'état de la Pupille dans les
maladies.
1 vol. in-8º. Paris, A. Parent, 1868 ;
102 p.

**RATEL** (JEAN-FRANÇOIS), né à Vire,
le 27 fév. 1811, mort à Bernay, le 3 juin
1857.
Professeur au collége de Bernay,
collaborateur du *Magasin pittoresque*,
(*Les deux Mansardes*, le *Vase de Ber-
thouville*, le *Sceau de l'abbaye du
Bec*, etc.).

— *L'Enfer Virgilien*, carte géogr.
in-4º.                       BV. G.

— *L'Enfer du Dante*, carte géogr.
in-4º.                       BV. G.

[Voir Notice sur Ratel, par Alphonse Asse-
gond, *Journal de Bernay*, octobre 1876,
et tirage à part ; in-8º, 14 pages. Bernay,
veuve Lefèvre, 1876. Cette notice contient
5 poésies inédites de J.-F. Ratel.]   BV. G.

**RENTY** ( GASTON-JEAN-BAPTISTE,
baron DE), né en 1611 au château du
Bény-Bocage, mort à Paris, le 24 avril
1649.

Il fut tenu sur les fonds de baptême par deux pauvres.　　[Voir Moréri.]

De Renty fonda une corporation de frères Cordonniers avec des statuts, en 1645, à Paris, de concert avec Henry-Michel Buch.

Les associés de la communauté des frères Cordonniers de SS. Crespin et Crespinien, suivant leur statuts, mettaient tout en commun, élisaient à vie un maître, et observaient certaines pratiques religieuses, s'engageaient au célibat, etc. La signature de Gaston de Renty se trouve au bas de ces statuts parmi les sept membres fondateurs; on lui conféra le titre de Protecteur temporel.

[Voir l'histoire des Cordonniers du Bibl. Jacob, p. 259 à 265].

On lui attribue aussi la fondation de la Compagnie établie à Caen sous le nom de l'Hermitage, ou encore de Cie du Saint-Sacrement.

— *L'Introducteur charitable en la Cosmographie*, 1639.

La 2e édition porte pour titre : « L'Introducteur en la Cosmographie, divisée en traicté de la Sphère et de la Géographie, par deux parties, où en l'une toute la fabrication de cet univers sera clerement exposée; en l'autre, la division des divers cantons de ce bas-monde sera soigneusement expliquée, par G. J. B. D. R.

Revue, corrigée et augmentée de plus du tiers, par le sieur L. C. (Louis Coulon).

1 vol. in-8°. Paris, Gervais Cloustier, 1646.

La 1re partie, intitulée Traicté : de la sphère; 207 p., 20 fig. gravées dans le texte.

L'auteur y combat encore le système de Copernic comme contraire à la raison et aux écritures.

La 2e, le Cosmographe ; 338 p., plus 14 de table.　　　　　BV.

— *Traicté ou Manuel de la fortification*, par G. J. B. D. R. Paris, Gervais Cloustier, 1645 ; in-8°, 49 p.

Ce petit traité ou discours est relié avec le volume de l'Introducteur que possède la Bib. de Vire. Dans l'Épître, l'auteur promet de publier une théorie avec figures ; il n'est pas à notre connaissance qu'il ait publié autre chose sur ce sujet.

Une 3e édition, portant exactement le même titre, même éditeur ou imprimeur, impression plus compacte; in-8°, 1658; 1er vol., 167 p. ; 2e vol., 270 p. Traité ou Manuel des fortifications, 40 p.　　　M.

[La *Vie de Renty*, écrite par le Père J.-B. de Saint-Jure, jésuite. Paris, 1651; in-4°.

2e édition, Paris, 1652; in-4°, avec un portrait d'Audran, 275 pages ; éd. in-12, même date avec portrait. — Autre édition, Rouen, 1659; in-12. Réimprimé sous le titre de *Le Chrétien réel*, etc.

*Vie de Renty* ou Modèle du parfait chrétien, extrait du Père Saint-Jure; 1 vol. in-18. Lille, L. Lefort, 1835, 211 pages.]　　　M.

La vie de Renty a été traduite en plusieurs langues.

Voir encore une vie de Renty de M. l'abbé Laurent, curé de St-Martin de Condé, dans la *Semaine religieuse* de Bayeux, année 1870.

**RIVIÈRE** (PIERRE), né à Aunay.

— *Détail et explication* de l'événement arrivé le 3 juin, à Aunay, village de la Fauctrie.

Écrit par Pierre Rivière, auteur de cette action et sur son manuscrit.

Vire, Barbot fils, 1835 ; in-8°, 75 p.

BV. M.

[ E. Souvestre a fait une Notice sur Rivière.]

**ROGER** (JACQUES) , né au Tourneur, prêtre missionnaire.

— *Le Memento apostolique.*
Catalogue des missionnaires français partis du séminaire des Missions étrangères à Paris, depuis leur première institution en 1660, jusqu'à 1839.
*Lutetiæ Parisiorum,* 1839 ; broch. in-8° de 42 p., autographié par M. l'abbé Roger.                                      M.

**ROLAND**           né à Carville, le           184 , plus connu, dans le journalisme, sous le pseudonyme de Roland de Cadehol.
Littérateur et publiciste, attaché à la rédaction de l'*Ami de la France,* la *Correspondance universelle,* l'*Ordre du Pas-de-Calais,* le *Courrier de Saumur,* l'*Opinion Nationale,* le *Républicain du Finistère,* il a publié quelques nouvelles sous les titres suivants :

— *Ma Petite Tante,* dans le *Lexovien, 187 .*                              M.
— *La Légende de Polignac,* dans l'*Ordre du Pas-de-Calais,* 1873.   M.
— *Mademoiselle Spleen,* id. 1873.
                                       M.
— *En train express,* id. 1873. M.
— *Gitana la Bohémienne,* inséré dans l'*Aquarelle-Mode* et la *Figurine* de 1875, du n° 26 juin au 30 octobre, 13 numéros.
                                       M.

Il a publié dans le journal *La Comédie,* les articles suivants, 1875 :

— *Caroline Dupré.*
— *Les Cousins.*
— *Les Origines du Vaudeville.*
— *Le Mouvement Littéraire.*
— *Arlequin.*
— *Les Jeunes.*
— *La Censure théâtrale.*

— *Histoires* urbaines et rurales ; petit in-fol. , 75 p. Brest, Y. Paouen. Paris, F. Roy. Caen, veuve Le Gost-Clérisse. Vire, V. Rault, 1877.
Ce volume contient les nouvelles suivantes : *Ma petite Tante, In partibus infidelium, Le Prince Aphroditio, Anna Philippa, En Train-Express, La Belle du Sud, La Légende de Polignac, Mademoiselle Spleen, La Tour de Tard-Avisée.*                              G.

[ Sur la couverture on lit : Sous presse : *Fleur de pétrole, Épisode de la Commune, le Royaume d'empoigne.*]

— *Chénedollé et Berat,* parallèle littéraire (vendu au profit de la Caisse des Écoles de Vire). Vire, Rault, libraire, 1876 ; in-8°, 15 p.            G.

**ROYCOURT** (PAUL), né à Paris,            , juge suppléant au tribunal de première instance de Vire ; mort à Granville (1877).

— *Candidature républicaine* de Jules Marie. Placard signé P. Roycourt, j.-sup. à Vire, 23 septembre 1870. Avranches, Mᵐᵉ Tribouillard.
Ce placard contient une profession de foi pour M. J. Marie, candidat à la dé-

putation pour le département de la Manche. M.

— 2° placard avec le même titre et même signature adressé « A Messieurs des anciens partis. »
Daté d'Avranches, 24 septembre 1870, 6 h. du matin. M.

— *Circulaire* « Aux Électeurs des campagnes ; 7 p. in-4° ;
Datée d'Avranches, 24 septembre 1870, midi ;
Suivie d'une 2° circulaire datée dimanche matin, 5 h., même signature, même lieu d'imp. M.

— *La Mitrailleuse* d'Avranches.
Dédiée à tous les Électeurs des campagnes du Bocage-Normand ; 4 p. in-f°, octobre 1870. Avranches, H. Tribouillard. M.

**RUELLE** (FRANÇOIS), né à Vire, vers 1618, prêtre, oratorien et prédicateur.

Les documents suivants sont empruntés à la Bibliothèque de l'ancien Oratoire ; nous les devons à l'obligeance de M. Roland de Cadehol. (Voir ce nom.)
François Ruelle est né à Vire, diocèse de Bayeux ; il était fils de Sébastien Ruelle et de Louise Lecourt. Il entra en 1622 chez les Oratoriens vers l'âge de 24 ans ; il y fit sa philosophie, y reçut les ordres mineurs, et enfin la prêtrise en 1644 ; il fut envoyé ensuite à Montmorency, où il fut supérieur pendant dix ans.
Son zèle et ses connaissances le firent appeler à la direction et au grade de supérieur des pères de l'Oratoire de Lyon, où il demeura jusqu'à sa mort, le 20 octobre 1674 ; il était âgé de 56 ans.
Le Père François Ruelle, dit une de ces notices, avait de l'esprit et beaucoup de piété, il était bon prédicateur et faisait parfaitement bien une conférence ecclésiastique ; on l'estimait beaucoup à cause du talent merveilleux qu'il avait pour conduire les ecclésiastiques d'un séminaire, beaucoup de prudence, de sagesse, de douceur et de charité ; il s'appliquait singulièrement à les former à l'oraison et à la méditation, étant persuadé qu'il n'y avait que la prière et la méditation qui puissent soutenir un ecclésiastique dans le monde, sans le pervertir. « Tout ecclésiastique, disait-il, qui est homme de prière et de méditation est un saint. Tout ecclésiastique qui n'est pas homme de prière et de méditation, tôt ou tard tombe dans le déréglement ; ce fut le motif qui l'obligea de composer un *Traité de la direction par l'oraison.*

Nous avons de lui :

— 1° *Conduite facile pour la pratique de l'oraison*, par le P. François Ruelle, prêtre de l'Oratoire et directeur du séminaire dudit Oratoire.
1 vol. in-12. Lyon, Barbier, 1670. Une autre édition in-8°.

On y sent un homme plein de Dieu, mais son style est diffus et un peu alambiqué, suivant l'usage de nos premiers pères qui ne croyaient pas devoir parler religion d'une manière simple et naturelle.

— 2° *Méditations sur la Passion de N.-S. Jésus-Christ*, par le P. F. Ruelle, de l'Oratoire.
3 vol. in-12. Lyon, Grégoire, 1674.

Ouvrage écrit d'un style gothique et dont les pensées sont un peu mystiques. Il le dédia à Mgr l'archevêque de Lyon, de Neufville, qui l'estimait beaucoup, mais qui, après sa mort, nous ôta les 1,500 livres de pension qu'il nous faisait et fit faire la retraite des ordinands chez les Sulpiciens.

— 3° *La rencontre de saint Jean avec Jésus au Très-Saint Sacrement.*

Lyon, manuscrit, 1668; in-16.

Il composa cet ouvrage à l'occasion d'un jubilé particulier à Lyon, toutes les fois que ces deux fêtes concordent ensemble.

(Notes empruntées par M. Roland de Cadehol au ms. du P. Adry, dernier bibliothécaire de l'Oratoire. — Mss. de la Bibl. nationale.)

**SANSON** (M. C. A.), né à Menil-Caussois, fit ses études au collège de Vire, étudia les langues orientales; botaniste distingué et mathématicien.

— *Introduction à l'étude du calcul différentiel*, ou exposition élémentaire des principes du calcul différentiel, facilitée par l'emploi d'une notation nouvelle.
Paris, Bachelier; 1 vol. in-8°, 1839, 76 p. avec une pl. Imprimé aux frais de MM. E. et A. Holynsky.

[ Il est aussi l'auteur d'un travail sur la statique; mais ce travail est resté manuscrit, ainsi qu'un certain nombre de pièces de vers. ]

**SÉGUIN** (Richard), né à Vaudry, le 7 octobre 1772, mort à Vire, le 23 janvier 1847.

— *Essai* sur l'histoire de l'industrie du Bocage en général et de la ville de Vire, sa capitale, en particulier, précédé d'une introduction contenant la description historique et topographique de ce pays, avec des recherches sur les mœurs, les coutumes et les anciens usages des Bocains, suivie de la notice des hommes qui s'y sont illustrés par leur industrie et leurs talens, soit dans les sciences ou dans les arts.

Vire, Adam, imp., an 1810; 1 vol. in-18, 416 p.  BV. M.

— *Histoire militaire des Bocains.*
Vire, Adam, imp., 1816; 1 vol. in-18, 432 p.  BV. M.

— *Histoire archéologique des Bocains,* contenant les antiquités naturelles, civiles, religieuses et littéraires du Bocage.
Vire, Adam, imp. du Roi, 1822; 1 vol. in-18, 396 p.  BV. M.

— *Histoire* de la Chouannerie et de la Restauration de la Religion et de la Monarchie en France; 2 vol. in-18.
Le premier vol. imp. à Vire, chez Adam père, 1826; 396 p.
Le deuxième vol. imp. à Vire, chez Adam fils, 1844; 444 p.  BV. M.

— *Histoire* du pays d'Auge et des évêques, comtes de Lisieux, contenant des notions sur l'archéologie, les droits, coutumes, franchises et libertés du Bocage et de la Normandie.
Vire, Adam, imp. du Roi, près la Porte-Horloge, 1832; 1 vol. in-18, 216 p.  BV. M.
Une 2° édition de cette histoire a été imprimée en 1842, avec une Introduction et quelques augmentations.
Vire, Adam fils; in-18, 216 p.
BV. M.

— *Les nuits Bocaines ou chroniques du Bocage.*
21 chroniques ont été publiées, du 29 octobre 1840 au 31 octobre 1844, dans le *Journal de Vire.* (Adam fils.)
BV. M.

[Notice sur Richard Séguin. Voir G. Legorgeu.]

**SÉGUIN** ( Ch.-A. ), né à Vire, le , fils du précédent.

— *Mémorial Virois* ou *Histoire sommaire de Vire*, jusqu'en 1789, sous forme d'Annales.

1 vol. in-8°. Caen, Le Blanc-Hardel, 1872 ; 114 p.                    BV. M. G.

[ Extrait des Mémoires de la Soc. viroise d'émulation, tirage à part.]

**SONNET** ( Thomas , sieur de Courval), né à Vire, en 1577 ; mort vers 1627 (1), docteur-médecin et poète.

Il appartenait, par sa famille, aux Anfrie de Chaulieu, neveu des Le Chevalier, sieur d'Aigneaux ; il fut l'ami de Jehan Lehoux et de Robert-Angot L'Éperonnière.

— *Satyre ménippée* ou *Discours* sur les poingnantes traverses et incommoditez du mariage : où les humeurs et complexions des femmes sont vivement représentées, par Thomas Sonnet, sieur de Courval, docteur en médecine, natif de Vire, en Normandie.

Paris, Jean Millot, 1608 ; 1 vol. in-8°, 52 feuillets chiffrés, y compris le titre et un beau portrait gravé par Léonard Gautier, autour duquel on lit : Thomas Sonnet, sieur de Courval, docteur en médecine, âgé de 31 ans ; 1608 ; avec ses armes au haut du portrait.

En tête du volume, on trouve des pièces apologétiques de J. Le Houx, R. Angot, etc., etc.

— 2e édition. *Satyre ménippée* ou *Dis-*

(1) Le manuscrit Levêque indique 1632 ; Brunet, *Manuel du libraire*, vers 1635.

*cours* sur les poingnantes traverses et incommoditez du mariage : auquel les humeurs et complexions des femmes sont vivement représentées, par Thomas Sonnet, docteur en médecine, gentilhomme virois. Seconde édition revue par l'auteur et augmentée de la Timethelie ou Censure des femmes, et d'une Défense apologétique contre les Censeurs de la Satyre.

Paris, Jean Millot, 1609 ; in-8° de 91 feuillets avec portrait.

Voici le titre des deux pièces ajoutées à cette édition :

— *Thimethelie,* ou censure des femmes, satyre seconde en laquelle sont amplement descrites les maladies qui arrivent ordinairement à ceux qui vont trop souvent à l'escarmouche soubs la cornette de Vénus. — Défense apologétique du sieur de Courval, docteur en médecine, gentilhomme virois, contre les Censeurs de la satyre du mariage. Dans quelques exemplaires, on trouve à la suite une pièce intitulée : *Responce* à la contre-satyre, par l'autheur des satyres du *Mariage* et *Thimethelie;* 28 pages. Ces deux dernières pièces sont en prose.

[Voir n° 303 du Catal. de M. le marquis de Villeneuve-Trans. Paris, Bachelin-Deflorenne, 1878.]

— 3e édition. Cette édition porte le même titre que la seconde, également imprimée chez J. Millot ; 152 p. et 8 prélim., 1610. Le portrait est différent du précédent et représente l'auteur âgé de 33 ans.                    BV. G.

— 4e édition. Elle a pour titre : *Les Satyres* de Sonnet de Courval, et *Satyre ménipée* sur les poingnantes traverses du mariage.

Paris, Rolet-Boutonné, 1621 ; in-8° de

251 pages ; le privilége est du 25 février 1621.

Cette édition est sans pièces préliminaires, préface ni portrait.

— 5ᵉ édition. *Les Œuvres satyriques du sieur de Courval-Sonnet*, gentilhomme virois, dédiées à la Reine-Mère du Roy ; deuxième édition (probablement que l'éditeur n'a compté que de l'époque de son privilége de 1621). Paris, Rolet-Boutonné, 1622 ; in-8° (Brunet). Ce recueil renferme douze satyres et plusieurs autres pièces ; les cinq premières ont été ensuite réimprimées sous le titre : *Satyres contre les abus et désordres de la France*. Les sept autres reproduisent une grande partie des vers de la *Satyre menippée* contre les femmes (Brunet).

— 6ᵉ édition. Elle a pour titre : *Satyre menippée* contre les femmes, sur les poignantes traverses et incommoditez du mariage, avec *La Timethelie*, ou *Censure des femmes*, par Th. Sonnet, docteur en médecine et gentilhomme virois.

Lyon, Vincent de Cœursilly, 1623 ; in-8°, 193 p., plus 12 p. non chiffrées, avec portrait gravé sur cuivre.

— 7ᵉ édition. *Les Satyres dv sievr de Covrval*, contre les abus et désordres de la France.

Dédiées à la Reine-Mère du Roy. Plus est adjouté *Les exercices de ce temps*, d'une très-belle et gentille invention, contenant plusieurs satyres contre les mauvaises mœurs. Suite des *Exercices de ce temps*, contenant plusieurs Satyres contre le ioug nuptial et fâcheuses traverses du mariage.

Par le S. D. C. V. Rouen, Guillaume de La Haye, 1627 ; 1 vol. in-8°, en 3 parties.                    M.

Cette édition de Rouen, considérée par Brunet comme la 4ᵉ, toujours en comptant celle de Rolet-Boutonné (1621) pour la première, contient, indépendamment des cinq satyres contre les désordres et abus de la France, une épître de 11 pages adressée à la Reine-Mère du Roi, une autre épître de 15 pages adressée au lecteur.

Voici les titres des cinq premières satyres : 1° contre les pervers ecclésiastiques ; 2° contre le sacrilége de la Noblesse layque ; 3° contre les gardes dismes vulgairement appellez Custodinos et Confidenteres ; 4° contre la corrvptelle et malversation des peruers officiers de Judicature ; 5° contre le larrecin des deniers dv Roy commis par les meschans Financiers.

Sous le titre d'*Exercices de ce temps* (sous la date de 1626), on trouve dans certaines éditions les douze satyres suivantes : Le Bal, la Mortification, la Fête du village, le Pèlerinage, la Pourmenade, le Cousinage, Lucine, l'Affligé, le Débauché, l'Ignorant, le Gentilhomme et le Poëte.

La suite de l'*Exercice de ce temps* (1627) contient une réunion de sept pièces qui forme les satyres de 6 à 12 dans le recueil de 1622, dont voici les titres : Contre le Joug nuptial, — contre Affection et diversité des humeurs et tempérament des mariez, — le Hazard des cornes espousant belle femme, — le Dégoust espousant laide femme, — la Riche et Superbe, — la Pauvre et Souffreteuse, — Censure des Femmes ou la Thimethelie.

— *Les Exercices de ce temps*, contenant plusieurs satyres contre les mauvaises mœurs.

Paris, J. de La Mare, 1645 ; in-8°.

Cette édition contient 14 satyres (vente Turquety, en 1868).

On a quelquefois confondu les *Exercices de*

*ce temps* de Sonnet de Courval (dit Brunet) avec une publication d'un de ses amis, Robert Angot sieur de l'Eperonnière, et qui a pour titre : « Les Nouveaux satyres et exersices *(sic)* gaillards de ce temps, divisé en neuf satyres, auquels est asjousté l'Uranie ou Muse céleste par Angot s[r] l'Esperonnière. Rouen, Michel l'Allemant, 1637 ; petit in-8°.

En 1864, l'édition de 1608 de la Satyre Menippée a été rééditée par une société de bibliophiles et tirée à 106 exemplaires numérotés ; in-12, Bruxelles, imp. de A. Mertens et fils ; 107 pages.                   M. (le n° 73.)

Une notice bibliographique sur la Satyre Menippée de Th. Sonnet et faisant suite à la réimpression ci-dessus, a aussi été publiée avec une table. Paris, Pillet fils, 1864. Même nombre d'exemp. que ci-dessus. Signé P. L.     M.

M. Prosper Blanchemin a aussi publié « Les Œuvres poétiques » de Sonnet de Courval.

Le premier volume contient en tête une notice sur les Œuvres et la vie de l'auteur, par M. P. Blanchemin ; 14 pages. Puis « Les Satyres contre les Abus et Désordres de la France, » avec le titre exactement reproduit de l'édition de Rouen, 1 ?27 ; in-16 vergé. Paris, Jouaust, 1876 ; 174 pages, plus les 18 pages de titre et notes de l'édi eur, tiré à 350 ex.

Le deuxiè e volume a pour titre « Les Exercices de ce temj s, » 176 pages ; ce volume contient une Préface adressée à M. Armand Gasté.

Le troisième volume (1877) (suite des Exercices de ce temps), contenant plusieurs satyres contre le Joug nuptial et fascheuses traverses du mariage, VII ; 190 p.


— *Satyre* contre les Charlatans et Pseudomédecins Empyriques. En laquelle sont amplement descouvertes les ruses et tromperies de tous Thériacleurs, Alchimistes, Chimistes, Paracelsistes, Distillateurs, Extracteurs de Quintescences, Fondeurs d'or potable, Maistres de l'Elixir et telle pernicieuse engeance d'imposteurs.

En laquelle d'ailleurs sont refutées les erreurs, abus et impietez des Iatromages, ou Médecins-Magiciens, qui usent de charmes, billets, parolles, characteres, invocations de Demons, et autres détestables et diaboliques remèdes, en la cure des maladies.

Par Me Thomas Sonnet, sieur de Courval, docteur en médecine, gentilhomme.

Paris, Jean Millot, 1610 ; 1 vol. in-8°, 335 pages ; plus 26 pages de préface et pièces apologétiques. Portrait.

Ce volume est dédié à très-noble et puissant seigneur Nicolas de Pelvé, comte de Flers, chastelain de Condé, baron de Tracy, la Landelle, etc. (portrait).

Le portrait de Nic. de Pelvé manque dans l'exemplaire de M. L.

Cette satire est en prose.

— *Les tromperies des Charlatans descouvertes.*

Paris, N. Rousset, 1619 ; in-8°.

C'est un abrégé de l'ouvrage précédent.

Ouvrages à consulter sur Sonnet de Courval : Gouget, Bibliothèque française, t. XIV, p. 298. — D'Artigny, Mémoires littéraires, t. V, p. 210. — Dreux du Radier, Histoire de la Satire, 1762. — Viollet-le-Duc, Hist. de la Satire en France. Introduction aux Œuvres de Mathurin Regnier, Paris, Jannet, 1855, p. 43, et Bibliothèque poétique, p. 211. — Baratte, Poètes normands (notice et portrait). — Th. Lebreton, Biographie normande, t. III, p. 465. — Brunet, Manuel du libraire. — Ed. Frère, Manuel du Bibliographe normand. — Notice bibliographique sur la Satyre Menippée à la suite de l'édition belge de 1864. — Eug. Robillard de Beaurepaire, Les Satires de Sonnet de Courval, Mém. de l'Académie de Caen, 1865, p. 164 et suivantes. — A. Gasté, Un Médecin virois en 1610

(Bulletin de la Société d'agr., sciences et arts de la Sarthe, 1871).

[*Esther Sonnet*, sœur de l'auteur, ainsi que son frère *Jean Sonnet*, avocat, ont écrit quelques vers que l'on trouve en tête de la première édition de la Satyre Menippée.]

**TURPIN** (Pierre-Jean-François), né à Vire, le 11 avril 1775 ; mort à Paris, le 1er mai 1840.

Membre de l'Académie des sciences depuis 1833, savant botaniste et dessinateur ; sorti des rangs du peuple, il fit seul son instruction ; parti d'abord soldat, il fit partie de l'expédition de Saint-Domingue, commandée par le général Leclerc, devint son secrétaire ; il sut profiter de ses loisirs pour étudier la botanique avec ardeur ; passa huit années à Saint-Domingue et aux Etats-Unis, revint en France et devint l'ami de Humboldt, qui sut l'apprécier.

Pendant les trente dernières années de sa vie, il s'est constamment livré aux recherches sur la botanique, ainsi qu'à de nombreuses observations microscopiques sur l'organisation des végétaux ; il a également dessiné une infinité de planches pour accompagner ses travaux.

Il a fait plus de 2,000 dessins de planches accompaignant divers ouvrages de botanique et d'histoire naturelle, et a laissé un grand nombre d'autres dessins non publiés.

L'administration municipale de Vire a donné son nom, en 1871, à la rue de la Fontaine, où il est né (M. Morin-Lavallée étant maire de Vire).

— *Flore parisienne*, contenant la description des plantes qui croissent naturellement aux environs de Paris.

Paris, Schœll, 1803 à 1813 ; in-f°.

Cet ouvrage, publié en collaboration avec M. Poiteau, n'a eu que neuf livraisons contenant 75 planches dessinées par Turpin, et les plantes décrites dans l'ordre du système de Linné.

— *Essai* d'une Iconographie élémentaire et philosophique des végétaux, avec un texte explicatif.

Paris, Panckoucke, 1820 ; in-8°.

Il a été tiré en plus 10 exemp. in-f° et 25 exemp. in-4°, sur papier vélin.

Cet ouvrage a été exécuté pour faire suite aux *Leçons de flore* de J. L. F. Poiret ; il se compose d'un vol. de 200 p. de texte et un autre volume de 64 pl. et 2 tableaux, contenant plus de mille figures coloriées avec soin, représentant toutes les parties des végétaux, soit internes, soit externes. **M.**

— *Traité sur les arbres fruitiers*, par Duhamel du Monceau.

C'est une nouvelle édition de l'ouvrage de Duhamel, publiée conjointement par Turpin et Poiteau ; 6 vol. in-f° avec planches. Imp. de F.-G. Levrault, à Strasbourg, publié en 68 livraisons, dont 29 parurent avant 1825 ; les autres furent publiées ensuite. 400 fruits des meilleures espèces y sont représentés avec figures coloriées.

— *Liste* des ouvrages et mémoires insérés dans les *Annales* des sciences naturelles.

— *Description* d'une nouvelle espèce de *Thouinia paniculata*, avec 2 pl. Cet arbre croît à St-Domingue.

Tom. V des *Annales* (1804).

— *Observations sur les Rhus aromaticum et suaveolens*, avec une planche. Mêmes *Annales*, tom. V (1804).

— *Castela*. Espèces : *erecta, depressa.*

Genre nouveau de la famille des *Ochnacées*. Arbrisseau de St-Domingue, dédié à Castel, auteur du *Poème des plantes*. Mêmes *Annales*, tom. VII (1806). M.

— *Mémoire sur l'organe* par lequel le fluide fécondant peut s'introduire dans l'ovule des végétaux; avec une planche. Mêmes *Annales*, tom. VII (1806).

— *Cypselea...* Esp. *humifusa*, plante de St-Domingue; une planche. Mêmes *Annales*, tom. VII (1806). M.

— *Lettre de M. Turpin* à M. le baron de Beauvois, relative à sa Notice préliminaire sur les palmiers, insérée dans la première livraison du Ier vol. des Éphémérides naturelles (1817).

Cette lettre est accompagnée d'une planche représentant deux sortes de fleurs et le fruit du dattier (*phœnix dactylifera*).

Mêmes *Annales*, 1815. [Tiré à part avec 3 pl.]

— *Mémoire* sur l'inflorescence des Graminées et des Cypérées, comparée avec celle des autres végétaux sexiférés, suivi de quelques observations sur les disques.

Lu à l'Académie des sciences, le 19 avril 1819; 68 p., avec 2 planches. M.

[Donné par l'auteur à M. Gueret, de Vire.]

Mêmes *Annales*, 1819, tom. V.

— *Mémoire* sur la possibilité d'obtenir un jour, à volonté, la reproduction d'un végétal phanérogame, ou d'ordre supérieur, de l'un des innombrables grains vésiculaires de globuline contenus dans les vésicules-mères dont se composent, par simple agglomération, tous les tissus cellulaires végétaux.

Lu à l'Acad. des sciences, le 20 octobre 1828. Mém. du Mus. d'hist. nat., 1828.

*Annales* de la Soc. d'horticulture de Paris, 1829; 15 p., une pl. M. L.

Et mêmes *Annales* des sciences nat., tom. XXIII (1831), avec une pl. in-f°. M.

— *Analyse microscopique* du tissu cellulaire, de la moelle et de l'écorce du *Cereus Peruvianus* ou Cierge de Pérou, communiquée à l'Académie des sciences, le 8 février 1830. Un rapport avantageux en fut fait.

Mêmes *Annales*, tom. XX.

— *Mémoire* sur la greffe ou le collage physiologique des tissus organiques; 130 p. in-4°, avec 3 pl.

Mêmes *Annales*, tom. XXIV.

— *Mémoire* sur le tubercule de la rave et du radis, considéré comme le développement du mérithalle primordial du système ascendant ou de la tige de ces plantes, et sur la cause qui produit les deux oreillettes rubanées situées au sommet renflé de ces deux espèces de tiges tuberculées, avec l'épigraphe : « Voir venir les choses est le meilleur moyen de les expliquer. »

Mêmes *Annales*, 1830, avec une pl. in-4°.

— *Analyse microscopique* de l'œuf du limaçon des jardins (*Helix aspersa*), et des nombreux cristaux rhomboëdres de carbonate de chaux qui se forment à la paroi intérieure de l'enveloppe extérieure de cet œuf, enveloppe qui sert aux cristaux d'une sorte de géode.

Communiquée à l'Acad. des sciences, 15 août 1831, et à la Soc. d'agriculture de Caen, tom. IV.

Mêmes Annales, tom. XXV, avec une planche.

Liste des ouvrages et observations insérés dans les *Mémoires* du Muséum d'histoire naturelle :

— *Organographie végétale* ou *Observations* sur quelques végétaux microscopiques, sur le rôle important que leurs analogues jouent dans la formation et l'accroissement du tissu cellulaire.

Lu à l'Acad. des sciences le 12 juin 1826.

*Mémoires* du Muséum, tom. XIV, avec une pl. in-f°, 1827, imp. à part. Paris, Belin, 1827 ; in-4°, 50 p.

— *Observations microscopiques* sur l'organisation tissulaire, l'accroissement et le mode de reproduction de la truffe comestible, comparée aux tissus, à la reproduction de la globuline, et de tous les corps reproducteurs des autres végétaux.

Lues à l'Acad. des Sciences les 16 et 23 juillet 1827.

*Mémoires* du Muséum, avec une pl. in-f°.

— *Organographie* microscopique, élémentaire et comparée des végétaux, ou Observations sur l'origine ou la formation primitive du tissu cellulaire ; sur chacune des vésicules composante de ce tissu, considérées comme autant d'individualités distinctes, ayant leur centre vital particulier de végétation et de pro-

pagation, et destinées à former, par agglomération, l'individualité composée de tous les végétaux dont l'organisation comporte plus d'une vésicule.

*Mémoires* du Muséum, tom. XVIII, 1828, avec 4 pl.

— *Observations* sur l'origine commune et la formation de tous les corps propagateurs végétaux, et particulièrement sur un nouveau mode de ces corps reproducteurs.

*Mémoires* du Muséum, tom. XVI, 1828, 2 planches.

— *Observations* sur quelques productions marines qui avaient été considérées les unes comme des animalcules isolés, les autres comme des aggrégations filamenteuses d'animalcules analogues aux premiers.

*Mémoires* du Muséum, tom. XVI, 1828, avec une pl.

— *Observations* sur le nouveau genre *Surirella*.

Production microscopique très-curieuse qui semble tenir en même temps du règne végétal et du règne animal. Elle vit dans les eaux saumâtres.

*Mémoires* du Muséum, 1828, avec une planche.

— *Aperçu organographique* sur le nombre deux, considéré comme multiplicateur de 4, 8, 12, 16, 32, 64, dans la structure des végétaux d'un ordre inférieur, et dans les parties vésiculaires ou élémentaires dont se composent les masses du tissu cellulaire des végétaux d'ordre élevés, suivi de la description de plusieurs genres et espèces nouvelles très-remarquables, découverts parmi les productions végétales et microscopiques.

*Mémoires* du Muséum, 1828 ; avec 1 pl.

— *Mémoire* sur l'organisation intérieure et extérieure des tubercules du *Solanum tuberosum* et de *l'Helianthus tuberosus*, considérés comme une véritable tige souterraine, et sur un cas particulier de l'une de ces tiges.

*Mémoires* du Muséum, 1829 ; 50 p. in-4°, avec cinq planches.

Lu à la Société Philomathique le 27 décembre 1828.

— *Rapports et Mémoires* publiés dans divers recueils de Sociétés savantes :

— *Solution des Problèmes* sur la reproduction par graine ou embryon mobile, proposés par M. le chevalier Aubert Dupetit-Thouars, dans son ouvrage intitulé : *Histoire d'un Morceau de bois.*

*Journal de Physique*, 1820.

Lu à la Société Philomathique le 25 mars 1820.

— *Observations* sur la famille des cactées, suivies de la description d'une espèce nouvelle *d'echinocactus* et de celle du *rhipsalis parasitica.*

— *Annales* de l'Institut horticole de Fromont ; 80 p. avec 3 planches in-f°.

— *Sur un cas de pathologie végétale*, globuline malade.

*Annales* précédentes, 1833.

Lu à la Société d'Horticulture de Paris, le 17 avril 1833.

— *Examen* d'une chloranthie ou monstruosité observée sur l'inflorescence du saule Marceau.

*Annales* de la Société d'Horticulture de Paris, avec une pl.; 13 p. in-8°.

Lu à ladite Société, 1833.    M. L.

— *Rapport* sur une variété de fraisier à fleurs et à fruits verts, désignée sous les noms de fraisier de Plymouth et de *fragaria muricata.*

*Annales* de la même Société, 1830.

— *Mémoire* sur les usurpations végétales ou les inflorescences prétendues apposées à la feuille.

*Annales* de la même Société, 1833, avec une planche ; lu à ladite Société.

— *Rapport* sur un puceron nouveau qui vit sur les racines du blé, de l'artichaut, du cardon, de la laitue et de la chichorée.

*Annales* de la même Société, une pl.

Turpin a donné le nom de *Aphis cynaræ alba* à ce puceron.

— *Observations générales* sur l'Organogénie et la Physiologie des végétaux considérés comme étant de grandes associations de végétaux plus simples, confervoïdes, et simplement agglutinés.

Paris, F. Didot frères, 1835; broch. in-4°, 50 p., 1 pl. in-f°. Extrait du t. XIV des *Mémoires* de l'Acad. des sciences.

M. L.

— *Rapport* sur une larve trouvée dans l'intérieur de la tige d'un chou brocoli, et présentée au conseil de la Société d'Horticulture le 22 janvier 1834.

Paris, Mme Huzard, 1834 ; broch. in-8°, 8 p., 1 pl. Extrait des *Annales* d'Hort.    M.

— *Observations physiologiques* sur le développement des gales corniculées de la feuille de tilleul de Hollande et sur la cause qui les produit.

8

Paris, F. Didot frères, 1835 ; broch. in-4°.

Lu à la Société d'Agriculture de Caen, t. IV.

— *Observations* sur les Biforines, organes nouveaux situés entre les vésicules du tissu cellulaire des feuilles dans un certain nombre d'espèces végétales appartenant à la famille des Aroïdées.

Paris, P. Renouard, 1836 ; broch. gr. in-8°, 32 p., 5 pl. coloriées.

Lues à l'Acad. des sciences, séance du 16 mai 1836. Ext. des *Ann.* des Sciences naturelles.                M.

— *Observations* sur l'organisation tissulaire des sécrétions produites aux surfaces des membranes muqueuses animales, comparées aux sécrétions muqueuses productrices et réparatrices des végétaux ; faites à l'occasion d'un ouvrage de M. le Dʳ Donné.

Paris, P. Renouard, 1837 ; broch. in-8°, 10 p. Ext. des *Ann.* des Sciences naturelles.                M.

— *Étude microscopique* comparée de la Barégine de M. Longchamp, observée dans les eaux thermales sulfureuses de Barége et de la Barégine, recueillie dans les eaux thermales non sulfureuses de Néris (Allier), par M. Robiquet.

Paris, Firmin Didot frères ; broch. in-4°, 30 p., 1 pl.

Lue à l'Acad. des sciences le 4 janvier 1836.                M.

— *Mémoire* sur le tissu de la pomme et de la poire ; in-4°, 4 pl., 1838.

— *Note* sur une espèce d'Acarus, présentée à l'Académie, dans sa séance du 30 octobre, par M. Roberton. Par

M. Turpin ; 8 p. in-4°, avec 2 pl. lith., sans lieu d'impression. Ext. des *Comptes-rendus* des séances de l'Acad. des sciences, 13 novembre 1837.                M.

— *Recherches microscopiques* sur l'organisation et la vitalité des globules du lait ; sur leur germination, leur développement et leur transformation en un végétal rameux et articulé.

Paris, P. Renouard (1837) ; broch. in-8°, 25 p., 2 pl. in-4°. Ext. des *Ann.* des sciences naturelles, décembre 1837.

Lues à l'Acad. des sciences le 11 décembre 1837.                M.

— *Analyse microscopique* faite des globules de lait à l'état pathologique.

12 p. in-4° ; sans lieu d'impression. Ext. des *Comptes-rendus* de l'Acad. des sciences, 26 février 1838 ; c'est une suite aux *Recherches microscopiques* précédentes.                M.

— *Notice* sur une maladie qui se développe sur les tiges vivantes des mûriers, et plus particulièrement sur celles du mûrier Multicaule.

Broch. in-8°, 8 p., 1 pl. Paris, Mᵐᵉ Huzard, 1838. Ext. des *Ann.* de la Soc. d'Agricul., t. XXII.                M.

— *Maladie des feuilles du mûrier*, produite par la piqûre d'un insecte aptère de l'ordre des parasites, etc.

Paris, Mᵐᵉ Huzard ; 8 p. in-8°. Ext. des *Ann.* précéd., t. XXII.                M.

— *Note* sur le terrain qui contient le tripoli de Bilin en Bohême, par M. Élie de Beaumont, suivie de l'examen des débris organiques que renferme une des couches de ce terrain, par M. Turpin.

Ext. des *Comptes-rendus* de l'Acad.

des sciences, 3 septembre 1838 ; 4 p. in-4°, suivis d'un Rapport sur une Note de M. Dujardin, relative à l'animalité des Spongilles. Rapporteur, Turpin.

Ext. des *Comptes-rendus* de l'Acad. des sciences, 20 septembre 1838 ; 12 p. in-4°, 1 pl.                   M.

— *Études microscopiques* sur le gisement de la matière bleue dans les feuilles du *Polygonum tinctorium*, et sur la grande quantité de cristaux que contient le tissu cellulaire de toutes les parties de cette plante.

Ext. des *Comptes-rendus* de l'Acad. des sciences, 12 novembre 1838 ; 22 p. in-4°.                          M.

— *Recherches microscopiques* sur divers laits obtenus de vaches plus ou moins affectées de la maladie qui a régné pendant les hivers de 1838 à 1839, et désignée vulgairement sous la dénomination de *Cocotte*.

Présentées à l'Acad. des sciences le 6 mai 1839.

Grande broch. in-4°, sans lieu d'impression ; 48 p., 1 pl. coloriée.      M.

— *Mémoire* sur l'application du Daguerréotype à la reproduction des objets de l'histoire naturelle.

Lu à l'Acad. des sciences le 13 avril 1840. C'est son dernier ouvrage.

[Il a été tiré à part des exemplaires de presque tous ces mémoires et rapports.]

### ICONOGRAPHIE.

L'étendue de ses connaissances en physiologie végétale et son mérite comme dessinateur ont fait rechercher Turpin par les plus célèbres naturalistes de son époque ; voici la liste des principaux ouvrages qu'il a enrichis de ses dessins :

— *Voyage de MM. le baron de Humboldt et Bonpland*. Plantes équinoxiales; 2 vol. in-f°, 120 planches en noir.

*Monographie* de la famille des mélastomées ; 2 vol. in-f°, 120 pl. en couleur.

*Nova genera et species plantarum;* 7 vol. in-f°, 600 pl.

*Mimosa et autres légumineuses;* 1 vol. in-f°, 60 pl. coloriées.

— *Voyage d'Égypte*. Travaux de Zoologie et de Botanique, par MM. Savigny et Delile.

Un grand nombre de dessins de plantes et d'animaux.

— *Travaux de M. Labillardière*. Plantes de la Nouvelle-Hollande ; 2 vol. in-f°, 265 pl. en noir, conjointement avec M. Poiteau.

*Sertum Austro-Caledonicum;* 1 vol. in-f°, 80 pl. en noir.

— *Travaux de Ventenat*. Une partie des planches du choix de plantes.

— *Travaux de M. de Candolle.*

*Icones plantarum Galliæ rariorum;* 1 vol. grand in-4°, 50 pl.

*Icones selectæ plantarum quas in Systemate universali ex herbariis parisiensibus descripsit de Candolle, ex archetypis speciminibus a P.-J.-F. Turpin delineatæ et editæ a Benj. de Lessert.* Paris, 1820-1821, grand in-4°, avec 200 pl., et grand in-f°, sur papier vélin.

— *Travaux de M. Mirbel*. Une grande partie des planches de ses Éléments de Physiologie végétale et de Botanique.

— *Voyage de M. Auguste de Saint-Hilaire*. Les 50 premières planches de sa Flore du Brésil.

— *Flore des Antilles*, par M. le chevalier de Tussac. Ouvrage in-f⁰, dont le plus grand nombre de planches coloriées sont exécutées d'après les dessins originaux faits par M. Turpin pendant son séjour à Saint-Domingue.

— *Flore médicale*, décrite par MM. Poiret, Chaumeton, etc.; 8 vol. in-8⁰. Paris, Panckouke, 1814-20 ; 428 planches coloriées de Turpin et Mᵐᵉ Panckouke.

400 plantes médicinales, peintes d'après nature, sur peau de vélin. Des dessins originaux furent achetés par l'empereur d'Autriche et font partie de la Bib. particulière imp.

— *Dictionnaire des Sciences naturelles*. 498 espèces de végétaux, choisies par Turpin dans toutes les classes du règne végétal, et peintes d'après nature sur peau de vélin ; son fils a également dessiné un certain nombre de plantes de cet ouvrage, dans lequel Turpin père a aussi fourni quelques articles d'histoire naturelle.                      BV.

— *Les planches de la Médecine légale d'Orfila*. 16 pl. de Turpin père et 3 pl. de champignons vénéneux, par Turpin fils.                               M.

Parmi ces diverses collections de dessins, on en trouve quelques-uns de P.-J.-F. Eugène Turpin fils, qui ne manquent pas de mérite ; il mourut, suivant une note qui se trouve à la Bibliothèque de Vire, au dos de l'un de ces dessins, le 21 avril 1821, âgé de 18 ans et 6 jours.

[Notice des travaux de M. P.-J.-F. Turpin, 12 pages in-4⁰. Paris, Fain, sans date. M. L.
Imprimé à l'occasion de sa présentation à l'Acad. des sciences en 1833.

M. A. Richard s'est aussi servi des fig. analy-

tiques de Turpin pour son *Iconographie végétale* (1841) qui contient en plus une notice biographique sur notre compatriote.

[Discours de M. le Bᵒⁿ de Silvestre, prononcé aux funérailles de M. Turpin. 4 pages in-4⁰.]
                                          BV.

Discours prononcé à l'inauguration d'un buste de P.-J.-F. Turpin, sur sa tombe, dans le cimetière de l'Est, le 27 mai 1841.     M.

Éloge de Turpin par M. René Lenormand.
[Voir le compte-rendu de la Soc. Linnéenne du 8 juillet 1866.]                      M.

**SURIRAY** (Pierre), de St-Rémy, né vers 1650, à Vire ou aux environs ; mort à Paris, en 1716 (V. *Athenæ Normannorum*). Quelques biographes le font naître ailleurs que dans l'arrondissement.

Directeur de l'Artillerie en Normandie.

— *Mémoire d'Artillerie*, où il est traité des mortiers, pétards, etc.

Paris, Imp. Royale, 1697 ; 2 vol. in-4⁰ avec planches et portrait de l'auteur.

Le duc du Maine présenta ce mémoire au roi Louis XIV, qui gratifia l'auteur d'une pension de 1,200 livres.

2ᵉ édition du mémoire imp. à Amsterdam en 1707 ; 2 vol. in-4⁰, puis plusieurs fois contrefait en Hollande.

— Nouvelle édition augmentée par M. Le Blond.
Paris, 1745 à 49 ; 3 vol. in-4⁰.
                    (V. *Athenæ Normannorum.*)

**TIRARD** (Louis-Jules), né à
                                    a écrit sous les Pseudonymes de Sylvain. — Jules Le Cœur. — X. — J. L. ou L. J.— V. — Xavier. — Jules Poulailler, etc.

Il est auteur d'un grand nombre de légendes et histoires sur les mœurs et usages du Bocage normand ; toutes ces publications se trouvent insérées : quelques-unes dans le Bulletin de la Soc. des Antiquaires de Normandie, et le plus grand nombre dans le *Journal de Condé* et dans les journaux des villes voisines. Voici une liste que nous avons pu recueillir :

— *Lettre* à M. le Secrétaire de la Société des Antiquaires de Normandie, sur les pierres druidiques de la Plumaudière. Page 59 à 62 du *Bulletin* de la Société des Antiq., t. VI, 1870 et 1871.

Une commission composée de M. l'abbé Laurent, rapporteur, J. Tirard et Ch. Blanchard a été chargée d'examiner ces pierres.

Le rapport de M. l'abbé Laurent se trouve dans le t. XXVIII des *Mémoires* de la Société des Antiq. de Normandie.

Dans le *Journal de Condé*, on trouve :

— *Scènes du Bocage*. Les dévotions populaires. — St-Célerin. — St-Ernier. N<sup>os</sup> 81, 83 de 1871, incomplet.

— *Les Louées de la St-Clair*, 1871.

— *Recherches sur Condé*. — Épée nue portée aux Processions, 1871.

— *Le Tunnel des Gouttes*. — Pont-Erranbourg. — Pont-d'Ouilli, 1871.

— *M. Thiers*, 1871.

— *Les Pommes*, 1871.

— *La Foire St-Martin*, 1871.

— *Esquisse du Bocage*. — Le Taupier, 1871.

— *Les Almanachs*, 1871.

— *L'Épiphanie*. — Les Rois, 1872.

— *Le dernier des Grimoult*. — Le Plessis. — La légende du Corps-Nu ; 4 n<sup>os</sup>, 1872.

— *Pont-Érembourg*. — Berjou. — Les Vaux-de-Vire, Pontécoulant ; 2 n<sup>os</sup>, 1872.

— *Esquisse du Bocage*. — Le Berger, 1872.

— *Excursion à Aunay* ; 2 n<sup>os</sup>, 1872.

— *Archéologie*, découverte de 200 médailles dans la bruyère au Corps-Nu ; 2 n<sup>os</sup>, 1873.

— *Archéologie*, tuiles à rebords trouvées à Lénault, 1873.

— *Excursion à Campandré-Valcongrain* ; 3 n<sup>os</sup> du *Moniteur du Calvados*, 1873.

— *Insignes et drapeaux français* ; 2 n<sup>os</sup> id., 1873.

— *Les Rogations et l'Ascension*, 1874.

— *Archéologie*, St-Pierre-du-Regard, 1874.

— *La Fête-Dieu*, 1874.

— *Nos processions*, 1874.

— *Saint Médard et saint Godard*, 1875.

— *Tinchebray* (1875). Extrait d'un itinéraire de Caen à Laval.

— *La légende des Corps-Nus*, canton de Condé ; 3 n<sup>os</sup>, 1875. 2<sup>e</sup> éd. retouchée.

— *Le Jour des Morts*, 1875.

— *La Sainte-Cécile*, 1875.

— *Le Mont-Cerisy*, sa légende, son histoire, 1875.

— *Montsecret*, Extrait de l'Itinéraire de Caen à Laval, 1876.

— *Le Carême*, 1876.

— *Pâques-fleuries*, 1876.

— *Pâques*, 1876.

— *Vassy*, 1876.

**TIREL** (Loius-Nicolas), né à         fils du manufacturier de ce nom, qui fit construire la fabrique de Blon, près Vire, aujourd'hui transformée en communauté religieuse.

Il publia quelques pièces de vers en

1831, dont une intitulée : « *Hymne fu-nèbre en l'honneur des combattants de 1830.* » Une autre : « *L'Orléanaise* », à l'occasion de l'entrée en Belgique des troupes françaises.      M.

— *La République dans les carrosses du Roi.* — *Triomphe sans combat.* — *Curée de la Liste civile et du domaine privé.* — *Scènes de la Révolution de 1848.* Paris, Garnier frères, éditeur, septembre 1850; 1 vol. in-8°, 226 pages.      M.

2ᵉ édition, même titre, 1850; in-8°. Paris, Comptoir des Imprimeurs, 237 pages. Cette édition diffère un peu de la première.      M.

**TORQUETIL** (Étienne de, sieur de Beaulieu), prêtre, bachelier en théolo-gie, né       - mort le 25 octobre 1674, inhumé dans le chœur de N.-D. de Vire. (Voir l'état civil.)

— *La difformité de l'Église pretendve reformée,* ou refutation de la reponse dv sievr Lemarchand, ministre de l'église prétenduë reformée d'Athis, à un Ecrit des Ecclésiastiques de la mission de Flers, tenuë dans les mois d'octobre et novembre derniers 1663.

Par E. Torqvetil, prestre, sievr de Beavliev, bachelier en théologie.

A Vire, chez Jean de Cesne, imp.-lib., avec approbation, 1664; 1 vol. in-18, 240 p., plus 18 p. de préface, etc.

L'approbation est du 27 avril 1664, par Lemoigne, doct. en théologie, curé du Tourneur.

[Un exemplaire de ce livre rare et intéres-sant pour l'histoire de l'imprimerie à Vire a été offert à la Bib. de Vire par M. l'abbé Do. M. Eug. de Beaurepaire en possède un autre ex.]

**URSIN DE TALLEVENDE,** théo-logien célèbre.

M. Léon Puiseux, dans ses Docteurs nor-mands, le dit né à Vire ; selon l'abbé Lefranc, il serait né à Mesnil-Robert ; enfin, Le Canu, dans son Hist. des Evêques de Coutances, le fait naître à Campagnolles.

Il était archidiacre d'Évreux et de l'ordre des Mathurins : il fut un des députés de l'Univer-sité de Paris envoyés au Concile de Constance en 1414. [Voir le manuscrit Asselin, Ed. Frère, Duboulay, t. V, etc.]

Il prononça un discours au nom de l'Univer-sité devant le Roi Charles VI, à la fin de jan-vier 1413, en présence de l'Université et des notables assemblés. Ce discours traitait de la nécessité de la paix avec l'Angleterre ; il y ex-posait aussi le désordre des finances de l'État, et n'épargnait aucune des hautes administra-tions de son époque.

[Hist. ecclésiastique de Fleury, t. XXI, p. 195.]

**VARIN** (Charles-Urbain), né à Vire, le 8 mars 1825, poète, sous-officier de zouaves.

— *Brumes et soleils,* poésies. Paris, E. Dentu, éditeur, 1860 ; 1 vol. in-16, 159 p.

Ce vol. contient 26 poésies sur diffé-rents sujets, avec une épître dédicatoire à M. le baron Renault ; 7 de ces poésies dédiées à des Virois, ses compatriotes.

— *Chants du Bivouac et du Foyer,* poésies. Paris, Viat, éditeur, 1862 ; 1 vol in-16, 160 p.      BV. M.

Ce vol., dédié à Mohamed Saïd, pacha, vice-roi d'Égypte, contient 24 poésies diverses ; comme dans le précédent vo-lume, quelques pièces sont consacrées au souvenir de son pays.

— *Première Némésis commerciale.*
Broch. en vers, 1863; in-16, 16 p.
[Éditée par l'auteur.]

— *Deuxième Némésis commerciale.*
Broch. en vers, 1866; in-16, 20 p.
[Éditée par l'auteur.]

Ces deux publications sont accompagnées d'une réclame pour la vente de châssis à l'usage des photographes.

— *Zidore Potard*, ou l'Histoire des guerres du second Empire, racontée par un clairon de zouaves retraité après la prise de Puebla. Poëme héroï-comique et chauvinique, etc.
Broch. de 20 p.; in-16. Paris, Eug. Pick de l'Isère, éditeur, à la Librairie Napoléonienne, 1864.          M.

— *Un Souper funeste.* Étude de mœurs philosophique et dramatique en deux actes et en vers.
Paris, Félix Maltesse et Cie, imprimeur, édité par l'auteur, 1868; 1 vol. in-16, 144 p., non représenté, avec photographie de l'auteur.          BV. M.

Charles Varin est fondateur de *Paris chanté* en 1855, publication qui a vécu trois mois.
Collaborateur aux journaux le *Dimanche*, la *Gazette des inconnus*, le *Pirate* et le *Moustique*.
Ouvrages en portefeuille pour être publiés :
« *Les Deuils du cœur*; 1 vol., poésies; —*Les Filles de Chauvin*; 1 vol., poésies; — *Chants d'orphéons*; 1 vol., poésies. »
Ces derniers ouvrages formeront 3 vol. de poésies. (Note communiquée par l'auteur.)

**VASNIER** ( Ch.-F. ), né à Montchauvet.
Professeur de physique au collége de

Dijon et au lycée de Caen, docteur ès sciences.

— *Thèses de Mécanique et d'Astronomie;* in-4°. Paris, imp. de Bachelier, 1839; 42 p.
Cette thèse contient :

— *Attraction et figure des planètes.*
— *Théorie des perturbations des mouvements planétaires.*          M.

**VAULLEGEARD** (Dom Pierre), né à Neuville, près Vire, en 1648; mort le 18 mai 1719.

Il fut professeur de rhétorique à Thiron-le-Gardais (Eure-et-Loir) et passait pour connaître le latin un des mieux de son temps.
Il avait composé une Rhétorique pour son cours, qui était très-estimée; malheureusement le manuscrit en a été perdu, ainsi que celui de plusieurs tragédies saintes; il fit tout brûler avant sa mort.
Il avait aussi composé une Histoire de France en vers hexamètres, imprimée à son insu; il la désavoua.
[Voir l'Histoire de la Congrégation de St-Maur et le manuscrit Asselin à la Bib. de Vire.]

**VENGEONS** (Pierre), né à Montchauvet, [en 1628; mort à Paris, le 11 janvier 1667, fut professeur de rhétorique au collége Du Bois, à Caen, recteur de l'Université de Caen et professeur au collége du Plessis-Sorbonne, à Paris. Il a publié plusieurs pièces de vers couronnées aux Palinods de Rouen et de Caen, et est auteur de :

—*Illvstriss. viri Caroli Sanctamaviæ, dvcis Montavserii, paris Franciæ, etc...*

*panegyricvs , in Academia Cadomensi
dictvs 1664.*

Parisiis, Le Cointe, 1666 ; in-4°, 27 p.
[Éd. Frère.]

On possède encore de Vengeons deux
ou trois autres opuscules :

— *Ad generosiss. virum Carolum
Santamaureum*, etc. ; 6 p.

— *Le tombeau de M^{me} la duchesse de
Montausier.* Stances ; 8 pages in-4°.

— *Clarissimo viro Antonio Halley
Cadomensis Academiæ Rectori Amplis-
simo.*

Cette pièce de vers, adressée à A.
Halley, se trouve dans les œuvres de ce
dernier, page 356. Caen, 1675.    M.

Il est aussi l'auteur des Hymnes qu'on
chante à Bayeux le jour de la fête de
saint Exupère.

[Voir sur Vengeons, *Origines de Caen*, de
Huet, p. 625, et le manuscrit Chalmé, qui prétend qu'un grand nombre de ses poésies sont
restées manuscrites, à cause de sa mort pré-
maturée. »

Voir aussi A. Gasté , *Pierre Vengeons (Mémoires* de l'Acad. de Caen, 1878). Tirage à part.

[Il remporta trois prix au Palinod de Rouen
en 1650, 52, 53. — On trouve une pièce de
vers grecs de Vengeons dans le *Tumulus Petri
Mosantii.* Caen, typ. Cavelier , 1655 (Bibl.
Mancel, Caen ); — ainsi qu'une pièce de vers
grecs et une de vers latins dans les œuvres de
M. de Saint-Martin (Bibl. Mancel, Caen, n° 300).
Caen, typ. Adam Cavelier, 1653.

(Note d'A. Gasté.)

## VESTANPONNARDIERE (DE LA), avocat à Vire.

On trouve ce nom étrange à la suite d'un
dixain sur la Rose qui fait mourir l'Escarbot,
couronné au Palinod de Caen en 1684.

Ne faut-il pas chercher sous ce nom un plai-
sant qui a voulu se moquer des juges du Palinod?

Dans le volume de la Bibl. Mancel ( n° 300 ),
qui contient une réunion très-curieuse des
œuvres de l'abbé de Saint-Martin, le fameux
abbé de la Calotte, pour qui les mystificateurs
caennais renouvelèrent, en 1686, la scène tur-
que du *Bourgeois gentilhomme*, on trouve
une lettre et une ballade manuscrites contre
ce pauvre abbé. Au bas de la ballade, dont le
refrain est *Saint-Martin le Dieu du Pagode*,
on lit : Par Mons. de la Vestempenardiere *(sic)*,
avocat à Vire. — Ce prétendu avocat de Vire
doit être quelque mystificateur caennais.

(Note communiquée par M. A. Gasté.)

## VIMONT (PHILIPPE).

— *Description* de l'autel et du taber-
nacle en bronze doré de l'église N.-D. de
Vire, en construction chez MM. Vimont
frères, fondeurs mécaniciens, à Vire.

[*Bulletin monumental*, t. XV (1849),
pages 189-192, avec une planche. ]

## VOISVENEL , né à Vire.

Il a composé le plain-chant du diocèse de
Bayeux, qui a précédé le chant du rit Romain
actuellement adopté par tous les diocèses de
France.

Ce chant, dit l'abbé Dolé, était d'une marche
aisée et ne manquait pas de mélodie.

## VIVIEN (AMÉLIE), née à Vire

— *L'Oiseau captif.*

Pièce de vers qui a été couronnée aux Jeux
floraux et publiée par le *Nouvelliste d'Avranches* et le *Journal de Vire*, 16 mars 1876.

# SUPPLÉMENT [1].

**ANONYME** : *Félix ou les aventures d'un jeune officier*, orné de fig. A Vire, chez l'auteur. Adam, imp., an VII ; 2 vol. in-12.

Ce roman, dont voici l'épigraphe :

> Dans ce chaos d'un monde séducteur,
> Tout est spectacle et chacun est acteur.
> BERNARD, *Art d'aimer.*

se compose de seize chapitres ou seize contes dont voici les titres : 1er Le Début dans le monde ; 2e Le Délire des sens ; 3e L'Inconséquent ; 4e Le Danger de la confiance ; 5e Les Amis dans le plaisir ; 6e Le Jaloux ; 7e Les Gens du monde à la campagne ; 8e Le Voyageur ; 9e La Coquette ; 10e Le Présomptueux ; 11e Le Jeune homme protecteur ; 12e Le Séducteur ; 13e Le Pouvoir de la vertu et des talents ; 14e L'Égarement de l'esprit ; 15e Le Triomphe de la raison ; 16e Le Temps et l'Expérience.

Le 1er vol. se compose de 250 pages ; le 2e de 246.

(Note communiquée par M. A. Gasté.)

**BEZIERS** (MICHEL), né à Bayeux en 1721, mort le 18 août 1782, chanoine de Bayeux.

— *Mémoire sur le bourg de Condé-sur-Noireau*, inséré dans les *Nouvelles Recherches sur la France*, etc.; t. I, p. 238 à 250. Paris, Herissant fils, 1766.

**BOISARD** (FRANÇOIS), né à Yvetot, près Valognes, le 26 janvier 1786, mort à Cormelles le 22 novembre 1851. Ancien sous-préfet de Vire en 1849.

— *Notices biographiques, littéraires et critiques sur les hommes du Calvados qui se sont fait remarquer par leurs actions et par leurs ouvrages.*

1 vol. in-12 ; 364 p. Caen, Pagny, 1848.                                        BV. M.

Un certain nombre de ces biographies concernent des écrivains de notre arrondissement. Beaucoup de ces notices ont paru dans les *Annuaires* du Calvados.

—*Notice biographique sur Rocherullé-Deslongrais et Besnard ;* 15 p. in-12 (tiré à part : *Ann.* du Calvados, 1850).

— *Notice biographique sur François Boisard*, par J. Travers. Assoc. norm., 1853, p. 587 ; 5 p.

---

[1] Nous avons rangé sous ce titre les auteurs qui, sans être nés à Vire ou dans l'arrondissement de Vire, ont écrit sur Vire ou les Virois ; de plus, quelques auteurs nés à Vire et oubliés dans l'*Essai bibliographique.*

**BOLET,** représentant du peuple en mission à Vire.

— *Arrêtés de mise en liberté des citoyens Boessel dit Dubuisson et Toussaint Lorgeril*, détenus comme suspects dans la maison d'arrêt de Vire, 19 et 22 vendémiaire an III.

Placard. Avranches, Le Court, imp. BV.


**BRAZIER** (Nicolas) et **DE COURCY** (Fréd.), auteurs dramatiques.

— *Olivier Basselin* ou *Le Val de Vire*, opéra-comique.

Paris, Michaud, 1838 ; 1 vol. in-8°, 24 p.

Représenté pour la première fois au théâtre de la Renaissance, le 15 novembre 1838.


**CARDINE** (J.), né à        , publiciste ; il a publié à Vire la nouvelle suivante, sous l'anagramme de J. Caidner.

— *La comtesse de Mombran.*

Broch. in-18. Vire, Vᵉ Barbot, 1863 ; 87 p.        M.


**CARON** (Marie-Anne-Eugénie), née à Dieppe, en 1847.

— *Recueil de Mélanges* destinés aux jeunes personnes des pensionnats et vendu au profit des pauvres.

1 vol. in-12. Vire, Adam fils, 1860 ; 201 p., plus une liste de 142 souscripteurs.        M.


**CASTEL** (P.-A.), agent-voyer chef du département de la Manche.

— *Notice sur un dolmen à table horizontale*, situé dans la commune de St-Germain-de-Tallevende, village du Mont-Savarin, près Vire.

[*Soc. des Antiq. de Normandie*, t. VI, 1831-1833, p. 407 à 410.]        BV.

— *Notice géologique sur le Val d'Enfer aux environs de Vire.*

[*Soc. Linn. de Normandie*, 1831.] M.


**CAUMONT** (Vᵗᵉ DE), membre correspondant de l'Institut de France, directeur de l'Association normande, etc., etc. ; né à Bayeux, le 28 août 1801, mort à Caen, le 16 avril 1873.

Nous rappelons ici les ouvrages dans lesquels l'auteur a parlé de Vire ou des communes de l'arrondissement.

— *Route de Caen à Fougères.* Annuaire de l'Assoc. norm., 1846, p. 1 à 36.

A la page 19 et 21 se trouve une gravure de l'horloge de Vire et d'une des portes de l'église N.-D.

— *Statistique monumentale du Calvados*, t. III ; in-8°. Caen, Hardel, 1857. 260 p. de cet ouvrage sont consacrées à l'histoire des communes de l'arrondissement de Vire.        BV.

— *Cours d'antiquités monumentales.* T. I : La pierre coupée de la forêt de St-Sever, p. 113. — Les rochers de Campeaux, p. 114. — Haches en bronze trouvées au Tourneur et à Campeaux, p. 229. — Moules à haches en bronze trouvés à St-Martin-Don, p. 235.

T. II : Camp romain du Plessis-Grimoult, avec planches, p. 235.

Châteaux féodaux : Château de la
forêt de St-Sever, p. 78. — Château-fort
d'Aunay, p. 88. — Château d'Ondefontaine, p. 101.

Fortifications du moyen âge : St-Jean-
le-Blanc, p. 121 ; — de Montchauvet,
id. — Château du Plessis-Grimoult,
p. 149. — Château de Vire, p. 235.

**CHAMILLARD** (Guy de), intendant
de la généralité de Caen, en 1652.

— *Recherches sur la Noblesse de la
généralité de Caen, 1666.* Manusc. in-f°;
215 p. (Catalogue Morel de Vindé.)

Un exemplaire de ce manuscrit, d'environ
1000 pages de texte in-folio et contenant plus
de 1700 noms de familles, a été mis en
vente en 1867. (Voir le *Bibliophile français,*
p. 434.)                               BV.
Cet ouvrage contient beaucoup de noms de
familles de la vicomté de Vire.
Un autre ouvrage de Recherches des familles
nobles faites en 1663 existe sous ce titre :

— *Recherches de Montfaut, contenant
les noms de ceux qu'il trouva nobles et
de ceux qu'il imposa à la taille, quoiqu'ils se prétendissent nobles en 1663.*
1 vol. in-8°, par P.-E. Labbey de La
Roque. Caen, Poisson, 1818; 2e édit.

[Pour l'élection de Vire, voir p. 58 à 61 :
68 personnes furent trouvées nobles. Voir p. 62
à 63 : 21 personnes non nobles et imposées.
Voir encore les notes, p. 114 à 117.]    BV.

**DANGUY** (Guillaume), né à Paris,
de famille habitant habituellement notre
pays ; mort à Champ-du-Boult. Typo-
graphe distingué.

— *Traité de l'imprimerie et de la
fabrication du papier;* 14 p. gr. in-8°
sur 2 colonnes. Paris, 1855.

Compris dans la collection des 100
*Traités* pour l'instruction du peuple. M.

Fut un des rédacteurs du journal *L'Atelier,*
de 1841 à 1848. Revenu en 1831 se fixer à
Champ-du-Boult, il écrivait de temps en temps
des articles pour les journaux de Paris.

**DAUTREME**, né à Caen, fils du
grammairien de ce nom, professeur en
l'Université de Caen, maître ès arts,
professeur de langue anglaise à Vire.

— *Récréations philologiques* ou le
*Petit Lycée de la Jeunesse.*
Vire, Adam, 1818 ; broch. in-8°.

C'est un recueil de Poésies avec une Épître
aux Virois. Une pièce est intitulée : *La Croix
Bidois,* vers adressés à mes beaux-frères en
leur envoyant de Paris un Dict. géographique.
Il avait épousé une demoiselle Bidois, de
St-Martin-de-Tallevende.
Il composa encore une pièce de vers restée
inédite sur une chute que firent trois Virois,
en cabriolet, dans les bas-fonds à gauche de
la rue du Calvados. Juillet 1825.
Insérée dans les notes de M. E. Crespin.

**DELATROËTTE**, prêtre, ancien
vicaire de St-Jean de Caen, aujourd'hui
curé de St-Jacques de Lisieux, né en
1818, à St-Martin-des-Besaces, canton
du Bény-Bocage.

— *Notice biographique* sur M. J.-D.
Legrand, né à St-Manvieux, près Vire,
le 25 juillet 1793, curé de St-Jean de
Caen. Avec portrait.
1 vol. in-12. Caen, Vᵉ Pagny, 1856; 72 p.

Un abrégé de cette notice a été publié dans l'*Ann.* de l'Assoc. norm. de 1859.

## DESLANDES (FERDINAND), né à ; mort au Havre. Fabricant de draps à Vire.

— *Teinture pratique* sur toutes matières, par Ferdinand Deslandes, chimiste à Vire, membre de l'Association normande, de la Société commémorative de l'Exposition nationale et universelle, de l'Institut historique de Londres ( section des arts et industries), de l'Institut philotechnique international ( de Paris), etc., etc.

1 vol. in-8°, 504 p. Vire, Barbot fils ; 3e édit., 1864. Contenant 464 recettes de teintures (se vend chez l'auteur). M.

— *Recueil des mots carrés,* contenant mille mots carrés jusqu'à sept lettres et trente mots carrés dans les quatre côtés pareils. Par M. Louis Carré, de Vire. Condé-sur-Noireau, Eug. Lenfant, 1866 ; 1 vol. in-12, 40 p. M. L.

Mme Deslandes, née Esther Le Goupil, de Villedieu, est l'auteur d'un Poème dédié à son père et resté inédit.

## DO (CYRILLE-EUGÈNE), prêtre, né à Falaise.

Il a toujours habité Vire depuis l'âge de trois ans et ne l'a quitté que pour aller au grand séminaire de Bayeux.

— *Recherches historiques et critiques* sur saint Regnobert, second évêque de Bayeux.

1 vol. in-8°. Caen, imp. de Laporte, 1861. Éditeur, Le Gost-Clérisse ; 218 p. BV. M.

— *Défense des Recherches historiques et critiques* sur saint Regnobert, second évêque de Bayeux, contre M. Jules Lair. *Bull.* des Antiq. de Norm., tiré à part, 1862 ; 49 p. in-8°. BV. M.

—*Origines chrétiennes* du Pays-Bessin Imp. avec l'ouvrage précédent, 1862.

— *Une étude* sur les Commentaires de César : que, suivant cet auteur, saint Regnobert, second évêque de Bayeux, a pu exister au commencement du IIe siècle. *Bull.* des Antiq. de Norm., 3e année, p. 55 et suiv. BV. M.

—*Rots,* Notice archéologique. *Bull.* des Antiq. de Norm., 1863. Tiré à part. Caen, Hardel ; 29 p. in-8°. BV. M.

— *Lettre* au R. P. Victor de Buck, bollandiste, sur les *Origines chrétiennes* de Bayeux. Broch. in-8°. Caen, A. Domin, 1870 ; 27 p. ( Insérée dans la *Semaine religieuse* de janvier 1870). BV.

—*Lettre* sur l'Apostolicité des églises, par M. l'abbé Chevalier. P. 57 et 58 du *Bul.* de la Soc. des Antiq. de Norm., t. VI, 1870-71.

— *A N.-D. de La Délivrande.* Hymne de Daniel Huet, traduction en vers français (sans nom d'auteur) ; in-8°, 16 p. Caen, Le Blanc-Hardel, 1872.

## DUBEUF ( J.-M. ), commissionnaire à Vire.

— *Manuel politique* du citoyen français. 1 vol. in-12. Paris, imp. Walder,

1868; 145 p., avec portrait de l'auteur sur le titre. Se vend chez l'auteur, à Vire (Calvados). **M.**

C'est un Recueil de lois sur les élections en général. Avant d'habiter Vire, il a publié : *Manuel* à l'usage des débitants de boissons et spiritueux, etc.

1 vol. in-8°, avec portrait. Le Havre, imp. Lepelletier, 1864. Se vend à Caen chez l'auteur ; 280 p. **M.**

**DUMOUSTIER** (Artus), religieux récollet, né à Rouen.

— *Nevstria pia sev de omnibvs et singvlis abbatiis et prioritatibus totivs Normaniœ*, etc.

1 vol. in-f°. Rothomagi, apud Joan. Berthelin, 1663. **BV.**

On trouve dans cet ouvrage des détails historiques sur les abbayes de l'arrondissement de Vire : Aulnay, p. 758-767. — Plessis-Grimoult, p. 742-744. — St-Sever, p. 74-77.

**DUPONT**

— *Mémoire* sur St-Georges d'Aunay.

**DURAND** (Hippolyte), inspecteur des Écoles primaires de l'arrondissement de Vire.

— *Les Écoles publiques* de la ville de Vire et des chefs-lieux de canton de l'arrondissement.

Inséré dans le *Bulletin mensuel* d'Éducation populaire du Calvados, n° 20 (1873), p. 211. **M.**

**DUVAL** (Georges), né à Valognes en 1773 ; mort en 1853, a composé, en collaboration avec Armand Gouffé, une pièce intitulée :

— *Le Val de Vire* ou le *Berceau de Vaudeville*, divertissement en un acte et en prose, mêlé de Vaudevilles. Paris ; in-8°. Représenté la première fois le 16 prairial an VII ; représenté à Vire en 1803.

**FOUCAULT** (F.), régent de philosophie à Vire ; pendant son séjour à Vire, il a publié l'ouvrage suivant :

— *Leçons de Philosophie*. Première partie : Phsychologie.

1 vol. in-8°. Vire, Barbot fils, 1837 ; 364 p. **M.**

**FOUCAUX** (Rémi-Philippe), né à Angers en 1782 ; mort à Vire, le 27 janvier 1862. Ancien percepteur.

— *Le Valet Brocanteur*, comédie en trois actes et en vers, publiée dans le journal *Le Virois*, Vᵉ Barbot fils, du 27 août au 5 novembre 1857 ; 10 numéros.

**FRÉVILLE** (Charles-Ernest de), né à Rouen, le 24 février 1811 ; mort à Paris, le 18 novembre 1855. Archiviste-paléographe, attaché à la Bibliothèque impériale.

— *Des grandes Compagnies au XIVᵉ siècle.* — *Leur commencement.* — *Prise de Vire en 1368.*

Paris, Firmin Didot frères, sans date ni nom d'auteur ; 24 p. in-8°. **BV. M.**

Extrait de la Bibliothèque de l'École des Chartes, t. III, p. 258-281.

**GALERON** (Frédéric).

— *Procès-verbal* de la séance tenue à Vire par la Société Française pour la conservation des monuments historiques, le 25 mai 1836 ; 8 p. in-8°

Extrait du *Bulletin monumental*, III° vol.                    BV. M.

**GOUGEON** (Léonce de Lucé), né à Évron, médecin à Vire.

— *Des méthodes d'extraction de la cataracte et de l'extraction semi-elliptique.* Nouveau procédé.

1 vol. in-8°. Paris, P. Asselin, 1868 ; 55 p.                    M.

—*A quoi rêve une Soubrette.* Comédie en 3 actes et en vers.

1 vol. in-8°. Vire, V° Barbot, 1869 ; 176 p.

Ce volume contient, outre cette comédie, 8 pièces de vers sur divers sujets.    BV. M.

**GRÉARD** (Vallery - Clément - Octave), né le 18 avril 1828, à Vire. Inspecteur général de l'enseignement primaire, directeur de l'enseignement primaire de la Seine.

— *De litteris et litterarum studio quid censuerit L. A. Seneca philosophus ;* in-8°, 103 p.

— *De la morale de Plutarque ;* in-8°, 430 p. Paris, Hachette, 1866.

Thèses présentées à la Faculté des Lettres de Paris.

— *La législation de l'enseignement primaire en France, depuis 1789 jusqu'à* *nos jours ;* 3 gros volumes gr. in-8°. Paris, Ch. de Mourgues, 1874.

**GUILBERT** (Aristide), de Rouen.

— *Histoire des villes de France,* par une Société de membres de l'Institut.

La Normandie est comprise de la page 361 à 822, t. V ; il en a été fait un tirage à part. L'article *Vire* a été écrit par M. Ed. de Manne, p. 708 à 711.

**GUILMETH** (Auguste), né à Brionne (Eure).

Il a laissé inachevé un ouvrage publié en livraisons sur quelques communes de l'arrondissement de Vire : les cantons de Vire, de Bény-Bocage, Aunay (1844-1846). Sans nom d'imprimeur.

Chaque canton avait une pagination particulière.                    M.

**HARLÉ**, ingénieur en chef des mines.

— *Aperçu de la constitution géologique du département du Calvados.*

Extrait de l'*Ann. du Calvados* de 1853 ; 32 p. in-8°.                    BV.

Les pages 334 et 335 traitent des terrains de transition que renferme tout l'arrondissement de Vire.

**HÉRAULT** (Alexandre-Gustave), ingénieur en chef des mines, né à Harfleur, en 1780.

— *Mémoire sur les terrains du département du Calvados.*

Broch. in-8°, 30 p. Caen, Chalopin, 1824.

Extrait des *Mém.* de l'Acad. de Caen, 1823, et des *Annales* des mines, 1824.

BV. M.

Les quatre premières pages traitent des gisements de l'arrondissement de Vire.

— *Mémoire sur les principales roches qui composent le terrain intermédiaire dans le département du Calvados.*

Lu en 1824 à l'Académie de Caen.

23 p. in-8°. Extrait des *Mémoires* de l'Acad. de Caen. BV.

Il est fréquemment question des roches qui composent notre arrondissement.

**HUSNOT** (T.), botaniste, à Cahan (Orne).

— *Excursion aux environs de Condé-sur-Noireau et Flers.*

Broch. in-8°, 1874. Condé, Lenfant, imp.

— *Mousses du Calvados;* in-8°, 1875. Condé, Lenfant, imp.

On y trouve bon nombre de mousses de l'arrondissement de Vire.

Il en est de même dans sa *Flore* du nord-ouest de la France.

**JANOWSKI** ( JEAN-NÉPOMUCÈNE ), réfugié polonais de 1832. Rédacteur de la *Gazette de Pologne*, interné à Condé et à Vire après la défaite de la Pologne.

— *Les derniers moments de la révolution de Pologne, en 1831, depuis l'attaque de Varsovie;* récit des événements de l'époque.

1 vol. in-8°, 116 p. Condé-sur-Noireau, J.-P. Auger, 1833; 2ᵉ édit. M.

**LA FERRIÈRE-PERCY** ( le comte HECTOR DE ).

— *Histoire du canton d'Athis et de ses communes*, précédée d'une étude sur le Protestantisme en Basse-Normandie.

Paris, 1858; in-8°, fig. BV.

Ce volume contient la prise de Vire par La Popelinière et beaucoup d'autres faits qui intéressent l'histoire de l'arrondissement de Vire.

**LAIR** ( PIERRE-NOEL-AIMÉ ), conseiller de préfecture du Calvados, né à Caen, en 1769.

— *Notice* sur Gabriel Des Étables, et *Rapport* sur la fabrique de papier située dans les Vaux près Vire.

— *Rapport* fait à l'Académie de Caen, le 19 avril 1828, sur les voyages de M. Dumont-d'Urville, capitaine de frégate, né à Condé.

Caen, Poisson, 1828; broch. in-8°, 11 p.

**LA THUILLERIE**, professeur au Lycée de Caen.

— *Étrennes du Bocage.* — Almanach pour l'an bissextile 1808, par M. ***, membre de l'Athénée de Villedieu-les-Poëles, de la Société philomathique de Vassy, de celles des Observateurs de l'homme de Villers-Bocage, etc., etc.

Caen, G. Leroy, imp., et à Vire, chez Diavet, lib. 1 vol. ; in-18, 48 p.

Ce petit recueil de vers contient , entre autres , une pièce de vers intitulée : « La soupe aux choux verts » ; une autre : « La tentation d'un nouveau genre », etc.   M.

**LATROUETTE**, né à St-Jean-des-Baisans , canton de Torigny, le 31 octobre 1802 ; mort à Caen , le 20 juillet 1869.

— *L'Ermitage Ste-Anne,* près Domfront ; broch. in-4°.

**LAURANT** ( Eugène ), né à La Délivrande, chanoine honoraire de Bayeux, curé de St-Martin de Condé-sur-Noireau depuis 1855.

Entre autres ouvrages, a publié :

— *Le baron de Renty et M. de Bernières-Louvigny,* souvenir de l'*Histoire* de la Basse-Normandie au XVII° siècle ; 115 p. — Voir la *Semaine religieuse* de Bayeux 1870, 1871, 1872. (Voir Renty.)

**LAVAL**, né à Aulas (Gard), le 17 novembre 1781 ; mort à Condé, le 27 décembre 1863. Ministre protestant à Condé-sur-Noireau. Il abjura en 1822 pour se faire catholique ; alors il publia la lettre suivante :

— *Lettre de M. Laval,* ci-devant ministre à Condé-sur-Noireau à ses coreligionnaires. Paris , Librairie classique élémentaire 1823. Broch. in-8° ; 24 p.   M.

**LEBRUN** (Isidore), né à Caen, en 1785, professeur à l'Université de Caen.

— *Notice* sur le prince de Monaco, duc de Valentinois. *Ann.* de l'Ass. Norm. , 1843.

— *Biographie* du contre-amiral Dumont-d'Urville, *Ann.* de l'Ass. Norm. , 1843, tiré à part ; 70 p. in-8°.

— *Notice biographique* sur M. de La Renaudière , magistrat, géographe et littérateur.

*Ann.* de l'Ass. Norm. , 1847.

— *Miscellanées maritimes et littéraires.* — Dumont-d'Urville. — Vénus de Milo, archipel , Mer-Noire , industrie , beaux-arts, etc.

Paris, 1858, 1 vol. in-8° ; 627 p.

Cet ouvrage a été composé sur les Mémoires manuscrits qu'a laissés Dumont-d'Urville.

**LE MANSEL**, sous-préfet de l'arrondissement de Vire.

Discours prononcé le 20 février 1831 , par M. Le Mansel, sous-préfet à Vire, à l'occasion de la remise du Drapeau donné par le Roi à la garde nationale de l'arrondissement de Vire.

4 p. in-4°. Vire, Adam, imp. du Roi.

BV. M.

**LEPERNAY** (Nicolas) , né au Sap vers 1778 ; mort à Bellême en 1838.

Régent au collége de Vire , de 1815 à 1824 environ ; pendant ce temps il composa un certain nombre de pièces de vers , la plupart inspirées par des sujets Virois et imprimées séparément à Vire, chez Adam.   M.

— *La Saisie,* conte tiré du Portefeuille Français, 1809 ; Adam.

— *Vers dithyrambiques* sur la mort de M. Lalleman, professeur de rhétorique au collége de Laval. Vire, 1814.

— *Satire* (20 mars 1815). Vire, 1815,

— *Adam*, ou l'*Homme sortant des mains du Créateur*. 1815.

— *Les Rochers de Vire*, stance. 1815.

— *Mes adieux aux Virois*. 1815. (Il fut professeur pendant quelque temps au collége d'Alençon et revint à celui de Vire ; dans cet intervalle, il y publia quelques poésies, entre autres une stance sur la mort de M. Mars, procureur impérial. )

— *Vive le Roi*. Dix couplets avec un chant joyeux en latin. Vire, 1815.

— *Alexandre, empereur de Russie.* Vire, 1815.

— *Le Duc de Berry et la Princesse royale de Naples*, chant nuptial. Vire, 1816.

— *Le tombeau de Le Chartier*, curé de Neuville, élégie ; sans date. Vire.

— *Ode au premier pommier en fleurs.* Vire, 1817.

— *Ode sur la naissance de son Altesse Royale Mgr le Duc de Bordeaux.* Vire, 1820.

Il a encore laissé manuscrites bon nombre de pièces de vers de circonstances qui se trouvent aux mains de ses amis.

Après avoir quitté Vire, il a recueilli et publié les pièces ci-dessus avec d'autres restées inédites sous le titre suivant :

— *Rêveries poétiques et contes en vers.*

1 vol. gr. in-18. Paris, F. Didot, 1828 ; 258 p. **BV.**

Ce volume contient en tête une lithographie représentant la maison d'Olivier Basselin, avec ce vers :

« Là Basselin créa le Vaudeville. »

Il traduisit et publia encore *La Pharsale* de Lucain en vers français (1834).

**LOTH** (JULIEN), prêtre à Rouen.

— *M. l'abbé d'Anfernet de Bures,* mort pour la foi, à Rouen, le 7 septembre 1794.

Broch. in-12. Rouen, Mégard et Cie, avec la date de 1864 ; 36 p. **BV. M.**

Cette brochure, moins les notes, a paru d'abord dans l'*Almanach liturgique* du diocèse de Rouen pour 1865. **M.**

Une deuxième édition sous ce titre :

— *Un confesseur de la foi à Rouen, en 1794.* M. l'abbé d'Anfernet de Bures, exécuté sur la place publique, le 7 septembre.

1 vol. in-8°. Rouen, E. Cagniard, 1866 ; 120 p.

Cette édition a été très-augmentée, grâce aux notes fournies par M. Tirard, curé de Vire. **M.**

L'abbé d'Anfernet de Bures était né à Vire, le 15 octobre 1747, et fut condamné comme prêtre réfractaire à Rouen.

**MARC** (A.), régent de seconde au collége de Vire en 1845.

— *Notice sur A.-J. Fresnel.* Broch. in-8°. Caen, A. Hardel, 1845 ; 23 p. **M.**

9

Extrait de la *Revue* et *Bulletin* de l'Instr. publ. de l'Acad. de Caen.

**MONACO** ( GABRIEL-GRIMALDI, HONORÉ V, prince de), duc de Valentinois, pair de France, etc. Né en 1778, mort le 22 septembre 1841.

Le prince de Monaco habitait le château de l'Orangerie à St-Martin-des-Besaces (canton d'Aunay).

— *Du Paupérisme en France et des moyens de le détruire.*

1 vol. in-8°. Paris, imp. de Terzuolo, 1839 ; 152 p.                    M.

2ᵉ édition, même imp., 1839-1840 ; 257 p.                    M.

Cette 2ᵉ édition contient divers comptes-rendus d'une association de charité, dont l'organisation s'étendait dans plusieurs communes de l'arrondissement, telles que St-Martin-des-Besaces, Le Tourneur, Aunay, Bény et une quinzaine d'autres communes de l'arrondissement.

Un compte-rendu concernant la commune d'Aunay a été aussi publié à part.     M.

Les notices ci-dessus ont donné lieu à des observations de la part de M. Ch. Lucas dans un rapport à l'Académie des sciences morales et politiques, sous le titre : « *De l'extinction de la mendicité par le perfectionnement de l'agriculture.* » Inséré dans le journal *Le Cultivateur*, page 368 à 386, juin 1839 ; 19 p.                    M.

— [ *Notice biographique sur le prince Monaco. Ann. norm.*, 1843, p. 803.]

**MONTÉMONT** ( ALBERT DE ).

— *Ode sur l'amiral Dumont-d'Urville, une des victimes de la catastrophe du 8 mai 1842 ;* in-8°.

— *Ode sur l'inauguration du monument érigé à la mémoire de Dumont-d'Urville, au cimetière du Sud.*

Paris, Appert, 1842 ; in-12 de 4 p.

**MORIÈRE** (J.), professeur à la Faculté des Sciences de Caen, secrétaire général de l'Association normande.

— *Promenade de la Société Linnéenne de Normandie.* Procès-verbal d'une excursion à Jurques, le 24 juin 1852. Extrait du *Bull.* de la Soc. Linnéenne, t. IX.

— *Le Département du Calvados à l'Exposition universelle de Paris, en 1855.* Broch. gr. in-8°. Caen, Vᵉ Pagny, 1858.

De la page 57 à 66, la part qu'a prise l'arrondissement de Vire à l'Exposition.                    M.

— *Excursion de la Société Linnéenne à Vire, le 8 juillet 1866.* Compte-rendu. Caen, F. Le Blanc-Hardel ; 36 p. in-8°.

BV. M.

— *Enquête relative au typhus contagieux de l'espèce bovine faite dans les divers arrondissements, du 10 au 17 avril 1871.* Caen, Le Blanc-Hardel ; broch. in-8°.

L'enquête à Vire, le 18 avril, p. 60 à 69.                    BV. M.

**MORIN** (MADELEINE), née à Courson, près St-Sever.

Cette fille, âgée de 21 ans, très-dévote et fort simple, accusa une de ses voisines de l'avoir ensorcelée ; on raconte qu'elle vomissait ordinairement des chenilles et des lézards. Un chirurgien de Fervaques lui tira plusieurs épingles et aiguilles de la tête et d'autres parties du corps, en 1716. Transportée à Lisieux en 1717, un médecin lui ôta encore plus d'une centaine d'épingles et quelques aiguilles.

Voir Dubois, *Hist. de Lisieux*, t. I, p. 221 et 222, et le *Journal de Verdun*, septembre 1717, n° 164 à 169.

**ORTAIRE** (saint), abbé de Landelles. Mourut vers le milieu du VII° siècle; selon les Bollandistes, il serait mort le 15 avril 580. Fête au calendrier le 21 mai.

— *Vie de saint Ortaire, abbé de Landelle (sic)*, avec approbation du prieur de La Perine, en 1706.

12 p. in-18; sans date, ni nom d'imprimeur. **M.**

— *Vie de saint Ortaire, abbé de Landelles*. A tous les catholiques, et principalement à ceux qui viennent à La Roque-Baignart invoquer saint Ortaire.

Broch. in-12. Caen, 1804.

— *Vies des Saints du diocèse de Séez et Histoire de leur culte*, par l'abbé J.-B.-N. Blin, curé de Durcet.

De la page 315 à 339, tome I^er : Vie de saint Ortaire, abbé de Landelles.

2 vol. in-8°. Laigle, imp. de Pascal Montauzé, 1873.

[Voir aussi les Bollandistes et l'article V^or **Brunet**.]

**PEUCHET** (Jacques) et **CHANLAIRE**, tous les deux membres de l'Académie celtique, etc.

— *Description topographique et statistique de la France*. N° 49. Département du Calvados.

Dédiée et présentée à S. Ex. M. le comte Regnauld de Saint-Jean-d'Angély, ministre de l'Intérieur.

47 p. gr. in-4° à deux colonnes. Sans nom d'imp. ni de lieu; 1811.

Ce recueil contient un assez grand nombre de renseignements sur Vire et l'arrondissement. **M.**

**PIOLIN** (le R. P. dom Paul), bénédictin de la Congrégation de France.

— *Notice sur Marguerin de La Bigne, théologal de Bayeux et grand-doyen de l'Église du Mans* (1546-1597).

1 vol. in-8°. Caen, Le Blanc-Hardel, 1870; 67 p. **BV. M. G.**

**PUISEUX** (Léon), ancien professeur d'histoire au Lycée de Caen, inspecteur général de l'Université.

— *Notice sur Dumont-d'Urville*, avec d'autres notices.

Caen, B. Delaporte, 1847; in-12.

**ROBILLARD DE BEAUREPAIRE** (Eugène de), né à Avranches, en 1827; ancien élève de l'École des Chartes, conseiller à la Cour de Caen; il a publié les ouvrages suivants concernant notre arrondissement :

— *Olivier Basselin, Jean Le Houx et le Vau-de-Vire normand*.

T. XXIII, p. 15 des *Mémoires* de la Soc. des Antiq. de Norm. Tiré à part. Caen, A. Hardel; 72 p. in-8°, 1858. **BV. M. G.**

— *Rapport sur l'exposition d'objets anciens tenue à Vire, dans le mois de juillet 1859.*

*Ass. norm.*, 1861, p. 114 ; 10 p.

— *Les Satires de Sonnet de Courval.* *Mém.* de l'Acad. imp. des sciences et belles-lettres de Caen. Tiré à part. Caen, Le Blanc-Hardel, 1865 ; 1 vol. in-8°, 67 p.                    BV. M. G.

— Dans la *Normandie illustrée*, l'article relatif à l'arrondissement de Vire.

**ROUSSEL**, né à Brécey (Manche), vers 1765 ; mort du typhus à Vienne (Autriche), en 1806. Médecin militaire.

— *Topographie rurale, économique et médicale* de la partie méridionale des départements de la Manche et du Calvados, connue ci-devant sous le nom de *Bocage;* suivie d'un Exposé de quelques moyens propres à fertiliser cette contrée et à rendre ses transactions commerciales plus faciles.

Caen, Delaunay, an VI ; in-8°, 80 p. 2ᵉ édition, par le citoyen Roussel, médecin de l'armée d'Italie.

Paris, an VIII ; 1 vol. in-8°, 80 p., chez Mᵐᵉ Huzard.                    BV. M.

Une autre édition en l'an IX et une en 1806. Caen, Delaunay.

**ROUSSEL** ( HENRI-FRANÇOIS-ANNE DE ), professeur de médecine et d'histoire naturelle à Caen, né à St-Bomer (Orne), en 1748 ; mort à Caen, en 1812.

— *Flore du Calvados et terrains adjacents,* composée suivant la méthode de Jussieu.

1 vol. in-8°. Caen, J.-L. Poisson ; 4ᵉ année Répub.

2ᵉ édition, chez le même, 1806 ; in-8°.                    M.

On trouve dans cet ouvrage quelques plantes spéciales à notre arrondissement.

**SAUGRAIN** aîné, ancien libraire.

— *Nouveau dénombrement du royaume par généralitez, élections, paroisses et feux.*

1 vol. in-4°, 1720 ; Paris, Saugrain.                    M.

L'élection de Vire s'y trouve divisée par sergenteries, bailliages et nombre de feux. 2ᵉ partie, p. 63 et suiv.

On a également ces détails dans la *Géographie de Normandie* de Masseville.

**SAUVAGE** (HIPPOLYTE), né à Mortain ( de famille viroise ).

— *Notice biographique sur Charles-François Moulin,* lieutenant-colonel en retraite, ancien maire de Vire, né à Fresne-Poret en 1777.

*Ann. norm.*, 1854 ; *Id. de la Manche,* 1855, et *Musée biographique;* broch. in-8°, 1855.                    BV. M.

— *Notice biographique sur Louis Des Rotours de Chaulieu..*

*Ann. norm.,* 1856, p. 572 et suiv.

— *Le château maudit.* Légende des environs de St-Sever.

Broch. in-8°. Condé, Lenfant, imp., 1868.                    BV. M.

Le même a publié un grand nombre de travaux historiques sur l'arrondissement de Mortain, etc.

— *Marie Le Besnerais* (voir ce nom), notice. Vire, Rivet-Barbot, 1877. BV.

Son frère, Jules-Louis Sauvage, né à Vire le 31 juillet 1824, mort en prenant un bain deux jours après avoir passé sa thèse de docteur en droit. Elle a pour titre :

Jus Romanum. — *De aquæ pluviæ arcendæ actione.*
Droit français. — Code civil : *Des servitudes naturelles et légales.*
Droit administratif : *Du pouvoir administratif sur les cours d'eau.*
Acad. de Rennes, 27 juillet 1844 ; 18 p. in-4°. BV. M.

**TRAVERS** (Julien), professeur honoraire de la Faculté de Caen, etc.

*Les Vaux-de-Vire édités et inédits d'Olivier Basselin*, etc. Voir l'article Basselin.

— *Biographie de Dumont-d'Urville.* Bull. de l'Instruction publique et les *Mém.* de l'Acad. de Caen, 184 .

— *Olivier Basselin et les compagnons du Vau-de-Vire. — Une erreur historique et littéraire*, mémoire inédit lu à la Sorbonne le 4 avril 1860, par J. Travers, suivi de l'incident Martin-Travers (extrait de journaux).
Caen, Le Blanc-Hardel, 1867 ; in-8°, 40 p. BV.

**TROUVÉ**, médecin en chef des Hôpitaux de Caen.

— *Notes sur la population du département du Calvados.*
Broch. in-8° ; Caen, 15 p., tirée à part des *Mémoires* de la Soc. Linn. et de l'Acad. de Méd. de Caen ; 1828. M.

De la page 4 à 8, il est question de la population de l'arrondissement de Vire et du Bocage.

**VACQUERIE** (M.-B.-S.), régent de seconde au collége de Vire.

— *Marie ou les divines Mélodies*, poésies.
Vire, Barbot fils, 1844 ; 1 vol. in-8°, 107 p.

Ce volume contient vingt mélodies religieuses et est dédié à M. de La Rochefoucault, duc de Doudeauville. BV. M.

**VAUGEOIS** (Gabriel - Jean - François), né à Tourouvre (Orne), magistrat, membre de plusieurs Sociétés savantes.

— *Mémoire sur la pierre couplée de la forêt de St-Sever.*
Mém. de la Soc. des Antiq. de Normandie, t. II, 1825, p. 157 ; 14 p. BV.

**VAUTIER** (Marie - Claude - Fédérique-Étienne), né à Barbery, en 1772. Professeur de littérature.

— *Mémoire sur les Vaux-de-Vire d'Olivier Basselin et de Jean Le Houx.*
Caen, T. Chalopin (extrait des *Mém.* de l'Acad. royale de Caen, 1836, p. 27) ; 42 p. in-8°. BV. M. G.

**VENEDEY** (Jacob), né à Cologne, en 1805.

La *Revue de Rouen* a publié une traduction de Venedey sous le titre : Imitation d'un article intitulé : *Vire, Olivier Basselin, Le Houx*, par Jules C...., de Rouen. 1er septembre 1841, page 129 à 147, avec planche.

**WIFFEN** (JEREMIAH-HOLMES), bibliothécaire du duc de Bedfort, mort en 1835. Il adressa aux personnes qui l'avaient accueilli dans un voyage qu'il fit en Basse-Normandie une pièce de vers dont voici le titre :

— *Farewell to Normandy*, by J. H. Wiffen, member of the royal Society of Literature, etc.

Imp. à Paris, chez Lefebvre. 3 p. in-f°; 1826.     **M.**

Pièce très-rare où sont mentionnés quelques noms et lieux de notre arrondissement. L'auteur avait conservé les meilleures relations dans notre pays, notamment avec M. D. d'Isigny, ainsi que nous l'apprennent quelques lettres adressées à ce dernier et conservées à la Bibliothèque de Vire.

---

**ATHENÆ NORMANNORUM** (manuscrit latin de la Bibliothèque de Caen), par le P. Martin, cordelier.

*Notices sur les Virois célèbres :*
Basselin, p. 38.
De La Bigne, p. 60.
Boyvin, p. 100.
Buisson de La Palière, p. 116.
P. Chartier, p. 137.
Les Chevalier, p. 138.
Durand, p. 195.
Dufour, p. 225.
Le François, p. 226.
Le Gallois, p. 230.
Gosselin, p. 242.
Les Du Hamel, p. 262.
J. Lair, p. 293.
Desmares, p. 353.
Mich. Mauduit, p. 367.
Perard Castel, p. 404.
Polinière, p. 414.
Le Tellier, p. 498.
De Torquetil, p. 502.
Vengeons, p. 531.
(Note communiquée par M. A. Gasté.)

**MORÉRI DES NORMANDS**, par J.-André Guiot, de Rouen, auteur des *Trois siècles palinodiques* (manuscrit de la Bibliothèque de Caen).

*Notices sur les Virois célèbres :*
Tome I.
Asselin.
Basselin.
De La Bigne.
Bigot (voir aussi *Elogior. civium Cadom.*, par Jacques Cahaignes, 1609, p. 12).
Boyvin (Gabriel).
Boyvin (François).
Chevalier (Antoine) (voir aussi *Elog. civ. Cadom.*, par J. Cahaignes, p. 29).
Chevalier (Ant. et Rob.).
Desmares.
Dumont.
Durand.
Lefranc.
Le Gallois.
Gosselin.
J.-B. Du Hamel.
J. Du Hamel.

Henri Du Hamel.
Du Hamel (?).

Tome II.

Lair.
Mauduit.
Lecerf.
Roger de La Paluelle.
Petit (de Montchauvet).
Sonnet de Courval.
M. Le Tellier.
Vengeons.
Vaullegeard.

(Note communiquée par M. A. Gasté.)

## LES TROIS SIÈCLES PALINO-DIQUES, par J.-André Guiot, de Rouen, auteur du *Moréri des Normands* (manuscrit de la Bibliothèque de Caen).

*Notices sur :*

Anfrye de Chaulieu, prince du Palinod, à Rouen.
Asselin.
Chartier (Pierre).
Dufour.
Dumont.
Duhamel (ex-bénédictin de St-Sever).
Lair.
Mauduit (Michel).
Mauduit (de Montmirel).
Vengeons (Pierre).

## HUET (*Origines de Caen*).

*Notices sur les Virois célèbres :*

G. Gosselin, p. 350.
G. Le Bigot, p. 415.
M. de La Bigne, p. 416.
A.-R. Le Chevalier, p. 417.
P. Vengeons, p. 425.
J. Lair, p. 441.

(Note communiquée par M. A. Gasté.)

## LE MANUSCRIT ASSELIN (Bibl. de Vire), souvent cité par M. Morin-Lavallée, n'est autre chose que le *Moréri des Normands* (Bibl. de Caen), combiné avec l'*Athenæ Normannorum* (Bibl. de Caen), recueils auxquels M. Asselin a ajouté quelques notes.

## MANUSCRITS CHALMÉ ET LE FRANC (voir ce dernier nom).

Ces manuscrits, souvent cités par M. Morin-Lavallée, sont aujourd'hui (1878) entre les mains des héritiers de M. Huart, trésorier de la fabrique de Notre-Dame de Vire, décédé en mai 1878.

## MANUSCRIT LEVÊQUE (Bibliothèque de Vire).

Ce manuscrit, composé de 12 cahiers, provient de la bibliothèque de M. l'abbé Levêque, curé de Roullours, près Vire (mort vers 1868).

Ce manuscrit a été donné à la Bibliothèque de Vire par M. Charles-Anselme Séguin.

N° 1. Coup d'œil analytique sur l'histoire de Normandie.

N° 2. Notes pour servir à l'histoire ecclésiastique de Normandie. 1re partie : du VIe siècle au XVIe.

N° 3. Notes pour servir à l'histoire ecclésiastique de Normandie. 2e partie : du XVIIe siècle au XVIIIe.

N° 4. Notes de diverses époques (églises, abbayes et chapelles).

N° 5. Églises de divers cantons.

N° 6. Législation ecclésiastique, de 1790 à 1793. — Tribunaux révolutionnaires, de 1793 à 1799. — Missions révolutionnaires, de 1793 à 1794. —

Fête de l'Être-Suprême, Calendrier, fête de la Raison (10 novembre 1793), fêtes nationales et décadaires, Théophilantropes.

N° 7. Liste des émigrés de Normandie en 1793.

N° 8. Déportation des prêtres, 1793, 1794, 1797, 1798, 1800.

N° 9. Sectes religieuses : Jansénisme, Rondelisme, Blanchardisme, Clémentins, Louisistes, Purs.

N° 10. Iles de la Normandie.

N° 11. Notes diverses.

N° 12. Biographies, Poésies.

**MANUSCRITS DANIEL POLINIÈRE** (Bibliothèque de Vire).

Ces manuscrits se composent de trois parties bien distinctes :

1re partie (gr. in-fol.) : Mémoires pour servir à l'histoire des paroisses situées dans l'élection de Vire (plus un cahier séparé où se trouvent des notices biographiques sur F. Boyvin, sur Toussaint Desmares (incomplet), sur Pierre Le Roussel, prêtre de l'Oratoire, et sur Pierre Lechartier.

2e partie ( petit in-fol. ) : Mémoires pour servir à l'histoire des paroisses de l'élection de Vire (4e partie). Notes.

3e partie : Notes diverses données par M. Ferdinand de La Renaudière :

[ Notes sur J.-B. Le Chapelain, conseiller et avocat du roi au Bailliage, né à Vire, en 1669. — Sur le P. J.-B. Le Chapelain, jésuite. — Sur la famille de La Bigne. — Sur Pierre Le Monnier. — Sur l'abbé Asselin. — Lettre de Daniel Polinière, à propos de mémoires communiqués par lui à l'abbé Beziers, et publiés par celui-ci dans le *Dictionnaire* de Moréri contre l'autorisation de D. Polinière. — Note sur Pierre et Fr. Pithou, dont la famille est, selon D. Polinière, originaire de Vire. — Lettre de M. de l'Armenerie sur Marguerin de La Bigne, proviseur du collége d'Harcourt en 1584, et sur Ursin de Tallevende, bienfaiteur du collége d'Harcourt et pour lequel on célèbre tous les ans un obit. ]

( Notes communiquées par MM. C.-A. Fédérique et A. Gasté. )

## NOTICES BIOGRAPHIQUES

CONTENUES DANS LA COLLECTION DES ANNUAIRES DE L'ASSOCIATION NORMANDE,

*Notices concernant soit des personnes de l'arrondissement de Vire, soit des personnes ayant habité Vire, ou écrites par des personnes de l'arrondissement.*

| | Année de l'Annuaire. |
|---|---|
| Dubois (Louis), éditeur des *Vaux-de-Vire*. . . . . . . . . | 1857 |
| Dubourg d'Isigny ( Richard ). . | 1842 |
| Du Dézert (Paul-Denis). . . . | 1852 |
| Dumont-d'Urville. . . . . . . | 1843 |
| Durand ( Adel). . . . . . . . | 1866 |
| Genas Duhomme, sous-préfet de Vire. . . . . . . . . . | 1847 |
| Goislard de La Droitière. . . . | 1859 |
| Grouchy (le marquis de). . . | 1865 |
| Guillet (Eugène) . . . . . . . | 1860 |
| Jamet (l'abbé), par son neveu l'abbé Jamet. . . . . . . | 1846 |
| La Renaudière (Philippe de). . | 1847 |
| Le Boucher, docteur-médecin. . | 1845 |

| | Année de l'Annuaire. |
|---|---|
| Le Couturier (Henri). . . . . | 1861 |
| Le Grand, curé de St-Jean de Caen. . . . . . . . . . | 1859 |
| Le Marchand (Hippolyte), par Letheissier . . . . . . . | 1865 |
| Lepeltier ( Emmanuel ), par J. Cantrel. . . . . . . . | 1866 |
| Monaco, duc de Valentinois. . | 1842 |
| Moges, vice-amiral, à St-Georges-d'Aunay . . . . . . . | 1852 |
| Moges (Edme, comte de), id. . . | 1863 |
| Moulin (Charles-François). . . | 1854 |
| Mury ( Narcisse), doct.-médecin. | 1854 |
| Noël Du Rocher. . . . . . . | 1861 |
| Quenault, sous-préfet de Vire. . | 1865 |

## MÉMOIRES DE L'ACADÉMIE DE CAEN.

### *Articles concernant l'arrondissement de Vire.*

— Année 1811. — Cailly : Analyse de son mémoire : *De l'influence des mœurs et des institutions politiques*, etc., p. 248.

Du Même : *Dissertation sur le préjugé*, etc., p. 251.

— Année 1825. *Mémoire sur les terrains du département du Calvados*, par M. Hérault, ing. Quelques pages sur l'arrondissement.

— Année 1836. *Mémoire sur les Vaux-de-Vire d'Olivier Basselin et de Jean Le Houx*, par M. Vaultier, p. 69 et suiv.

*Événements militaires de la première guerre de religion en Normandie*, par M. Es-cher. On y trouve la prise de Vire par les Protestants, p. 279 et suiv.

*Notice sur Chênedollé*, ancien inspecteur général de l'Université, par Alph. Le Flaguais, p. 653.

— Année 1845. *Rapport sur le concours ouvert pour l'Éloge du contre-amiral Dumont-d'Urville*, par Th. Massot. Quatorze éloges ont été présentés au concours, dont deux en vers.

*Éloge de Dumont-d'Urville*, par Roberge, de Caen.

Année 1865. *Les Satires de Sonnet de Courval*, par E. de Beaurepaire, p. 534.

## MÉMOIRES DE LA SOCIÉTÉ DES ANTIQUAIRES DE NORMANDIE.

### *Titres et Sommaires des articles intéressant particulièrement l'arrondissement de Vire.*

— *Mémoire sur les Trouvères normands*, article Basselin, par M. Pluquet. Année 1824, p. 388 et suiv. Intéressant.

— *Mémoire sur la pierre couplée*, par M. Vaugeois; 14 pages, 1825, page 157.

— *Éloge de la Neustrie*, ode par de Chêne-dollé ; 5 pages, 1826, p. xv.

— *Pièce de vers sur un combat de la pomme* ; 1831, p. LXVI. C'est une sorte de jeu qui a lieu tous les ans à Caligny, près Condé.

— *Note sur un dolmen de Tallevende*, village du Mont-Savarin, par M. Castel, agent-voyer ; 1831, p. 407.

— *Catalogue dressé par M. Léchaudé-d'Anisy* et recueilli aux Archives du département du Calvados. On y trouve les notes suivantes concernant notre arrondissement :

1° *Catalogue des chartes de l'abbaye d'Aunay*; t. VII, 1834, p. 46 à 91.

Parmi les planches du même volume se trouve un sceau de la vicomté de Vire de 1323 ; pl. XXIII, fig. 15.

2° *Catalogue des chartes du Plessis-Grimoult*, ordre de St-Augustin.

On trouve des bulles de confirmation de papes, de rois ; des donations d'évêques et autres pièces concernant les paroisses de Plessis, St-Jean-le-Blanc, Ondefontaine, Roucamps, Lesnault, Lacy, La Roque, Estry, Montchamps, Montchauvet, Arclais, Montamy, Danvou, La Ferrière, Le Reculey, Souleuvres et Carville, Ferrière-Haranc, Ste-Marie-l'Osmont, Campeaulx, La Graverie, Tourneur, Vire, Neufville, Burcy, Chênedollé, Roulours, Bernières-le-Patry, Maisoncelles-la-Jourdan, Truttemer, St-Christophe-d'Enfernet, Proussy, St-Georges-d'Aunay, Jurques ; t. VIII, 1834, p. 59 à 161.

3° *Abbaye de St-Sever*, ordre de St-Benoît, diocèse de Coutances ; t. VIII, 1834, p. 162 à 168.

Ces archives contiennent beaucoup d'actes faits à Vire ou s'y rattachant.

— *Recherches archéologiques sur l'histoire militaire du château et de la ville de Vire*; t. X, p. 534 et suiv., avec planches.

— *Observations sur le séjour à Vire de Bertrand Duguesclin*, consigné dans l'histoire de M. d'Isigny et contredit par M. Chauvin ; t. XI, p. 254.

— *Notice* de M. Chemin, ancien juge à Vire, *sur M. Dubourg-d'Isigny*, p. xxx et suiv. ; 1840.

— *Pièces inédites d'Olivier Basselin*, adressées à M. de Caumont par M. d'Isigny. Trois Vaux-de-Vire du manuscrit Polinière. P. 421 et 422 de l'année 1841.

— *Les registres-mémoriaux de la Chambre des comptes de Normandie* contiennent divers documents concernant Vire, Condé et quelques autres communes de l'arrondissement sur diverses matières, telles que aides, tailles, bénédictines, châteaux, domaines, droits seigneuriaux, élections, finances, octrois, sergenteries, tarifs, vicomtés, etc. ; t. VIII, 1851.

— *Le Cartulaire normand* contient quelques chartes intéressant Vire et quelques autres lieux de l'arrondissement ; année 1852.

— *Olivier Basselin, Jean Le Houx et le Vau-de-Vire normand*, par M. Eug. de Beaurepaire ; année 1859, p. 15 et suiv.

— *Rôles normands et français* tirés des archives de Londres, par Bréquigny. On y trouve des articles sur Vire, Condé, St-Sever. Voir aussi les articles : Capitulation, château, fortifications, vicomté, capitaine de la ville et du château, octroi, sergenterie, acte daté, etc. ; année 1865.

— *Philologie topographique de la Normandie*, contenant entre autres choses diverses étymologies sur les communes de l'arrondissement de Vire, année 1865.

# BULLETIN DE LA SOCIÉTÉ DES ANTIQUAIRES DE NORMANDIE.

Depuis 1860, cette Société publie à part de ses Mémoires un Bulletin trimestriel in-8°. Nous en extrayons ce qui concerne notre arrondissement :

— *Résolution des cas de conscience*, etc., de La Paluelle, par M. l'abbé Do. *Bull.*, octobre 1861, p. 390.

— *La grosse cloche de l'horloge de Vire*, par M. Fédérique. *Bull.*, octobre 1861, p. 443.

— M. Victor Châtel signale un *camp romain* dans le bois de Hamars et *diverses curiosités archéologiques à Valcongrain;* octobre 1861, p. 350.

— *Essai historique sur le prieuré de St-Vigor-le-Grand,* par M. l'abbé Faucon, rapporteur M. l'abbé Do; avril 1862, p. 47.

— *Essai historique sur le prieuré de St-Vigor-le-Grand,* etc., rapport de M. Faucon. *Bull.,* octobre 1862, p. 177.

— *Cloches de Vire antérieures à 1790,* par M. Ch. Fédérique; 1863, p. 470.

— *Découverte d'objets celtiques et gallo-romains,* par M. Ch. Fédérique; 1866, p. 360.

— M. Fédérique, bibliothécaire, offre à la Compagnie trois carreaux émaillés recueillis à Beauchesne; *Bull.,* t. IV, p. 36.

— *Proposition de M. Jules Tirard, de Condé, pour les couvertures des cahiers d'école; Bull.,* t. IV, p. 481.

— *Registre de dimes trouvé par M. Victor Châtel* (de 1730); t. IV, p. 629.

# ANNUAIRES DE L'ASSOCIATION NORMANDE.

*Titres et Sommaires des articles, par ordre de date, contenus dans la collection des Annuaires, concernant spécialement l'arrondissement de Vire.*

### Annuaire de 1837.

*Statistique agricole et industrielle de l'arrondissement de Vire.* — Séance des 24 et 25 mai 1836, présidence de M. de Caumont. — Discours de M. Desaigremont sur l'agriculture. — Enquête agricole. — Notice de M. Chemin, juge, sur la manufacture de draps de Vire. — Enquête industrielle : M. Dubourg-d'Isigny, secrétaire. Page 149 à 205.

### Annuaire de 1849.

*Séances générales* tenues à Vire, les 24, 25 et 26 septembre 1848. — Distribution des primes. — *Allocution* de M. R. Le Normand. — *Pose d'une inscription monumentale* à Olivier Basselin dans les Vaux-de-Vire. — *Enquête agricole :* Résumés de MM. de Caumont, Des Rotours, Mury, médecin, Desaigremont, etc.—*Enquête industrielle :* Rapports de M. Morin-Lavallée, de M. Raoul de Chaulieu, etc. Page 333 à 363.

### Annuaire de 1851.

*Séance générale* tenue à Aunay, le 15 décembre 1849. Page 15 à 40.

### Annuaire de 1852.

*Séance générale* tenue à Condé-sur-Noireau, le 21 avril 1851. — Cette séance contient des notes et renseignements fournis par MM. Denis, Vaullegeard, Brière, V. Nérou, Delobelle, sous-préfet, etc. Page 131 à 174.

*Enquête agricole* à Vassy, le 26 avril 1851, sous la présidence de M. Des Rotours de Chaulieu. Ont pris part à la discussion : MM. de Caumont, docteur Le Masson, Constantin, Denis, Bonvoisin, Penn Hellouin, Morière, Deslauriers, de Larturière, etc. Page 175 à 203.

### Annuaire de 1855.

*Concours agricole départemental à Vire,* en 1854. Page 407 et suivantes.

### Annuaire de 1857.

*Des papeteries dans l'arrondissement de Vire,* par M. Morière. Page 288.

### Annuaire de 1859.

*Communication* de MM. de Chênedollé et Coquard. Page 342.

*Programme de l'enquête agricole que fera à Vire l'Association normande,* les 14 et 15 juillet 1859, par le baron Des Rotours.

## CARTES ET TOPOGRAPHIE CONCERNANT L'ARRONDISSEMENT DE VIRE.

— *Cartes générales de Normandie*, par Guill. Levavasseur de Beauplan. Paris, vers 1667; 12 feuilles à la Bibliothèque Nationale. Diverses réductions de ces cartes, ainsi que des parcelles comprenant seulement la Généralité de

Caen, ont été publiées à différentes époques.

— *Carte de Cassini*, n° 95. Ce numéro contient Vire et l'arrondissement, sur une échelle de une ligne pour 100 toises. Ces cartes ont été publiées à Paris, de 1744 à 1787.                M. BV.

— *Cartes cantonales*, par Simon aîné, géomètre en chef du cadastre, publiées à Caen de 1836 à 1842. L'arrondissement est contenu dans six cartes topographiques au 1/30,000.        M. BV.

— *Cartes du dépôt de la guerre* à 1/80,000. L'arrondissement de Vire porte le n° 44.

— *Carte topographique de l'ancien diocèse de Bayeux avant 1789*, par Outhier, prêtre, 1736, et deuxième tirage, 1782 : le *Doyenné* de Vire s'y trouve. Cette même planche a aussi servi à faire une carte du département du Calvados divisé en districts, en 1791.        M.

— *Carte géologique du Calvados*, par M. de Caumont, 1828 à 1831.        BV.

## BAILLIAGE DE VIRE.

— *Catalogue des livres de la bibliothèque du Bailliage de Vire*, commune entre les officiers et les avocats du Bailliage ( 4 listes ). Avranches, Le Court, imp. du diocèse, 1761. 23 pages gr. in-4°.                BV.
1<sup>re</sup> suite, 6 pages, 1761 ; 2<sup>e</sup> suite, 19 pages, 1764.                M.
Un règlement fut aussi imprimé sous

ce titre : *Concordat entre Messieurs les officiers et avocats du Bailliage de Vire pour la formation d'une bibliothèque commune.*
Extrait des registres du Parlement de Rouen, 10 art., suivi du Catalogue ; 12 p. in-4°. Caen, G. Le Roy, 1761.        BV.
La bibliothèque du Bailliage s'est fondue dans la bibliothèque de Vire.

## ÉTRENNES, ALMANACHS OU CALENDRIERS.

— *Calendrier historique, chronologique et géographique de la ville de Vire*, présenté à M. le chevalier de Sanson, ancien officier aux Gardes françaises, enseigne des Cent-Suisses, gouverneur des ville et château de Vire, de l'Académie des Arcades de Rome, etc.
A Vire, chez Chalmé, libraire, rue Fontette. 1 vol. in-32, avec deux cartes gravées, sans nom d'imprimeur (Paris).
Ces petites Étrennes se sont continuées de l'année 1768 jusqu'en 1779, chez Chalmé, éditeur à Vire ; elles contiennent divers renseignements sur la ville de Vire, sur Olivier

Basselin, etc., fournis en grande partie par Le Roberger, historiographe de Vire.        M.

—*Étrennes intéressantes des quatre parties du Monde*, suivies de Notes historiques et géographiques sur la ville et le district de Vire pour l'année 1793.
Vire, de l'imprimerie de la Société Typographique, chez J.-P. Lebel et Diavet. 1 vol. in-32, 128 pages.                M.
Ces *Étrennes* contiennent des notes intéressantes sur Vire et le district.

En 1823 et 1824, G. Adam publia un *Alma-*

*nach*, mais ne contenant rien concernant Vire.

Nous mentionnerons aussi, quoiqu'ils n'offrent aucun intérêt, les *Almanachs* qu'a fait imprimer G. Le Maréchal, de 1843 à 1861.

Il a aussi fait intercaler un cahier de sa rédaction dans les *Étrennes* de Falaise des années 1864 et 1865, dans les exemplaires vendus à Vire.

## INSTRUCTION PUBLIQUE. — COLLÉGE COMMUNAL. — ÉCOLES PRIMAIRES.

Le collége de Vire a été fondé, le 6 février 1682, par M. Lechartier, curé de Neuville. Acquisition moyennant 1,200 fr. d'une maison située au bas de St-Thomas et désignée sous le nom du *Vieux-Collége* dès ce temps-là.

On connaît peu de pièces imprimées concernant le collége en dehors des programmes de plaidoyers et des listes de distribution de prix. A partir de 1837, ces listes furent imprimées en cahiers in-8°.

— *Lettres patentes de la confirmation du collége de Vire*, données au camp d'Hamal, au mois de septembre 1747. Registrées au Parlement. 16 pages in-8°; Caen, J.-C. Pyron, 1748. BV.

On lit dans le préambule de ces lettres « que le collége de Vire a fourni depuis « plusieurs années des sujets qui ont « excellé en divers genres de sciences, « quelques-uns ayant rempli avec dis- « tinction les chaires et premières places « de l'Université de Paris, d'autres ont « paru avec éclat aux barreaux dans les « Parlements de Paris et de Rouen, et « quelques-uns ont été membres de « l'Académie des Sciences, en sorte que « les preuves du génie des naturels du « pays pour les sciences et belles- « lettres, jointes aux motifs de l'intérêt « public, semblent exiger cette confir-

« mation, etc. » — BV. — Archives de Caen et Ms. Crespin.

24 articles règlent cette institution.

— *Programme d'une pièce jouée par les élèves du collége de Vire*, en 1751, dans le château de Bas : JOSEPH, tragédie par Richard Boullier, prêtre, professeur de 6° au collége royal de Vire.

La pièce est dédiée à M. Sébastien de Poil-Vilain, marquis de Cresnay, seigneur de Ste-Cécile, St-Laurent-de-Cuves, etc., etc.

Ce programme, en placard, est imprimé à Avranches, chez Lecourt. BV.

— JOSEPH, tragédie tirée de l'Écriture-Sainte, par M. l'abbé G. *. (Richard Boullier).

A *Memphis*, chez Joseph Le Debonnaire « à la Vertu couronnée ». Sans date; in-12, 49 pages. Cinq actes en vers. M.

Pendant longtemps on jouait aux distributions des prix des tragédies et autres pièces dans le genre de celles des Pères Du Cerceau et Porée; d'autres fois ces pièces étaient composées pour ces circonstances et sont restées manuscrites.

Quelques programmes de l'époque de la première République contiennent l'exposé des exercices présentés par les élèves du collége. M.

On retrouve aussi quelquefois des *Thèses de philosophie* soutenues publiquement par les élèves de ces classes devant leurs professeurs.

## NOMS DES PROFESSEURS

### ORIGINAIRES DE LA VILLE ET ÉLECTION DE VIRE,

*Qui ont enseigné publiquement les sciences dans l'Université de Paris ou qui ont occupé des places honorables et dignités dans cette Université.*

### Proviseurs du collége d'Harcourt.

1° *Guillaume Duchesne*, de St-Sever, fut nommé proviseur du collége d'Harcourt, à Paris, l'an 1522. Il mourut en 1527.

2° *Marguerin de La Bigne*, de Bernières-le-Patry, fut nommé proviseur du collége d'Harcourt, en 1585. Il mourut en 1597.

3° *Jean Le François*, de Ste-Marie-Laumont, bachelier en Sorbonne, fut d'abord professeur de rhétorique au collége d'Harcourt, puis recteur de l'Université de Paris, en 1679. — Proviseur du collége d'Harcourt en 1680. Il mourut en 1701, 2 avril.

Il était aussi chanoine de St-Germain-l'Auxerrois.

4° *Jean de La Brière*, né à Vire, fut proviseur du collége d'Harcourt en 1701. Il succéda au sieur Le François.

5° *Thomas-Gilles Asselin*, né à Vire, docteur de Sorbonne, fut proviseur du collége d'Harcourt en 1730.

### Professeurs de Philosophie et de Mathématiques.

1° *Jean-Baptiste Lioult*, né à Vire, fut professeur de philosophie au collége d'Harcourt en 1645.

2° *Gilles Roussel*, prêtre, docteur en Sorbonne, né à Coulonces, fils de Pierre, sieur des Groudières, professa la philosophie au collége d'Harcourt dès 1675. Il professa plus de 35 ans. Il fut prieur de l'Hôtel-Dieu de Vire, puis de celui de St-Hilaire-du-Harcouet.

3° *Roussel* ....., né à Coulonces, neveu du précédent, fils de Nicolas, sieur de La Héronière, fut aussi professeur de philosophie au collége d'Harcourt.

4° *Le Melorel*, prêtre, né au Menil-Benoît, fut professeur de philosophie au collége d'Harcourt vers la fin du XVIIe siècle. Il l'était encore en 1707. Il professa près de 40 ans.

Ce fut lui qui un des premiers quitta la philosophie d'Aristote pour celle de Descartes.

Son successeur fut :

5° *Pierre Le Monnier*, de St-Sever. Après environ 40 ans de professorat, il mourut professeur émérite le 26 novembre 1757.

6° Son successeur, *N..... Brenet*, né à Vire, occupa quelque temps la chaire de philosophie du collége d'Harcourt.

7° *Asselin (N.)*, natif de Vire, lui succéda; il était encore professeur en 1766.

8° *Jean Duhamel*, prêtre, docteur en Sorbonne, né à Vire, professait d'abord la philosophie au collége de Montegu en

1664, puis au collége du Plessis. Il occupait encore cette chaire en 1680.

9° *Pierre Bonnel*, clerc, maître ès-arts dans la Faculté de Paris, né à Vire, fils de Salomon        , docteur-médecin, fut professeur royal de mathématiques à Paris ( acte passé à Vire en 1673 ).

### Professeurs des Humanités.

1° *Renauld Le Coq*, natif de Vire, professa au collége de Lisieux de 1680 à 1695.

2° *Jean Duhamel*, sieur de La Vauterie, né à Vire, professa la rhétorique au collége des Grassins au commencement du XVIIIᵉ siècle.

3° *Thomas Viel*, natif de Vire, professa au collége des Grassins, puis au collége d'Harcourt où il mourut le .....

4° *Brunet (N.)*, né à Vire, professa au collége d'Harcourt; mort le .....

5° *Monlien (N.)*, sieur de Larmenerie, né à Vire, était professeur au collége d'Harcourt vers 1766.

6° *Le Mercier (N.)*, né à Vire, professeur au même collége à la même époque.

Le célèbre *Pierre de Polinière*, né à Coulonces, fit un cours de physique expérimentale au collége d'Harcourt en 1702. Plusieurs de ses nouvelles expériences furent publiées dans les *Nouvelles de la république des lettres*, en janvier 1703.

( **Extrait du manuscrit de l'abbé Lévêque**, écrit très-probablement par M. Tirard, curé de Vire.) BV.

— *Discours prononcé à la distribution des prix du Collége*, par M. Maynier, régent de seconde, 12 août 1856. 17 p. in-12; Vire, Vᵉ Barbot ( sur Chênedollé). M. BV.

— *Discours de M. Théry*, recteur de l'Université de Caen, suivi de deux autres discours. Vire, H. Barbot, 1866; 14 p. in-8°. M.

— *Programme de l'enseignement du Collége*, signé F. Hubert-des-Costils. 7 p. in-8°, 1837. M.

— *Un autre*, signé Legouche, prêtre. 4 p. in-4°, sans date. BV.

— *Discours de M. Dumont*, professeur de seconde, 1875.

PENSIONNAT ECCLÉSIASTIQUE DE VIRE.

— *Lettre pastorale de Mgr l'Évêque de Bayeux* au clergé et aux fidèles de l'arrondissement de Vire, annonçant qu'une souscription et des quêtes seront prescrites pour subvenir aux dépenses de l'établissement d'un pensionnat ecclésiastique à Vire, 28 mars 1838. 3 p. in-4°; Bayeux. M.

— *Pensionnat ecclésiastique de Vire.* Diocèse de Bayeux. — Circulaire annonçant la création d'un pensionnat où, selon le désir manifesté par la population, on recevrait en commun une éducation plus cléricale, tout en suivant les cours du collége, etc. Signé Moulin, prêtre. 28 juillet 1838. 2 p. in-4°; Caen, Le Roy. M. BV.

— *Un autre Prospectus*, aux armes de Mgr de Bayeux, mentionnant que ce pensionnat est essentiellement ecclésiastique. Septembre 1841. 3 p. in-4°. ML.

— *Prospectus pour l'année 1858-1859.* Signé Moulin, chanoine-honoraire. 3 p. in-8°. ML.

Chaque année cet établissement publie la liste de distribution des prix de ses élèves. Quelques-uns de ces *palmarès* contiennent en outre des allocutions de M. le Supérieur.

### ÉCOLES PRIMAIRES.

— *Placard* contenant un arrêté du Conseil municipal de Vire pour ouvrir des écoles primaires des deux sexes. Vire, Adam, an XI. BV.

Avant cette époque, il n'existait que des écoles privées et des pensionnats. Nous possédons seulement quelques programmes des exercices publics d'un de ces établissements, dirigé par M. Bétourné, pour l'an X.

Vire, Adam ; 8 p.

— *Projet de statuts sur les Écoles primaires élémentaires communales de l'arrondissement de Vire*, arrêté par le Comité central le 8 janvier 1835. Signé Le Mansel, sous-préfet, et H. Jugelé, juge de paix.

Vire, Barbot fils, 1835 ; 14 p. in-8°. BV.

— *Les Membres du Comité supérieur de l'Instruction primaire à MM. les Instituteurs de l'arrondissement de Vire.* Signé des membres du Comité, 8 novembre 1849.

Vire, Barbot ; 4 p. in-4°.

Il leur est rappelé dans cette pièce, entre autres choses, que leur rôle n'a rien de politique, et que sous ce rapport quelques-uns d'entre eux laissent à désirer.

— *Les Écoles publiques de la ville de Vire et des chefs-lieux de canton de l'arrondissement*, par M. Durand, inspecteur primaire.

Inséré au *Bulletin mensuel d'éducation populaire* du Calvados, nos 20 et 24, 2e série, 1873-1874. ML.

— *Délibération du Conseil général*, avril 1874. Cession à la ville de Vire des anciens tribunaux et de la prison. 5 p. pet. in-f°. ML.

## JOURNAUX DE L'ARRONDISSEMENT DE VIRE.

**( Tous ces journaux ont été ou sont hebdomadaires. )**

— *Le Courrier des campagnes.*

Le premier numéro de ce journal a paru à Vire, le 14 janvier 1791, format in-4°. A partir du n° 14, il prit le format in-8°. Il était imprimé par la Société Typographique de Vire aux Cordeliers. Nous connaissons 35 à 40 numéros de ce premier journal de Vire. Le gérant se nommait Favre.

— *Journal de l'arrondissement de Vire.*

Le premier numéro a paru le 1er janvier 1808, format in-4°. Vire, Gabriel Adam, imp.-gérant. Il fut supprimé par arrêté du Préfet du Calvados du 11 juin 1811, qui fixait au 31 août suivant sa suppression, pour ne conserver à l'avenir qu'un seul journal d'annonces pour le département. Il ne contenait habituellement rien autre chose que des annonces et des nouvelles officielles prises au *Bulletin de la guerre.*

— *Le Glaneur*, journal judiciaire et d'annonces de la ville et arrondissement de Vire.

Le premier numéro porte la date du 3 janvier 1822, imprimé à Caen chez Bonneserre, format in-8° (8 pages). Le rédacteur-gérant était M. Roesset fils aîné. Il cessa de paraître en 1823.

— *Journal judiciaire*, annonces, affiches et avis divers de la ville et de l'arrondissement de Vire, format in-8°, de 4 à 12 pages, selon le besoin. Imp.-gérant, Gabriel Adam, à Vire. Commencé le 31 octobre 1823, a cessé de paraître en 1836. Il ne contenait que des annonces.                BV.

— *L'Hebdomadaire*, journal de Vire, feuille judiciaire, commerciale et littéraire de la ville et de l'arrondissement. Adam fils, imprimeur-gérant. Ce journal est la continuation du précédent par Adam fils, en 1837. Il parut d'abord sous le format in-8°, ensuite sous le format petit in-f°, le 1er janvier 1839.

Il porte maintenant le titre de *L'Hebdomadaire*, *journal de Vire*, judiciaire, commercial, littéraire et d'annonces                BV.

— *Le Virois*, journal judiciaire et commercial, annonces et avis de la ville et arrondissement de Vire.

Le premier numéro-prospectus est du 11 septembre 1831. In-4°; Vire, Barbot.

*Le Virois* a publié, du 16 février au 13 septembre 1846, une série de *rébus* lithographiés, dus au crayon de notre compatriote, M. Edmond Le Grain. M. Cazin y a aussi publié en feuilleton une très-grande partie de ses *Notices* sur la ville de Vire.

Il porte pour titre actuel : *Le Virois*, journal de la ville et de l'arrondissement de Vire, etc., format petit in-f°. Après Barbot, il a eu pour gérant Vᵉ Barbot, Barbot fils, Vᵉ Barbot, et actuellement Rivet-Barbot.

A l'occasion des dernières élections (1878), *Le Virois* est devenu et reste journal politique.

## JOURNAUX DE CONDÉ-SUR-NOIREAU.

— *Le Noireau*, journal de Condé.
Ce journal fut fondé en 1858; il porte maintenant le nom de *Journal de Condé* et de l'arrondissement de Vire. Propriétaire-gérant, Eugène Lenfant, imp.

— *Le Patriote condéen*, journal voué à la diffusion des idées démocratiques. Gérant, Louis Toutain.

Ce journal n'a eu que deux numéros, publiés le 26 octobre et 3 novembre 1870, le rédacteur ayant été obligé de partir comme mobilisé pendant la guerre.

Il s'est aussi imprimé à Condé, en 18..., un journal intitulé : *Journal de Tinchebray*, qui n'a eu que quelques numéros.                (J. Tirard, de Condé.)

Caen, Typ. F. Le Blanc-Hardel.

www.ingramcontent.com/pod-product-compliance
Lightning Source LLC
Chambersburg PA
CBHW071226290326
41931CB00037B/1978